ERP 沙盘模拟企业经营原理与实训教程

主编 王秀海 王 盛

北京理工大学出版社
BEIJING INSTITUTE OF TECHNOLOGY PRESS

内容简介

《ERP沙盘模拟企业经营原理与实训教程》针对ERP综合训练进行模拟企业运营，分营销、生产、物流和财务四大职能中心，涵盖了企业运营的战略规划、资金筹集、市场营销、产品研发、生产组织、物资采购、设备投资、财务管理等关键环节，融企业经营理论与实践于一体、集企业管理角色扮演与岗位体验于一身，内容丰富、充实、新颖，使用者在参与、体验中可完成从知识到技能的转化，全面提高综合素质，符合我国应用型人才培养目标的要求。同时，在课程模拟训练时，将立德树人贯穿人才培养全过程，努力实现价值塑造、知识传授和能力培养三者的课程思政建设目标和成果，不断深化育人成效。教材各部分均包含生产经营、市场竞争、财务管理、采购销售、组织管理、纳税筹划等方面，促进学生形成遵纪守法、依法经营、照章办事、履约尽责、公平公正的意识，使学生和受训者在学习知识、技能的同时，提升自身思想道德修养和法律规章素养，构建"五位一体"育人模式，努力提升"三全育人"质量。

版权专有　侵权必究

图书在版编目（CIP）数据

ERP沙盘模拟企业经营原理与实训教程／王秀海，王盛主编．—北京：北京理工大学出版社，2021.6

ISBN 978-7-5682-9875-9

Ⅰ. ①E… Ⅱ. ①王… ②王… Ⅲ. ①企业管理-计算机管理系统-教材 Ⅳ. ①F272.7

中国版本图书馆CIP数据核字（2021）第105330号

出版发行／北京理工大学出版社有限责任公司	
社　　址／北京市海淀区中关村南大街5号	
邮　　编／100081	
电　　话／(010) 68914775（总编室）	
(010) 82562903（教材售后服务热线）	
(010) 68948351（其他图书服务热线）	
网　　址／http：//www.bitpress.com.cn	
经　　销／全国各地新华书店	
印　　刷／河北盛世彩捷印刷有限公司	
开　　本／787毫米×1092毫米　1/16	
印　　张／16.25	责任编辑／申玉琴
字　　数／369千字	文案编辑／申玉琴
版　　次／2021年6月第1版　2021年6月第1次印刷	责任校对／刘亚男
定　　价／48.00元	责任印制／李志强

图书出现印装质量问题，请拨打售后服务热线，本社负责调换

《ERP沙盘模拟企业经营原理与实训教程》是以下项目的研究成果。

1. 滨州学院实验技术研究立项项目：基于应用型人才培养的ERP综合性实验项目开发研究（BZXYSYXM201307）。

2. 滨州学院教材编写立项项目：ERP沙盘模拟原理与实训教程（BZXYJCa201401）。

3. 滨州学院"国家级大学生创新创业训练计划项目"立项项目：山东省海洋战略性新兴产业发展现状调查研究（201710449122）。

4. 滨州学院教学研究立项项目：《管理学》多元化双主型教学模式建构与优化研究（BYJYWZ201206）。

5. 滨州学院专业类课程建设项目立项课程：校企共建课程-ERP综合训练（BYXQGJ201701）。

6. 滨州学院校级实验技术立项项目：基于航空内涵建设的滨州学院教学实验室校企共建模式创新研究（BZXYSYXM201920）。

7. 滨州学院教材出版基金立项项目：ERP沙盘模拟企业经营原理与实训教程（BZXYJCb201902）。

8. 滨州学院教材编写立项项目：创业管理（BZXYJCa202003）。

9. 山东省高等学校在线开放课程平台（智慧树）建设项目：ERP综合训练。

10. 滨州学院一流本科课程建设项目立项课程：线上线下混合式课程——ERP综合训练。

11. 教育部产学合作协同育人立项项目：基于大数据的ERP沙盘模拟企业经营混合式教学体系创新研究。

前 言

管理学大师彼得·德鲁克曾说:"管理是一种实践,其本质不在于知,而在于行。"亨利·明茨伯格认为,管理不是一门科学,也不是一个专业,它是一种实践,基础是经验。由此可见,积极参与实践活动是学习管理理论的最好方式。

《国家中长期教育改革和发展规划纲要 2010—2020 年》指出:要加强实验室、校内外实习基地、课程教材等基本建设;支持学生参与科学研究,强化实践教学环节;加强就业创业教育和就业指导服务;充分调动学生学习积极性和主动性,激励学生刻苦学习,增强诚信意识,养成良好学风。ERP 沙盘模拟课程在一定程度上可以促进上述要求的实现,有利于应用型、复合型、技能型人才的培养。

当前,我国正处于"两个一百年"奋斗目标的历史交汇期、中华民族伟大复兴的关键期。在这个伟大时代背景中和关键时间节点上,党的十九届五中全会通过了《中共中央关于制定国民经济和社会发展第十四个五年规划和二〇三五年远景目标的建议》,第一次明确提出"建设高质量教育体系",为新时代教育改革发展描绘了蓝图,为迈向教育发展新征程指明了方向,对于加快推进教育现代化、建设教育强国、办好人民满意的教育具有重大意义,这是新时代教育发展的新主题、新方向、新目标、新任务。在建设高质量高等教育体系过程中,按照党的十九届五中全会精神要求,"提高高等教育质量,分类建设一流大学和一流学科,加快培养理工农医类专业紧缺人才"。应用型高等学校主要培养服务经济社会发展的本科以上层次应用型人才,并从事社会发展与科技应用等方面的研究。应用类、实践类、实训类高质量教材建设是整个教育体系建设中的关键环节。

ERP(Enterprise Resource Planning)即企业资源计划,是在建立信息技术的基础上,并以系统化的管理思想为企业决策层及员工提供决策运行手段的管理平台。ERP 沙盘实际上是将"企业"搬进课堂,借助沙盘模具,再现企业生产经营管理的全过程。具体操作是将学生分成数个小组,分别代表同一行业存在竞争关系的不同企业;每组 5 人或 6 人,分别承担企业管理层某一角色的任务,这些角色包括总经理、财务总监、生产总监、销售总监、采购总监等。每组学生一起组建公司进行生产经营活动,模拟企业 6~8 年的经营活动,各组必须根据市场需求预测竞争对手动向,决定本企业的产品、市场、销售、融资、生产等方面的长、中、短期策略。每一年年末用会计报表结算并分析经营结果,确定改进方案,然后继续下一年的经营。ERP 沙盘模拟能使学生感受到企业的实战气氛,因为在模拟企业实战时,学生会遇到企业经营中经常出现的各种典型问题,针对出现的问题,学生必须共同分析问题、寻找对策、进行决策，并组织实施。最后由教师对每一年的经营结果进行点评总结。

《ERP 沙盘模拟企业经营原理与实训教程》是主要面向经济、管理大类所有本、专科专业学生开设的"ERP 沙盘模拟企业经营综合训练"课程所配备的教材，也可作为每年的"全国大学生 ERP 沙盘模拟经营大赛"的竞赛训练指导教材，以及企事业单位进行素质拓展训练、团队建设、沙盘演练等项目的参考教材。

《ERP 沙盘模拟企业经营原理与实训教程》，是与 ERP 沙盘模拟企业经营实践教学环节相配套的理论与实训教程，可以完善课程实验教学体系，将该课程的建设水平提高到一个新层次。同时，作为专业基础必修课程和实践环节课程，本书的编写可以补充从理论指导到实践应用的空白，为经济、管理类本、专科专业开展应用型人才培养提供更好的服务。

本书在编写时突出以下五个特点：

一是物理沙盘+电子沙盘。本书内容兼顾了物理实物（手工）沙盘讲解与电子沙盘的讲解、实操，使学生既可以在课堂上接触到物理的有形的手工操作沙盘来模拟企业运营全过程，又可以学习基于计算机程序的电子沙盘来模拟企业经营。

二是经营理论+实战模拟。本书内容分上、下两篇，上篇详细阐述了企业经营的相关原理、理论、规律，并提供相关企业的真实案例，涵盖范围较广；下篇详细讲解了物理（手工）和电子沙盘的运营操作，这样使学生更全面地熟悉 ERP 沙盘的运营原理、规律和模拟运营的内容，知识全面、系统，更容易理解和接受。

三是实践训练+学科竞赛。本书既是为高校经济、管理大类学生开设 ERP 综合训练实训课程配备，同时也可以作为全国大学生学科竞赛 ERP 沙盘模拟企业经营大赛的竞赛指导教材，以及企业进行沙盘模拟演练、素质拓展训练、创新创业培训、实践实训等参考教材，更加拓宽了本书的使用范围。

四是线上教学+线下指导。本书增加了二维码视频教程和线上教学平台，提供了大量、丰富、高质量的课程相关学习资源；同时结合线下教学面对面指导，使得受训者的学习效果和学习质量得到大幅提升，而且更加适合新时代的线上线下混合式教学改革创新。

五是思政教育+应用培养。本书内容涵盖了企业运营的战略规划、资金筹集、市场营销、产品研发、生产组织、物资采购、设备投资、财务管理等关键应用环节，使用者在参与、体验中可完成从理论知识到实践应用的转化，符合我国应用型人才培养目标的要求；同时，在课程模拟训练时，将立德树人、思政教育贯穿人才培养全过程，教材内容各部分所包含生产经营、市场竞争、财务管理、采购销售、组织管理、纳税筹划等，可促进学生形成遵纪守法、依法经营、照章办事、履约尽责、公平公正的意识，使学生和受训者提升自身思想道德修养和法律规章素养。

本书的编写首先要感谢编写团队的付出和奉献，同时感谢菏泽学院王盛老师的指导，以及新道科技股份有限公司副总裁宋健、山东省区总经理法宁、市场部经理管清喜及公司其他员工的大力支持和帮助，在此，谨向他们致以诚挚的谢意！

在本书的编写过程中，编者参考了国内外许多专家的研究成果和相关文献，在此向相关作者表示衷心的感谢！

由于编者水平有限，书中难免有疏漏与不足之处，恳请同行专家及广大读者批评指正。

编　者

2021 年 1 月

目 录

导 言 ·· (1)
    第一节 课程特色 ·· (1)
    第二节 课程目标 ·· (2)
    第三节 课程内容 ·· (2)
    第四节 实训安排 ·· (4)

上篇 管理理论篇

第一章 管理——理性的基本认识 ·· (7)
    第一节 管理的含义 ·· (8)
    第二节 管理的职能 ·· (11)
    第三节 管理者的角色 ·· (13)
    第四节 管理环境 ·· (14)

第二章 计 划 ·· (19)
    第一节 计划的含义 ·· (20)
    第二节 计划的类型与权变因素 ·· (22)
    第三节 计划过程 ·· (26)
    第四节 战略与战略管理 ··· (29)
    第五节 计划的方法与组织实施 ·· (38)

第三章 组织及组织结构 ·· (44)
    第一节 组织的内涵 ·· (45)
    第二节 组织结构 ·· (47)
    第三节 组织结构设计 ·· (48)
    第四节 信息时代的企业组织创新 ··· (52)

第四章 决策与领导 (59)
第一节 决策 (60)
第二节 决策步骤 (62)
第三节 决策方法 (64)
第四节 领导 (69)

第五章 沟通与控制 (73)
第一节 沟通与有效沟通 (74)
第二节 控制及过程 (80)
第三节 预算控制 (84)
第四节 审计控制 (86)
第五节 质量控制 (87)

下篇 ERP沙盘模拟企业经营实训篇

第六章 ERP沙盘模拟企业经营 (93)
第一节 了解沙盘 (93)
第二节 建立模拟企业 (95)

第七章 手工沙盘 (98)
第一节 认识企业模拟经营手工沙盘 (98)
第二节 模拟企业运营实录 (111)

第八章 企业模拟经营电子沙盘 (132)
第一节 认识企业模拟经营电子沙盘 (132)
第二节 模拟企业运营实录 (145)
第三节 实训成绩的评定 (149)

第九章 ERP沙盘模拟经营新商战版 (151)
第一节 新商战沙盘教师系统 (151)
第二节 新商战沙盘学生系统 (179)

附 录 (200)
附录1 ERP沙盘模拟竞赛经验 (200)
ERP沙盘模拟竞赛方案 (205)
附录2 物理（手工）沙盘企业模拟运营表 (209)
附录3 物理（手工）沙盘市场预测（8年） (238)
附录4 电子沙盘市场预测 (240)
附录5 教学规则 (245)

参考文献 (249)

> 这是管理者经营理念的"试验田",这是管理者变革模式的"检验场",即便失败,也不会给企业和个人带来任何伤害!
>
> 这是一场商业实战,"六年"的辛苦经营将把每个团队的经营潜力发挥得淋漓尽致,在这里可以看到激烈的市场竞争、部门间的密切协作、新经营理念的迅速应用、团队的高度团结。
>
> 在模拟训练过程中,胜利者自会有诸多经验与感叹,而失败者则更会在遗憾中进行体悟和总结。

您是不是常常被这些问题所困扰:

➢ 如何增强研发、生产、市场营销、销售、服务人员对相互工作的支持和理解?
➢ 如何使高级管理团队中拥有丰富经验的"经验派"与经过系统管理训练的"学院派"取得交流的共同语言,相互提供更合理的决策建议?
➢ 如何改变各个部门缺乏全局观念,只强调自身重要性并抢夺资源的现状,以增强部门间的沟通与协调?
➢ 面对激烈的市场竞争,如何合理分配有限的资源?
➢ 如何合理地调动资金、控制成本,争取最大的经济利益?
➢ 如何通过培训使团队成员快速地掌握管理理论,并能真正应用于实际管理工作中?

第一节　课程特色

一、生动有趣

管理课程一般以"理论+案例"为主,比较枯燥,学生很难迅速掌握这些理论并应用到实际工作中,而通过沙盘模拟实训可以增强娱乐性,使枯燥的课程变得生动有趣。通过游戏进行模拟可以激起参与者的竞争热情,让他们有学习的动机——获胜!

二、体验实战

这种实训方式是让人们通过"做"来"学"。参与者以切实的方式看到并触摸到商业运作的方式，体会深奥的商业思想。体验式学习使参与者学会收集信息并在将来应用于实践。

三、团队合作

这种模拟是互动的。参与者在对游戏过程中产生的不同观点进行分析时，需要不停地进行对话。除了学习商业规则和财务语言外，参与者增强了沟通技能，并学会了如何以团队的方式工作。

四、看得见，摸得着

剥开经营理念的复杂外表，直探经营本质。企业结构和管理的操作全部展示在模拟沙盘上，将复杂、抽象的经营管理理论以最直观的方式让学员体验、学习。完整生动的视觉感受将极为有效地激发学员的学习兴趣，增强学习能力。在课程结束时，学员们对所学的内容理解得更透，记忆更深。

五、想得到，做得到

把平日工作中尚存的疑问带到课程中验证，在 2~3 天的课程中模拟 6 年的企业全面经营管理。学员有充足的自由来尝试企业经营的重大决策，并且能够直接看到结果。在现实工作中，他们没有这样的体验机会。

第二节 课程目标

高层管理者通过模拟对抗实训能够认清企业资源运营状况，建立企业运营的战略视角，并寻求最佳的利润机会；更有效地区分业务的优先安排，降低运营成本；深入理解财务的战略功效，掌握财务结构，解读财务报表。

中级经理在模拟对抗实训中的收获是了解整个公司的运作流程，提高全局和长远策略意识，更好地理解不同决策对总体绩效的影响，从而可以和不同部门达成更有效的沟通。同时，一线主管将提升其策略性思考的能力，以及与下属沟通的技巧。

模拟对抗实训更可以帮助企业建立一种共同的语言，提高每个人的商务技巧，从而使每个部门甚至每个人都支持公司既定的战略决策，方向一致，共同致力于生产力和利润的提高。

模拟对抗实训还可以帮助企业内部所有重要的员工理解企业的经营运作、企业的竞争力，以及企业资源的有限性，帮助各部门的管理人员进行有效的资源规划及决策。

第三节 课程内容

ERP 沙盘模拟企业经营课程的基础背景设定为一家已经经营若干年的生产型企业，此课程将把参加训练的学员分成 4~6 组，每组 5~6 人，每组各代表不同的虚拟公司，在这个训练中，每个小组的成员将分别担任公司中的重要职位，如总经理（CEO）、财务总监（CFO）、市场总监（CMO）、生产总监等。6 个公司是同行业中的竞争对手。他们从先前的管理团队中接手企业，在面对来自其他企业（其他学员小组）的激烈竞争中，将企业向前推进、发展。在这个课程中，学员们必须进行众多的决策。例如新产品的开发、生产设施的改造、新市场中销售潜能的开发等。每个独立的决策似乎比较容易,然而当它们综合在一起时,不同的方案会让选择变得困难。

课程涉及整体战略、产品研发、生产排程、市场与销售、财务、团队沟通与建设等多个方面,具体内容包括:

一、整体战略方面
1. 评估内部资源与外部环境,确定长、中短期策略
2. 预测市场趋势,调整既定战略

二、R&D(研究与开发)方面
1. 产品研发决策
2. 必要时修改研发计划,甚至中断项目

三、生产方面
1. 选择获取生产能力的方式(购买或租赁)
2. 设备更新与生产线改良
3. 全盘生产流程调度决策,匹配市场需求、交货期和数量及设备产能
4. 库存管理及产销配合
5. 必要时选择清偿生产能力的方式

四、市场营销与销售方面
1. 市场开发决策
2. 新产品开发、产品组合与市场定位决策
3. 模拟在市场中"短兵相接"的竞标过程
4. 刺探同行情报,抢攻市场
5. 建立并维护市场地位,必要时退出市场

五、财务方面
1. 确定投资计划,评估应收账款金额与回收期
2. 预估长、短期资金需求,寻求资金来源
3. 掌握资金来源与用途,妥善控制成本
4. 洞悉资金短缺前兆,以最佳方式筹措资金
5. 分析财务报表,掌握报表重点与数据含义
6. 运用财务指标进行内部诊断,协助管理决策
7. 如何以有限资金转亏为盈,创造高利润
8. 编制财务报表,结算投资报酬,评估决策效益

六、团队协作与沟通方面
1. 实地学习如何在立场不同的各部门间沟通协调
2. 培养不同部门人员的共同价值观与经营理念
3. 建立以整体利益为导向的组织

现代企业中,对过程进行管理的年代已经结束,取而代之的是关注最终结果的管理思维。如何以结果为导向,实施简单有效的方法,是现代管理要研究和追求的目标。而这种为结果而工作,追求卓有成效的工作效果的学习只能通过实践来积累,通过实践来感悟。

ERP沙盘课程简介

第四节　实训安排

一、实训班级

经济、管理类各层次、专业班级。

二、实训平台

用友创业者、新商战、约创物理（电子）沙盘。

三、实训时间

五天（18 课时）。

四、ERP 沙盘实训安排

第一天：ERP 沙盘经营原理、规则讲解，经营第 0 年。
第二天：带领学生模拟经营训练第 1 年，熟悉基本运营流程、规则、技巧。
第三天：模拟经营训练第 1~3 年。
第四天：模拟经营训练第 1~6 年。
第五天：分组实战对抗，撰写实训报告。

上 篇
管理理论篇

第一編
総合的政策

第一章

管理——理性的基本认识

案例导入

郭宁最近被一家生产机电产品的公司提升为总裁。在准备接任此职位的前一天晚上，他回忆起在该公司工作20多年的情况。

郭宁在大学时的专业是企业管理，大学毕业获得学位后就到该公司工作，最初担任装配部的助理监督。他当时真不知道如何工作，因为对液压装配所知甚少，而且在管理工作上也没有实际经验，几乎每天都手忙脚乱。可是一方面他非常认真好学，仔细查阅该单位的工作手册，并努力学习有关的技术知识；另一方面，监督长也对他主动指点，他渐渐摆脱了困境，胜任了工作。经过半年多的努力，他已能独立承担液压装配监督长的工作。然而，当时公司没有提升他为监督长，而是直接提升他为装配部经理，负责包括液压装配在内的四个装配单位的领导工作。

在当助理监督时，郭宁主要关心每日的作业管理，工作的技术性很强。而在担任装配部经理时，他发现自己不能只关心当天的装配工作状况，还得考虑此后数周乃至数月的规划，完成许多报告和参加许多会议，这样就没有多少时间去从事自己喜欢的技术工作了。当上装配部经理不久，他就发现原有的装配工作手册基本已过时，因为公司已安装了许多新的设备，吸收了一些新的技术，他花了整整一年的时间去修订工作手册，使之切合实际。在修订手册的过程中，他发现要让装配工作与整个公司的生产作业协调起来有许多需要改进的地方。为此，他还主动到几个工厂去参观访问，学到了许多新的工作方法，他也把这些吸收到修订的工作手册中去。由于该公司的生产工艺频繁发生变化，工作手册也不得不经常修订，但郭宁的工作一直很出色。他工作了几年后，不但学会了这些工作，还学会了如何把这些工作交给助手去做，教助手如何做好。这样，他可以腾出更多时间用于规划工作和帮助他的下属工作得更好，以及花更多的时间去参加会议、批阅报告及完成自己的工作报告。

在担任装配部经理六年之后，正好该公司负责规划工作的副总裁辞职，郭宁便主动申请担任此职务。在同另外五名竞争者较量之后，郭宁被正式提升为规划工作副总裁。他自信拥有担任这一新职位的能力，但由于这一职务工作的复杂性，他在刚接任时碰到了不少麻烦。例如，他感到很难预测一年之后的产品需求情况，还有，一个新工厂的开工，乃至一个新岗位的增加，都需要他不断处理市场营销、财务、人事、生产等部门之间的关系，这些他过去都不熟悉。他在新岗位上越来越感到：职位越高，越不能仅仅按标准的工作程序去进行工作。但是，他还是渐渐适应了，并做出了成绩，之后又被提升为负责生产工作的副总裁，而这一职位通常由该公司资历最深、辈分最高的副总裁担任。现在，郭宁又被提升为总裁。他知道，这一职位要有处理可能出现的任何情况的能力，但他也明白自己尚未达到这样的水平。因此，想到自己明天就要上任，他不免为今后的情况而担忧。

思考：
(1) 哪些技能是管理人员必须具备的？
(2) 不同层次的管理人员在技能要求上有哪些侧重点？
(3) 如果你是郭宁，你将如何解除困惑，尽快进入总裁角色？

郭宁的困惑在管理者中颇具代表性。那么什么是管理？管理的目的是什么？管理者需要具备哪些技能？这些都是管理中最基本的问题，是系统掌握管理学的基础，对这些问题的理解有助于以后各章的学习。

第一节 管理的含义

什么是管理？管理包括哪些内容？如何进行管理？为什么要进行管理？为了回答这些问题，我们不妨尝试经营具体的企业，进行一场管理者游戏。在一个模拟的竞争市场中，有6家制造业企业展开了激烈的竞争，这6家企业分别是A、B、C、D、E、F，每一家企业的初始经营资金完全一样，都是300元（为了简化运作过程，我们缩小了货币单位），最初生产的产品也一样，当然，如果某家企业进行了相应的研究开发，企业间的产品将会出现差异。其中，C企业的总裁叫李明，他必须对这个企业的经营负完全责任，必须进行独立决策。李明没有经营企业的经验，也没有学习过相应的企业管理知识，但是，他却对经营企业充满期待。然而，如何经营呢？李明一筹莫展，只能求教于老师，期望老师能告诉他经营企业的秘诀。老师说，你先试着自己经营吧，记下你在经营过程中遇到的所有问题，然后我们再一起分析。这样，管理者游戏开始了。市场竞争异常激烈，李明跟着感觉走，自己经营了3期（每一期相当于企业的一个会计周期，如1月、1季或1年），并记录下了这3期经营中所遇到的问题。

(1) 最初的300元资金，如何使用呢？最先购置什么生产要素？机器、人员还是材料？
(2) 只有300元资金，是购买大机器（单价200元，生产能力为每次生产4个产品）？还是小机器（单价100元，生产能力为每次生产1个产品）？
(3) 在资金不足时，是否向银行贷款？如果贷款，若长期贷款利率为10%，短期贷款利率为5%，是选择长期贷款还是短期贷款？如果期末资金不足，要么破产，要么向银行借短期贷款，看来必须进行资金预算，然而，如何预算呢？
(4) 每个企业都想销售自己生产的产品，销售产品采用的是投标制，那么，如何确定产品的报价呢？

（5）价格竞争异常激烈，产品的市场售价已经降到 23 元/件，而以这样的价格销售产品会亏损，那么，是卖，还是不卖？

（6）在资金不足的情况下，是否购买计算机？

（7）购买了 2 次保险都无险而终，好像有点浪费，那么是否继续购买保险呢？

（8）其他企业都在搞研究开发，我是跟进，还是不予理会？

（9）进行产品广告宣传后，每次能多卖 2 个产品，但广告的投资是 20 元，那么是否要进行广告宣传？是进行人员促销，还是广告促销？

（10）是否对员工进行教育培训？员工学习有那么重要吗？

（11）购买材料、进行生产、销售产品这三个环节的能力应该保持平衡。可是，为什么总是无法使它们保持平衡？

（12）材料、产品有库存。有时由于材料库存太少，无料生产，使生产停顿；有时由于产品库存太少，在好的销售机会时却没有产品。如何确定合理的库存呢？

（13）2 期经营下来效益都不好，是否应该调整经营战略和经营计划？

（14）在经营中只有 A 企业与我进行产品销售的竞争，A 企业私下与我商量：抬高价格，共同盈利。这不是联合定价、实施共谋吗？实际经营中是否允许？

（15）B 企业竟将产品价格降到 15 元/件，是否可以告他"价格倾销"？

（16）经过 3 期经营，我发现每个经营者的特点都不一样，A 企业喜欢出高价；B 企业经常出低价，并且设备规模最大；D 企业不愿意与人竞争；E 企业有时记假账；F 企业的领导者则每次都充满热情地展开竞争，而且研究开发的投入较多。这些信息意味着什么？

（17）扩张企业规模需要加大投资，那么，是否要扩张企业规模？扩张企业规模有何好处？

（18）1 期经营下来，买进卖出许多次，企业盈利了吗？如何进行成本核算？如何计算利润？

面对如此多的问题，让我们一边学习，一边实践吧。

一、管理的含义

在本章导入案例中，郭宁最初身为助理监督，首先需要了解什么是管理，管理的目标与手段是什么。从郭宁的工作性质可以看出，他是通过组织来完成企业的各项业务的。管理学者玛丽·帕克·福莱特（Mary Parker Follett）是这样描述管理活动的："所谓管理，就是使人们完成特定任务的艺术。"管理理论家彼得·德鲁克（Peter Drucker）把管理定义为："为组织提供指导、领导权并决定如何利用组织资源去完成目标的活动。"实际上，使人们利用其他资源去完成特定任务并提供指导和领导权是管理者的职责所在。这些活动不仅对公司高层管理者适用，对公司中低层管理人员也同样适用。在所有类型的组织——营利组织或非营利组织中，管理活动都旨在利用组织资源去完成目标和取得高业绩。

据此，我们将管理定义为：管理就是通过对组织资源的计划、组织、领导和控制，以有效益和高效率的方式实现组织目标的过程。管理的过程如图 1-1 所示。

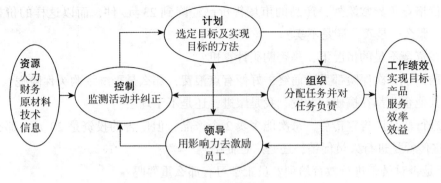

图1-1 管理的过程

二、管理者的目标

管理者的目标是实现卓越成效。组织及其成员的宗旨之一就是为消费者提供他们所需要的产品或服务。苹果电脑公司CEO的首要目标就是通过有效管理为消费者提供想要的电脑；医生、护士和医院管理者的首要任务就是提高救死扶伤的能力；而麦当劳餐厅管理者的首要目标则是为人们提供其所需要的汉堡、炸鸡以及奶酪等。

管理者的目标主要包括组织绩效、效率和效益三个方面。

组织绩效（Organizational Performance）是一种衡量管理者利用资源来满足消费者需要，并实现组织目标的效率与效益的尺度。组织绩效与效率、效益呈正相关。

效率（Efficiency）是衡量在一定目标下的资源利用情况和产出能力的尺度。当管理者使资源投入（如劳动力、原材料、零部件等）最少或生产一定数量的产品或服务所需要的时间最短时，组织是有效率的。这是因为管理者经营的资源（资金、人员、设备等）是稀缺的，所以他们必须关心这些资源的利用效率，并采取有效的手段提高利用效率。管理的手段就是使资源成本最小化的措施和方式，即正确地做事。例如，麦当劳最近开发了一种更高效的平底煎锅，它不仅可以节省30%的用油量，而且能够加快煎炸速度。管理者的责任就是保证组织及其成员尽可能高效率地完成为消费者提供产品或服务的所有活动。

然而，仅仅有效率是不够的，管理还必须使活动实现预定的目标，即追求活动的结果。

效益（Effectiveness）是衡量管理者所选组织目标的适宜程度，以及组织实现目标程度的尺度。当管理者目标选择正确并得以实现时，组织是有效益的，他们实现了管理的目标，即他们做了正确的事。例如，麦当劳的管理者决定开始提供早餐以吸引更多的顾客，实践证明这一选择是明智的，现在早餐收入已经占麦当劳总收入的30%。

效率和效益是互相联系的，例如，日本精工集团（Seiko）如果不考虑人力和材料输入成本的话，它还能生产出更精确和更吸引人的钟表。为什么一些美国联邦政府机构经常受到美国公众的抨击，按道理说它们是有效的，但它们的效率太低，也就是说，它们的工作是做了，但成本太高。因此，管理不仅要使活动达到目标，而且要做得尽可能有效率。

组织可能是有效率却无效益的吗？完全可能，那种把错事干好的组织就是如此。现在有许多学院采用计算机辅助学习设备、大课堂教学，过分依赖兼职教师，使校方大幅度地削减了用于每个学生的教育经费。但这样的学院已经受到各方面的批评。批评认为，这些学院没能给学生适当的教育。当然，在更多的情况下，高效率还是与高效益相关联的。低水平的管理绝大多数是由于无效率和无效益，或者是以牺牲效率来取得效益。高绩效的组织，像麦当劳、沃尔玛、英特尔等，毫不例外地是既有效率又有效益的。

综上所述，效率涉及的是活动的手段，而效益涉及的是活动的结果，两者的差别如图1-2所示。有效益与有效率的管理者是那些选择了正确的组织目标，并且具有有效利用资源技能的人。这是郭宁初为基层管理者时首先需要了解的内容。

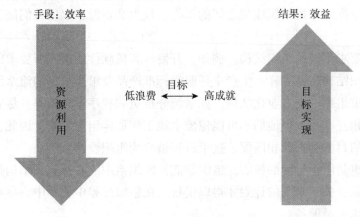

图1-2　效率与效益的差别

第二节　管理的职能

郭宁在就任装配部经理后，必须执行管理的四项职能，即计划、组织、领导与控制。

一、计划

计划是指建立目标，采取相应的活动方法以完成既定目标的步骤。计划是管理者对他们的目标和行动事先所进行的通盘考虑，这种考虑是根据一定的方法和逻辑分析得出的，而不是仅靠预感得出。计划为组织设定目标，并建立起达到目标的最佳途径。此外，计划还成为以下几个方面的指南。

（1）组织获得和利用所需的资源来达到它的目的。

（2）组织成员实施与设定目标和程序相一致的活动。

（3）通向目标的进程受到监控和评估，以便在进展令人不够满意的情况下采取正确的行动。

计划的第一步是为组织选定目标。随后组织内部的子单位（科室、部门等），也将分别设立目标。一旦目标得到确定，各种程序将被建立起来，以便以系统化的方式实现目标。当然，在选择目标和制定程序时，高层管理者会考虑它们对组织及其管理者、雇员的可行性和可接受性。

关系和时间是计划活动的核心。计划在现实资源和过去工作经验的基础上，描绘出理想中的未来情形。

从总体上担负组织责任的高层管理者制订的计划可能会覆盖长达5年或10年的时间。

在一个大的组织当中，像英国石油（British Petroleum）这样的跨国能源公司，其计划可能会涉及上亿美元的订单。相反，组织的某些个别部门的计划可能只涉及第二天的工作，或者一周之后的一次两个小时的会议。

二、组织

组织是一个分配和安排组织成员之间的工作、权力和资源，以便他们能实现组织目标的过程。

不同的目标要求不同的组织结构。例如，开发计算机软件的组织所要求的组织结构与牛仔服生产厂的组织结构就不一样。生产牛仔服类标准产品要求高效率的流水线技术，而计算机软件生产则要求组织一支专业化队伍，如系统分析员和程序设计者等。尽管这些专业人员之间必须有效地相互联系，但他们不可能像流水线工作那样组织起来。因此，管理者必须使组织的结构与它的目标和资源相匹配。这个过程被称为组织设计。

关系和时间也是组织行为的核心。组织职能使组织当中的各种关系结构化，而正是通过这些结构化的关系，关于未来的计划才得以实行。在组织过程中关系中，寻找新人加入这种关系结构，这叫作人员配备。

三、领导

领导是指指导或影响组织成员或一个完整组织与其任务相关行为的过程。领导需要指导、影响和激励员工完成基本的任务。

关系和时间同样是领导活动的核心。事实上，领导是管理者通过协调与每一位部下的关系来达到目的的。管理者试图说服其他人加入他们当中，以实现计划和组织过程中所设定的目标，通过营造良好的环境气氛，管理者帮助其雇员努力工作。

四、控制

控制是指确保实际行动与计划相符的过程。管理者必须确保组织成员的行为确实是在推动组织朝着它的既定目标前进，这是管理的控制职能。它包含了以下几个方面。

（1）建立绩效标准。

（2）衡量当前业绩。

（3）将当前业绩与给定标准进行比较。

（4）在发现偏差时采取正确行动。

通过控制，管理者使组织按预定轨道前进。渐渐地，组织以新的方式建立起与控制职能相适应的产品质量体系。郭宁修订工作手册以规范生产流程就属于控制的范畴。

关系和时间同样是控制行为的核心。管理者不得不关心控制的原因是，随着时间的变化，已建立起来的关系并不总是按计划运行。当郭宁批阅报告时，他事实上就是在实施控制职能。

计划、组织、领导、控制四个管理职能间的相互作用关系如图1-3所示。

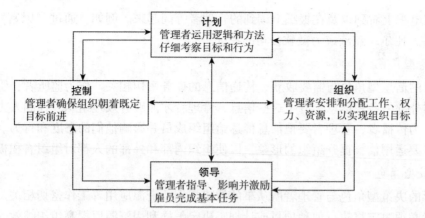

图1-3 四个管理职能间的相互作用关系

第三节 管理者的角色

作为一名管理者，必须明确自己的角色。所谓角色，就是处于组织中某一位置的人所需要承担的一系列特定任务。自从20世纪70年代初亨利·明茨伯格（Henry Mintzberg）提出有效管理者所扮演的十种特定角色以来，管理者所需要扮演的角色并没有发生多大的变化。

一、管理者的角色

明茨伯格将管理者在计划、组织、领导、控制组织资源过程中需要履行的特定职责简化为十种角色。管理者通过这些角色的履行来影响组织内外个人和群体的行为。组织内的人包括其他的管理者和员工，组织外的人包括投资者、消费者、供应商、组织所在社区的居民，以及任何与组织及其活动有关的政府或当地机构。管理者往往同时扮演上述几种角色。明茨伯格将这十种角色划分为三大类：人际关系型、信息型和决策型。

1. 人际关系型角色

管理者扮演人际关系型角色的目的是与组织其他成员协作互动，并为员工和组织整体提供导向和监督管理。管理者的第一个人际关系型角色是挂名首脑，即所在组织或部门的象征。作为挂名首脑，CEO需要决定组织的使命与目标，并将它传达给员工和其他的有关群体。处于各个等级的管理者都扮演着挂名首脑这一角色，通过在组织内建立起适当或不适当的行为方式而成为人们的角色模型。

管理者的领导者角色意味着他需要鼓励下级发挥出高水平的绩效，还需要有计划地去培训、指导下级以促使他们发挥全部潜能。管理者的权力源于两个方面：他在组织等级中所处位置的正式授权，以及他的个人品质，包括声誉、技能、个性等。领导者的个人行为影响着员工的态度和行为。事实上，下属是否想要发挥出高的绩效水平，甚至是否想准时上下班，是否想请假，在很大程度上取决于他们对在组织里的工作是否感到满意。

管理者的联络人角色意味着他要对组织内外个人和群体的行为进行联系与协调。在组织内部，管理者要协调各不同部门的活动以提高其合作水平；在组织外部，管理者需要与供应商、消费者以及当地社区建立起联系，以获得稀缺的资源。组织外的人往往将组织与他们所接触的、在电视上看到以及在报纸上读到的管理者等同起来。例如，通过《财富》《商业周刊》的宣传，比尔·盖茨成为微软公司的象征。

2. 信息型角色

管理者的信息型角色与需要收获、传递信息的任务密切相关。作为监听者，管理者需要分析组织内外部的各种信息。有了这些信息，管理者才能够有效地组织、控制人力资源及其他资源。作为传播者，管理者要把信息传达给组织成员并影响他们的态度和行为。作为发言人，管理者要运用信誉提升组织的形象，以使组织内部和外部的人都对组织有积极的反应。

3. 决策型角色

管理者的决策型角色与管理者所从事的战略规划、资源应用等工作密切相关。作为企业家，管理者必须决定将执行何种项目或计划，决定怎样利用资源以提高组织绩效。作为混乱驾驭者，管理者需要处理可能影响组织运营的突发事件或危机。在这种情况下，管理者还必须扮演挂名首脑和领导者的角色，以保证获得解决问题或危机所需要的资源。在一些特殊情况下，管理者还必须扮演资源分配者这一重要角色，以决定怎样最佳地运用人力和其他资源来提高组织绩效。在扮演这一角色的同时，管理者还必须扮演谈判者的角色，来与其他管理者、组织内外部群体如（投资者、消费者等）在资源的分配方面达成共识。

一个管理者通常扮演着多种角色，如同时扮演联络者（人际关系型角色）、监听者（信息型角色）、谈判者（决策型角色）。

二、管理者的技能

美国管理学者罗伯特·卡茨（Robert L. Katz）认为，有效的管理者应当具备三种基本技能：技术技能、人际技能和概念技能。

1. 技术技能（Technical Skills）

技术技能是指熟悉和精通某种特定专业领域的知识，诸如工程、计算机科学、财务、会计或者制造等。对于基层管理者来说这些技能是重要的，因为他们直接监督雇员所从事的工作。

2. 人际技能（Human Skills）

人际技能也是很关键的，具有良好人际技能的管理者能够使员工热情和有信心。人际技能是各个层次的管理者都必备的。

3. 概念技能（Conceptual Skills）

概念技能是管理者对复杂情况进行抽象和概念化的技能。运用这种技能，管理者必须能够将组织看作一个整体，理解各部分之间的关系，想象组织如何适应它所处的广泛的环境。尤其对于高层管理者而言，这种技能是非常重要的。

第四节 管理环境

一、经营环境概述

在研究企业经营环境之前，必须首先了解企业经营环境的含义及其分析的意义，这将有助于我们更好地对企业经营环境进行分析。

1. 企业经营环境的含义

企业经营环境是指所有与企业经营活动有关的外部环境和内部环境因素的总和。

所谓外部环境，是指企业进行生产经营活动所处的外部条件或面临的周围情况。外部环境因素包括企业一般外部环境和企业特殊外部环境。所谓内部环境，是指企业在一定的技术经济条件下，从事生产经营活动所具备的内在客观物质环境和文化环境。任何企业的生存与发展都必须以外部环境为条件，以内部环境为基础；任何企业都不可能脱离企业的经营环境去安排生产经营活动。

企业外部环境与内部环境是相互联系、相互制约的。外部环境因素一般是不可控因素，企业经营者只能收集和利用这些因素，并采取适应性措施。而在采取适应性措施的过程中，还要与自身内部环境因素结合起来进行考虑，充分发挥自身优势来影响环境，使企业经营得以顺利进行。

企业经营环境是动态联系的有机组合。企业内部环境因素可以推动、促进外部环境因素向着有利于企业发展的方向变化。当外部环境因素给企业带来不利影响时，企业就应调整内部条件因素来克服和改变这种不利因素的影响。作为企业经营者，应通过对企业经营环境的分析，努力谋求企业外部环境因素、内部环境因素与企业经营目标的动态平衡。

2. 企业经营环境分析的意义

（1）企业经营环境是企业从事生产经营活动的基本前提。企业是社会的细胞，企业的生存与发展离不开所处的社会环境和企业内部条件。外部环境是企业生存的土壤，它既为企业生产经营活动提供条件，同时也必然对企业生产经营活动起制约作用。如企业生产经营活动必须遵守国家的有关法规、政策；所需的人、财、物必须通过市场获取，离开外部的这些市场，生产经营活动便会成为无源之水、无本之木。与此同时，企业生产的产品或提供的劳务也必须通过外部市场满足。没有外部市场，企业就无法销售产品、得到销售收入，生产经营活动就无法继续。而企业内部的物资环境和文化环境又是企业从事生产经营活动的基础，要充分有效地利用企业的内部资源，就必须研究企业在客观上对资源的占有情况以及在主观上对资源的利用情况。因此，企业经营者必须认真分析企业内外部环境因素，根据外部环境的变化来调整企业内部环境的状况，为企业顺利开展经营活动创造良好的条件。

（2）企业经营环境是企业制定经营决策的基础。企业生产经营活动是与内外部环境密切相关的开放系统，企业从社会获取人力、物力、财力、信息等资源，经过企业内部生产过程，将其转换成产品或劳务以满足社会需要。在整个过程中，企业生产经营活动受到社会政治、经济、文化、技术、市场、资源等因素的影响，而经营决策又始终贯穿于生产经营活动的全过程，经营者只有对上述各种因素进行及时、客观、全面、科学的分析与判断，才能保证经营决策的科学性、正确性与及时性。

（3）企业经营环境有助于企业及时发现机会、避开威胁，实现经营目标。企业的外部环境是客观存在的，并不断发生变化。比如，技术在发展，消费者收入在提高，教育在不断普及等。对经营者来说，这些既可能是威胁，又可能是机会。企业必须根据外部环境所提供的各种信息，以及内部环境所提供的各种保障，进行认真的对比分析，及时发现外部环境变化给企业生产经营带来的有利因素，积极地采取措施利用机会、避开威胁，有效地实现经营目标，不断提高企业经济效益。例如，20世纪70年代以来，日本的许多轿车生产厂家分析了企业外部环境，发现世界能源供应日趋紧张和人们环保意识日益提高，于是及时调整了经营决策，大量开发系列新型节能和低污染轿车，并大力向国际市场推广，几年下来就迅速抢占了美、德等国的低能耗、低污染轿车的市场。

二、企业经营的外部环境

企业的生产经营活动日益受到外部环境的作用和影响。外部环境作为一种企业的客观制约力量，在与企业的相互作用和影响中形成了自己的特点，这就是企业外部环境的唯一性和变化性。外部环境唯一性的特点，要求企业的外部环境分析必须具体情况具体分析，不但要把握企业所处环境的共性，也要抓住其个性。同时，要求企业的经营决策及战略选择不能套用现成的模式，要突出自己的特点，形成自己的风格。

外部环境的变化性特点要求企业的外部环境分析应该是一个与企业环境变化相适应的动态分析过程，而非一劳永逸的一次性工作。经营策略也应依据外部环境的变化进行修正或调整。企业要不断分析与预测未来环境的变化趋势，当环境发生变化时，为了适应这种变化，企业必须改变或调整经营策略，从而实现企业外部环境、内部环境与企业经营目标的动态平衡。

如图1-4所示，企业的外部环境可分为两个层次。第一个层次是企业的一般外部经营环境，也称为宏观环境。它是指给企业造成市场机会和环境影响的社会力量，包括政治法律环境、经济环境、技术环境、社会文化环境以及自然环境等。这些都是企业不可控制的社会因素，但会通过微观环境对企业经营产生巨大的影响。第二个层次是企业的特殊外部经营环境，也称微观环境。它是指与企业经营过程和经营要素直接发生关系的客观环境，是决定企业生存和发展的基本环境。微观环境一般包括企业竞争者、供应商和顾客等。

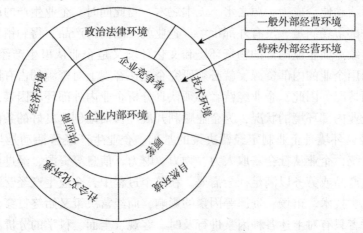

图1-4 企业外部环境示意

三、企业经营的内部环境

企业还有内部环境，它是由处于企业内部的要素所构成的，如人力资源、财力资源、物力资源，以及企业文化，因为企业文化决定了组织内部员工的行为方式和企业对外部环境的适应能力。

内部环境由企业内部的物质环境和文化环境构成。内部物质环境研究是要分析企业内部各种资源的拥有状况和利用能力,内部文化环境研究是考察企业文化的构成要素及其特点。

1. 内部物质环境

任何企业的经营活动都需要借助一定的资源来进行。这些资源的拥有情况和利用情况,影响甚至决定着企业经营活动的效率和规模。企业经营活动的内容和特点不同,需要利用的资源类型亦有区别。但一般来说,任何企业的经营活动都离不开人力资源、物力资源以及财力资源。它们是构成企业生产经营活动过程的各种要素的组合。

2. 内部文化环境

企业文化是企业在长期的实践活动中所形成的,并且被企业成员普遍认可和遵循的具有本企业特色的价值观念、思维方式、工作作风、行为准则等群体意识的总称。它是随着企业的存在和发展而逐渐形成的。在企业文化的形成过程中,企业缔造者以及后来的管理者的价值观念及领导风格起重要的作用。

在一定社会背景下存在的企业,其文化必然要打上外部文化环境的烙印,整个社会的价值观念、宗教信仰必然要对其产生影响。比如,强调个人价值的传统西方文化背景使西方社会经济组织通常比较注重个人奋斗,鼓励竞争;而倡导和谐人际关系的儒家文化则使得包括我国在内的东方社会经济组织往往强调群体内部以及群体之间的协作,鼓励共同发展。当然,两种社会文化的交融也使得东西方的社会经济组织试图从另一种文化中寻求精华以弥补自己的不足,但是,即便在相同的社会文化环境中,不同企业的文化特点亦是有区别的。比如,同是在西方经济中从事生产经营的企业,虽然可能同样强调个人的价值、个人的成功,但是不同企业对待个人成功的方式及其判断的标准也有可能是相异的。正是由于这种不同企业文化之间的差异,而且不同的企业文化都有其存在的理由和贡献,才决定了企业文化研究的必要性。

本章小结

管理是通过对组织资源的计划、组织、领导和控制,以有效益和高效率的方式实现组织目标的过程。管理者的目标是实现卓越成效。管理者的目标主要包括组织绩效、效率和效益三方面。组织绩效与效率、效益呈正相关。效率涉及活动的方式,而效益涉及活动的结果。管理的基本职能是计划、组织、领导和控制。

明茨伯格从研究中得出结论,管理者扮演着十种不同的角色。他将这些角色划分为三大类:人际关系型、信息型和决策型。管理者往往同时扮演上述几种角色。

导入案例分析

郭宁的经历表明,概念技能、人际技能和相应的技术能力是管理者所应具备的三项基本技能,但不同层次的管理者,由于所处位置、作用和职能不同,对三种技能的需要程度明显不同。高层管理者尤其需要概念技能,而且所处层次越高,对概念技能要求也越高。这种概念技能的利用能力,已成为衡量一个高层管理者素质的最重要尺度。而高层管理者对技术技能的要求就相对低一些。与之相反,基层管理者更重视的却是技术技能。人际技能对于高、中、低层管理者有效地开展管理工作都是非常重要的。

提高学习能力是管理者培养的重要一环。郭宁在升任总裁的过程中,他的管理责任不断加重。要成功地胜任公司总裁的工作,他应特别注重强化自身概念技能和人际交往能力,要做到这一点,郭宁必须加强理论学习,加强与外部高级主管的横向交流,在工作中不断总结经验、教训。

思考与练习

1. 什么是管理?如何理解管理的含义?
2. 你认为有效益的组织一定有效率吗?
3. 请将四种管理职能与明茨伯格十种角色相对照,谈谈它们有什么联系。
4. 你认为小企业总经理的工作与大企业总经理的工作有哪些差异?
5. 你认为计划、组织、领导和控制这四项职能有什么相似之处?它们是相关的吗?如果管理者擅长其中的一项职能工作,他可能在其他职能工作中有突出表现吗?

第二章

计 划

案例导入

A公司几乎拥有模板生产设备的全部市场，其所生产的价格高昂的设备采用激光和电光在硅晶片上印制复杂模板。然而，当斯泊接任A公司总裁时，公司每月的赤字达100万元。投资方和媒体都对该公司失去信心。当斯泊宣布2020年年底的目标收入为5亿元时，每个人都认为是痴人说梦。之后其表现使A公司被盛赞为重现生机最为成功的公司之一。收入以75%的速度递增，而且大有持续增长之势，利润保持持续稳定增长。

高科技行业瞬息万变，许多人认为难以谋划未来。以前，A公司管理人员花费大量时间处理短期危机，但斯泊通过恢复基础计划工作使A公司转危为安。他说："当一个公司有了明确的使命，人们知道如何把个人的使命融入一个大的远景时，每个人都会朝着同一个方向迈进。"现在A公司正沿着斯泊新创的目标健康前进。由于计划具体，阶段明确，员工面对快速多变的环境有条不紊。斯泊认为，要想获得成功，需要理解两个基本问题：一是我需要做什么；二是我如何去实现它。

思考：

（1）斯泊是如何让A公司每位员工向同一个方向迈进的？

（2）如果你处于斯泊的位置，你将如何帮助那些把大量时间用于处理日常事务的员工放眼未来？

在管理的几大职能中，计划被认为是最重要的基础。其他所有工作的实施都以计划为基础。然而，计划也被认为是最有争议的管理功能。因为有时计划不能识别捉摸不定的未来，不能改变动乱的环境。

在本章，我们将探讨计划的含义，分析组织为了达到目标所采取的计划类型，探讨计划的制订方法、过程与组织实施，深入研究战略计划的制订与战略管理的过程。

第一节 计划的含义

一、计划的概念

什么是计划？对计划的理解可以有静态和动态之分。从静态方面来解释，计划是指用文字和指标等形式所表述的企业以及企业内不同部门和不同成员在未来一定时期内关于行动方向、内容和方式安排的管理文件。计划既是所确定的企业在未来一定时期内的行动目标和方式在时间和空间上的进一步展开，又是组织、领导、控制等管理活动的基础。从动态方面来解释，计划是指为了实现所确定的目标，预先进行的行动安排。这项行动安排工作包括在时间和空间两个维度上进一步分解任务和目标，选择任务和目标实现方式、规定进度、确定行动结果的检查与控制方式等，通常称为计划工作。因此，计划工作是对企业所确定任务和目标提供一种合理的实现方法。

正如哈罗德·孔茨（Harold Koontz）所言："计划工作是一座桥梁，它把我们所处的这岸和我们要去的对岸连接起来，以克服这一天堑。"计划工作起着承上启下的作用，它给企业提供了通向未来目标的明确道路，给组织、领导和控制等一系列管理工作提供了基础。有了计划工作这座桥，模糊不清的未来变得清晰实在。虽然我们不可能准确无误地预知未来，虽然不可控制的因素可能干扰最佳计划的制订，并且我们几乎不可能制订出最优计划，但是除非进行计划工作，否则就将无所作为。

计划包括定义企业目标，制订全局战略以实现这些目标，开发一个全面的分层计划体系以综合和协调各种活动。因此，计划涉及"5个W"和"1个H"，即计划必须清楚地确定和描述下述内容。

（1）What——做什么，即目标与内容。
（2）Why——为什么做，即原因。
（3）Who——谁去做，即人员。
（4）Where——何地做，即地点。
（5）When——何时做，即时间。
（6）How——怎样做，即方式、手段。

二、计划工作的性质

根据哈罗德·孔茨的观点，计划工作的性质可表现在四个方面：目的性、首位性、普遍性和效率性。

1. 计划工作的目的性

在企业中，每一个计划及其派生计划的制订，其最终目的都是促使企业总体目标和各个阶段目标的实现。计划的有效制订能对企业行为产生积极的指导作用，从而确保企业的生存与发展沿着既定的方向和目标前进。正如高茨（Goetz）所强调的："管理的计划工作是针对所要实现的目标去设法取得一种始终如一的、协调的经营结构。如果没有计划，行动就必然成为纯粹杂乱无章的行动，只能产生混乱。"所以，计划工作具有强烈的目的性，它以行动为载体,引导着企业的经营运转。

2. 计划工作的首位性

在实践中,管理的各项职能是作为一个系统交织在一起的。计划由于具有确认企业目标的独特作用,因此成为其他各项职能执行的基础,具有优先性。任何组织只有在将实现目标的计划制订出来后,才能确切地知道需要什么样的组织层次与结构,配备什么样的合格人选,按照什么方针、政策来实行有效的领导,以及采取什么样的控制方法等。尤其是计划与控制之间是密不可分的。没有计划指导的控制是毫无意义的,因为人们如果事先不了解自己要到哪里去(这是计划工作的任务),那么就无法知道自己是否正在走向要去的地方(这是控制工作的任务),所以,计划是为控制提供标准的。

3. 计划工作的普遍性

计划工作应涉及企业管理区域内的每一个层级,从高层管理人员到基层管理人员都须根据自己的工作内容和职责范围制订计划。有一种片面的理解,认为计划工作仅仅是高层决策者的工作内容,这种看法是非常狭隘的。在一个高效的企业中,每一个管理人员都需要从事计划工作。高层管理人员制订企业的总体计划,把握全局方向和目标;中层管理人员制订部门计划,诸如财务计划、市场计划、人事计划等,确定在整体目标实现过程中,各部门自身的具体目标;而基层管理人员则要制订具体的作业计划,以配合生产计划的最终实现。在企业中,计划可以直接由上而下,层层分解;也可以自下而上层层草拟,然后再由高层整合后制订出企业的总体目标,自上而下地最后确认。但无论采用哪种形式,计划工作总是建立在企业的每一个层面上的。

4. 计划工作的效率性

计划工作的效率是根据实现企业总目标和一定时期内目标所得到的利益,及为制订和执行计划所需要的费用和其他预计不到的后果等的总额来测定的。虽然某一计划有助于企业目标的实现,但它所消耗的费用可能太高,或无此必要,这就意味着该计划工作是低效的,甚至可能是无效的。效率并不仅仅局限于人们通常理解的按资金、人力、工时或产品单位表示的投入产出量,还应包括诸如个人和群体的满意程度等一类的评价标准。

因此,在高效运作的企业中,管理者最重要的任务就是确保每个人都明白群体的宗旨和目标,以及实现宗旨和目标的方法。如果期望群体的努力有效,每个人都必须明白他应该做什么,这就是计划职能。

三、计划工作的作用

计划是管理活动最基本的职能,计划工作给出了方向,减少了变化带来的影响,尽可能避免了重复、遗漏和浪费现象,并确定了利于控制的标准。

计划工作协调了企业成员所做的各种努力。无论是管理人员还是非管理人员,计划都为他们指明了方向,使所有有关人员知道企业正走向何方,为了达到目标,他们必须做何贡献,并能互相合作,协调各自的活动,避免企业忽左忽右地摇摆,从而有效地达成目标。

计划工作通过预计变化来降低不确定性,它也为管理人员指明了在面对变化做出反应时所采取的各项行动的后果。计划工作迫使管理人员朝前看,预计变化,考虑变化带来的影响，并对变化进行适当的反应。

计划工作说明并确定了企业中每一部门应做些什么，为什么要做这些事，应在什么时候去做。目的和手段都明确了，低效和无能也就显而易见了。它减少了重复与浪费的活动，并协调各项活动，使之与其他有关活动相配合。

最后，计划工作建立了目标与标准，从而保证了必要的控制。正是由于在计划工作中提出了目标，在控制职能中才能将实际的业绩与目标相对照，一旦出现重大的偏差，就能及时地采取纠偏行动。没有计划工作，也就无所谓控制。

有关计划工作的作用，我们应有一个正确的认识。一般而言，正式的计划工作是和企业的较高利润、较高的资产回报以及其他正面的财务成果相联系的。其次，高质量的计划工作和对计划适当的贯彻执行将导致更高的组织绩效。但是，在实践中仍有不少人对计划工作有许多误解，有必要加以澄清。

（1）计划工作不是策划未来。换言之，计划工作并不是"预测"，人类是无法预言和控制未来的，试图指挥和策划未来是幼稚的。我们仅能决定为了实现将来的目标应当采取什么行动。

（2）计划工作不是作未来的决策。它涉及的是当前决策对将来事件的影响，所以计划工作涉及未来，但是，计划工作的决策是现在的。

（3）计划工作并不能消除变化。管理人员不管做些什么，变化是客观存在的，管理部门之所以要从事计划工作，是为了预估各种变化和风险，并对它们有最为有效的反应。

（4）计划工作并不减少灵活性。计划工作意味着承诺，但只有当管理部门把计划工作看成是一次性行为时，它才是一种限制。计划工作应是一种持续的活动，应该根据实际情况的变化进行灵活的调整。

第二节　计划的类型与权变因素

一、计划的类型

划分计划类型有多种分类方法：依据计划涉及范围的广度来划分，有战略计划和战术计划；按时间长短来划分，有长期计划与短期计划；按职能的不同来划分，有业务计划、财务计划、人事计划等；按明确性来划分，有具体性计划和指导性计划；按程序化程度来划分，有程序性计划和非程序性计划等，如表2-1所示。需要指出的是，这些分类方法所划分出的计划类型很难完全独立。比如，长期与短期就不存在定量的数值标准，程序化程度更难用某种统一的定量标准加以区分。另外，虽然理论研究将计划按一定标准进行分类，但现实中的计划往往是综合的，比如，长期财务计划与短期财务计划、指导性人事计划与具体性人事计划等。下面对长期计划和短期计划，业务计划、财务计划和人事计划，具体性计划与指导性计划，程序性计划与非程序性计划分别进行介绍。

表 2-1 计划的类型

分类标准	类型
涉及的范围广度	战略性计划 战术性计划
时间的长短	长期计划 短期计划
职能	业务计划 财务计划 人事计划
明确性	具体性计划 指导性计划
程序化程度	程序性计划 非程序性计划

1. 长期计划和短期计划

财务分析人员习惯于将投资回收期分为长期、中期和短期。长期通常指五年以上，短期一般指一年以内，中期则介于两者之间。管理人员也采用长期、中期和短期来描述计划。长期计划描述了企业在较长时期（通常为五年以上）的发展方向和方针，规定了企业各个部门在较长时期内从事某种活动应达到的目标和要求，绘制了企业长期发展的蓝图。短期计划具体规定了企业的各个部门在最近时段中应该从事何种活动，从事该种活动应达到何要求，因而为各企业成员在近期内的行动提供了依据。

2. 业务计划、财务计划和人事计划

从职能空间分类，可以将计划分为业务计划、财务计划及人事计划。企业是通过从事一定经营业务活动立身于社会的，业务计划是企业的主要计划。我们通常用"人、财、物、供、产、销"六个字来描述一个企业所需的要素和企业的主要活动。业务计划的内容涉及"物、供、产、销"，财务计划的内容涉及"财"，人事计划的内容涉及"人"。

作为经济组织，企业业务计划包括产品开发、物资采购、仓储后勤、生产作业以及销售促进等内容。财务计划与人事计划是为业务计划服务的，也是围绕业务计划而展开的。财务计划研究如何从资本方面促进业务活动的有效进行；人事计划则分析如何为业务规模的维持或扩大提供人力资源的保证。

3. 具体性计划与指导性计划

根据计划内容的明确性，可以将计划分为具体性计划和指导性计划。具体性计划具有明确规定的目标，不存在模棱两可的情况。比如，企业销售部经理打算使企业销售额在未来6个月中增长15%，他会制定明确的程序、预算方案以及日程进度表，这便是具体性计划。指导性计划只规定某些一般的方针和行动原则，给予行动者较大的自由处置权，它指出重点但不把行动者限定在具体的目标或特定的行动方案上。比如，一个增加销售额的具体计划可能规定未来6个月内销售额要增加15%，而指导性计划则可能只规定未来6个月内销售额要增加12%~16%。相对于指导性计划而言，具体性计划虽然更易执行、考核及控制，但是缺少灵活性。

4. 程序性计划与非程序性计划

赫伯特·西蒙（Herbert A. Simon）把企业经营活动分为两类。一类是例行活动，指一些重复出现的工作，如订货、材料的出入库等。有关这类活动的决策是经常的、反复的，而且具有一定的结构，因此可以建立一定的决策程序。每当出现这类工作或问题时，就利用既定的程序来解决，而不需要重新研究，这类决策叫程序化决策，与此对应的计划是程序性计划。另一类活动是非例行活动，不重复出现，比如新产品的开发、生产规模的扩大、品种结构的调整、工资制度的改变等。处理这类问题没有一成不变的方法和程序，因为这类问题或在过去尚未发生过，或其确切的性质和结构捉摸不定或极为复杂，或其十分重要而要用个别方法加以处理。解决这类问题的决策叫作非程序化决策，与此对应的计划是非程序性计划。

综上所述，一个计划包含企业将来行动的目标和方式。计划与未来有关，是面向未来的，而不是对过去的总结，也不是对现状的描述；计划与行动有关，是面向行动的，而不是空泛的议论，也不是学术的见解。

二、计划的权变因素

在有些情况下，长期计划可能更重要，而在其他情况下可能正相反。类似的，在有些情况下，指导性计划比具体性计划更有效，而换一种情况就未必如此。那么决定不同类型计划有效性的都是什么因素呢？下面我们将识别几种影响计划有效性的权变因素。

1. 企业中的管理层次

计划工作与企业中的管理层次之间的关系如图 2-1 所示。在大多数情况下，基层管理者的计划活动主要是制订战术计划，当管理者在企业中的管理等级上升时，他的计划角色就更具战略导向。而大型组织的最高管理层的计划任务基本上是战略性的。当然，在小企业中，所有者兼管理者的计划角色，兼有这两方面的性质。

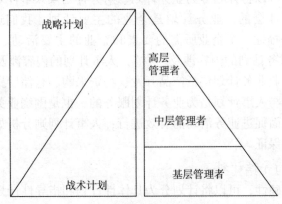

图 2-1　计划工作与企业中的管理层次之间的关系

2. 企业的生命周期

任何企业都要经历一个生命周期，开始于形成阶段，然后经历成长期、成熟期，最后进入衰退期。在组织生命周期的各个阶段上，计划的类型并非都具有相同的性质，也就是说，计划的时间长度和明确性应当在不同的阶段上进行相应调整。

如果所有的事情都保持不变，管理无疑会从采用具体计划中获益，这不仅是因为具体计划指出了一个明确的方向，而且是因为它建立了非常详细的基准，可用以衡量实际的绩效。但问题是，情况并非总是一样的。

在企业的形成期，管理者应当更多地依赖指导性计划，因为处于这一阶段要求企业具有更高的灵活性。在这个阶段上，目标是尝试性的，资源的获取具有很大的不确定性，辨认谁是顾客很难，而指导性计划使管理者可以随时按需要进行调整。在成长期，随着目标更明确，资源更容易获取，顾客的忠诚度提高，计划也更具明确性。企业进入成熟期后，可预见性最大，从而也最适用长期的具体计划。而当企业从成熟期进入衰退期，计划模式也随之逆向变化，计划从具体性转入指导性，这时目标要重新考虑，资源要重新分配。图 2-2 就清楚地说明了在企业生命周期的不同阶段，要适用的不同类型、时间长度和明确性的计划。同时，在企业的生命周期中，企业的绩效也会不断发生变化。

计划的期限也应当与企业的生命周期联系在一起。短期计划具有最大的灵活性，故应更多地用于企业的形成期与衰退期；成熟期是一个相对稳定的时期，因此，更适合制订长期计划。

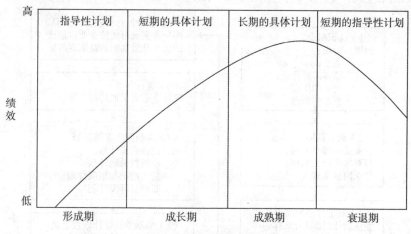

图 2-2　企业生命周期中适用的不同计划

3. 环境的不确定性

环境的不确定性越大，计划越应是指导性的，计划期的长度也应更短。假如环境要素诸如技术、社会、经济或其他方面发生了迅速或重大的变化，限定精确的行动路线反而会成为企业取得绩效的障碍。当环境不确定性很高时，具体计划就不得不改变来适应这种变化，但是这样又常常会降低效率和增加成本。

同样，在环境高度不确定的时期，企业变化的发生也异常频繁，变化越大，计划的精确性也就越差。如一项研究发现，一年期收益计划的精确性能够高达99%，而五年期计划的精确性只能达到84%。因此，当一个企业面临快速变化的环境时，管理部门就应增加计划的灵活性。计划的灵活性越大，则由意外事件引起损失的危险就越小；但必须对增加灵活性的成本和未来承诺任务中的风险进行权衡。一般而言，企业所处的环境相对稳定，则可以制订相对复杂综合的长期计划；如果组织面对的是相对动态的环境，则计划几乎都集中于短期。

4. 未来承诺的时间长度

最后一个权变因素也和计划的时间期限有关。当前计划对未来承诺的影响越大，其计划期限也应越长。这里涉及应用计划工作中的一项基本原则——承诺原则,即合乎逻辑的计划工作包含的期限,应是尽最大可能预见未来足以完成今日决策承诺所需的那段时间。计划期过长或过短都是低效率的。

值得注意的是,管理人员并非是为将来的决策制订计划,而是正在为当前决策的未来影响做安排。今日的决策即承诺,应在资金、行动路线、信誉等方面承担责任。所以,明智的管理人员一定会把长远的考虑结合到今日的决策之中,否则就是无视计划工作和决策的基本性质。

第三节　计划过程

计划不是一次性的活动,而是一个持续的过程。随着条件的改变、目标的更新以及新方法的出现,计划过程一直在进行。因为企业经营的环境持续变化,所以需要对计划进行更新和修改。计划过程包含八个步骤,如图2-3所示。

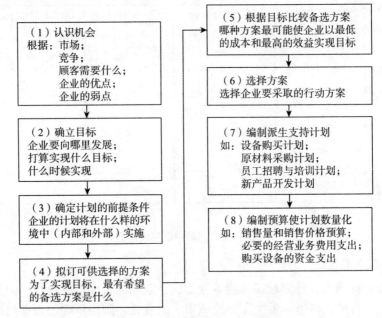

图 2-3　编制计划的八个步骤

一、认识机会

对机会进行估量,要在实际的计划工作开始之前去做,它是计划工作真正的起点。对未来可能的机会进行初步的了解并进行清楚的、全面的掌握是很重要的。所有的管理人员都应当根据自己的优势和不足清楚自己所处的地位,明白希望解决什么问题以及为什么要解决这些问题,并且应当了解希望获得什么。确定切合实际的目标取决于对这些内容的估计,企业计划要求对机会及其环境进行切合实际的分析诊断。

在计划过程中,一个企业必须实事求是地评估自己的优势和劣势。若计划建立在错误的评估基础上,那么将会导致灾难性的打击。一个企业在注意自己弱点的时候,也应当看到自己的优势,根据自己的优势确定适宜的战略。对自己拥有的资源如财务状况、现有技术、有形设备、原材料等进行评估就是一个很好的起点。这些项目的库存表明企业实现其目标的能力。

评估外部环境的第一步是界定企业的市场。在界定市场时，通常要进行市场研究和历史分析，分析市场的历史可以明确顾客购买产品的原因，研究市场可以分辨潜在的顾客以及他们的需求。接下来是考虑行业状况，确定竞争性质及战胜竞争对手的战略。企业应当了解主要的竞争对手及其优势和劣势。无论是长期计划还是短期计划，都必须考虑技术的发展。企业如果忽略了环境中技术的发展而生产产品，最终可能会发现该产品已经过时。

经济状况也是一个重要的方面。如果由于经济状况恶化，货币市场银根紧缩，那么在市场上投放一种产品可能会使销售和利润下降。多数计划人员会进行经济趋势分析。在进行外部环境分析时，根据企业和行业的性质，以及其他相关方面进行统一估算。

分析外部环境的一个重要目的是寻找和分辨新机会。抓住新机会使企业获得扩张和多样化经营的可能。分析外部环境及寻找机会意味着收集大量的数据，没有这些数据和可靠的信息，就不能采取行动。

二、确立目标

在制订重大计划时，第二个步骤是要确定整个企业的目标，然后为其所属的下级单位确定计划工作目标，包括长期目标和短期目标。目标要设定预期结果，并且指明要达到的终点和重点，以及依据战略、政策、程序、规则、预算和规划来完成预期的任务。目标是计划的主要组成部分。目标指明了个体或企业想要前进的方向，是未来某个时期的预期结果。某一企业不同层级、不同部门的目标设置如表2-2所示。

表2-2　某一企业中不同层级、不同部门的目标设置

层级	目标
公司管理层	获得10%或更高的净利润
生产部门	未来将产量提高5%
市场营销部门	保持目前12%的市场份额
班组	以后六个月内将本部门的次品率降低5%
销售人员	一年内将销量从10%提高到15%

目标对于企业来讲至关重要，因为所有的努力和活动都是为了实现目标。目标有许多作用，它指明了企业前进的方向，并作为行为的标准与实际行动进行比较，因此，它也是控制过程的一个重要方面。目标决定了在既定环境中企业应当扮演的角色。由于目标的存在，企业可以很好地协调和激励企业员工努力工作。为企业员工制定目标，可以使他们保持高度的积极性，去为实现这些目标而努力。

总体目标规定了企业在今后几年的基本宗旨。具体目标应与总体目标一致，并且不能与总体目标相冲突。在一个企业中，通常会由高层决策者首先制订出企业在一定时间内的总体目标，然后再在总体目标确认的基础上，确定各项具体目标，来具体量化指标。当具体目标全部确认完毕后，对其优先顺序进行排列，形成具体目标间一定的层次性。例如，管理层必须决定"投资回报率提高6%"和"市场占有率提高10%"究竟哪个更重要。

三、确定计划的前提条件

计划工作的第三步是确定一些关键性的计划前提条件,并加以宣传和取得一致意见。这些前提条件可以是说明事实的预测资料,也可以是使用的基本政策或者企业现行的计划等。计划工作的前提条件是计划工作的假设条件,换言之,就是计划实施时的预期环境。但企业的外部环境是非常复杂的,而即使是企业的内部环境,有时在草拟计划时也需慎重考虑。所以,在计划工作中有一个重要的原理:负责计划工作的人员对计划前提了解得越细越透彻,并能始终如一地运用,组织的计划工作将更加协调。

在制订计划时,预测是非常重要的,而且企业所需预测的内容很多,包括未来市场的情况、销售量、价格、产品、技术开发情况、成本、工资率、税率及税收政策、新建工厂情况、股息政策、政治和社会环境、长期趋势等。

由于计划的未来环境是如此复杂,所以要想对未来环境的每一个细节都进行假设是不现实的,也是不经济的。因此,我们所要确定的计划前提实际上是指那些对计划来说极为关键的、有战略意义的要素,也就是对计划的贯彻落实具有最大影响的那些因素。

此外,由于全体管理人员对计划前提的一致性认同对于计划工作的有效进行显得尤为重要,所以,使下级主管人员了解什么是他们做计划所依据的前提,就成为组织中各级主管人员的重要职责。

四、拟订可供选择的方案

计划工作的第四步是寻找和检验可供选择的方案,特别是那些不是一下子就能识别的方案。很少有计划只存在唯一的选择方案,那些最初并不起眼的备选方案常常最终被证明是最好的。

在这个步骤中,常见的难题并不是寻找可供选择的方案,而是减少可供选择方案的数量,以便能够着重分析最有希望的方案。虽然我们可以采用数学方法和电子计算机,但受成本和时间等因素的影响,实际上真正能够着重分析的备选方案数量仍是极有限的。计划人员通常必须做一次初选,以便发现最有利的方案。正确的方案必须建立在对内部和外部条件充分估量的基础上,并与其目标保持一致。

五、根据目标比较备选方案

在拟订出备选方案并权衡各个方案的优缺点之后,就要按照前提条件和目标对方案进行评估和比较。或许一个方案表明获利程度最大,但需要大量现金支出而且投资回收期较长;而另一个方案获利较小但风险也较小;可是第三个方案似乎更适合企业的长期目标,这就需要对各个方案进行评价。

如果企业唯一的目标是在某一行业迅速实现最大利润,且未来情况是确定的,现金状况和资金的可获得性也无须担心,多数因素能被归纳成确定的数据,那么这种评价就会变得非常容易。但是计划人员通常面临着许多不确定性,如资金短缺问题以及各种无形的因素,使评价工作变得非常困难,甚至对一些简单的问题也是如此。如,一家公司希望引进一条新生产线来提高声誉,但是预测表明这将导致资金损失,那么,公司在选择方案时所需考虑的问题就是所提高的声誉是否能完全弥补资金方面的损失。在评价方案时可以运用成本效益分析法，即用所选方案的成本与所得收益进行比较，以此来评价备选方案的优劣。

六、选择方案

选择方案就是从备选方案中选择最优的或最令人满意的方案。当然，在选择最优方案时应以企业的资源、优势、劣势和环境的不确定因素为指南。选择方案就是确定计划，即进行实质性决策。

七、编制派生支持计划

在进行决策之后，计划工作还没有完成，还有第七步的工作要做。通常来说，一个基本计划的执行总是需要一系列派生计划的支持。例如，某航空公司在做出购买一个编队新式飞机的计划决策后，就会自然而然地产生一系列派生支持计划，如招聘和培训各类人员、购买各种配件、扩建维修设施、编制飞机时刻表等。

八、编制预算使计划数字化

一旦选择了最优的或最令人满意的方案，就要确定具体任务、定额以及分配资源。资源的分配必须以量化的方式表示，这一阶段的计划可称为预算。

预算是用收益和费用来表示的计划，是对资金分配的描述。预算是对支出的许可，当发生偏差时，预算为采取纠偏措施提供信息。从这方面来讲，预算是计划和控制的有效工具。当既定的目标和方案发生偏差时，必须采取纠正措施，此时预算则被用作控制工具。预算有多种类型，如生产预算、销售预算、材料预算、现金预算、人工预算、管理费用预算、资金预算和总预算。企业中各个层次人员广泛参与预算编制，将提高编制和执行预算的有效性。

第四节 战略与战略管理

战略管理顾名思义就是针对战略所进行的管理，它是围绕战略的分析、选择、实施和评估而采取的一系列手段与措施。换句话说，它是指为实现组织目标，使组织和其所处的环境之间高度协调，而在确定和实施战略的过程中所采取的一系列决策和行动的总和。这种管理被认为是计划的一种特殊形式，对组织的发展方向有长远的、全局性的影响。

一、战略的特征与层次

1. 战略的基本特征

企业战略一般具有以下几个方面的特征。

（1）全局性。企业战略以企业全局的发展规律为研究对象，是指导整个企业生产经营活动的总谋划。虽然企业战略必然包括企业的局部活动，但这些局部活动都是作为总体行动的有机组成部分出现的。

（2）长远性。战略的考虑着眼未来，着眼长远。企业战略既是企业谋求长远发展意愿的反映，也是企业规划未来较长时期生存与发展的设想。而它的确定与执行，也必然影响企业的长远发展。

（3）纲领性。企业战略是企业长时期生产经营活动的纲领，是企业经营管理综合思想的体现。经营战略研究的是诸如确定企业发展目标、经营方向、经营重点以及应该采取的基本行动方针、重大措施等，并进行原则性、概括性的规定，从而为企业经营的基本发展指明方向，具有很强的指导性。

（4）竞争性。企业战略主要研究在激烈的市场竞争中如何强化本企业的竞争力量，如何与竞争对手抗衡以使本企业立于不败之地。同时在对未来进行预测的基础上，为避开和减轻来自各方面的威胁、迎接未来的挑战，确定各种行动方案。

（5）稳定性。企业发展战略的全局性和长远性决定了经营战略的相对稳定性。经营战略必须具有相对稳定性，才会对企业的生产经营活动产生指导作用。如果经营战略朝令夕改，变化无常，不仅难以保证战略目标和战略方案的具体落实，而且失掉了战略的意义，还可能引起企业经营的混乱，给企业带来不应有的损失。

2. 战略的层次

在战略管理活动中，一般将战略层次分为公司层战略、业务层战略、职能层战略，如图 2-4 所示。

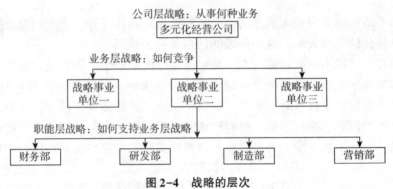

图 2-4 战略的层次

（1）公司层战略。如果一个企业拥有一种以上的业务，那么它将需要一种公司层战略。这种战略要回答这个问题：我们应当拥有什么样的业务组合？公司层战略应当决定每种业务在企业中的地位，它适用于公司整体以及构成公司实体的全部业务部门和产品线。公司层战略行动通常涉及拓展新的业务，增加或裁减经营单位、生产厂家或产品线，在新领域与其他公司合资等。

（2）业务层战略。业务层战略要回答这个问题：在我们的每一项业务领域里，应当如何进行竞争？对于只经营一种业务的小企业，或是不从事多元化经营的大型组织，业务层战略与公司层战略是一回事。对于拥有多种业务的组织，每一个经营部门会有自己的战略，这种战略规定该经营单位提供的产品或服务，以及向哪些顾客提供产品或服务等。

当一个企业从事多种业务时，建立战略事业单位更便于计划和控制。战略事业单位代表一种单一的业务或相关的业务组合。每一个战略事业单位应当有自己独特的使命和竞争对手，这使得每个战略事业单位有自己独立于其他事业单位的战略。像通用电气这样的公司，因为经营多种多样的事业，故管理当局可能建立十几个或更多的战略事业单位。企业的经营可以看作一种事业组合，每一个事业单位服务于一种明确定义的产品和细分市场，并具有明确定义的战略。事业组合中的每一个事业单位按照自身的能力和竞争需要开发自己的战略，同时必须与整体组织的能力和需要保持一致。业务层的战略内容包括广告投放量、研发的方向和深度、产品更新、仪器设备及产品线的扩张和收缩等。

（3）职能层战略。这一层战略要回答的问题是：我们怎样支持业务层战略？职能层战略是从属于战略事业单位内部的主要职能部门。职能部门如财务、研究与开发、制造、市场营销、人力资源部门等，应当与业务层战略保持一致。

关于公司战略、业务层战略、职能层战略，将在下文详述。

二、战略管理过程

战略管理指针对战略所进行的管理，涉及对战略从分析、选择、实施到评价的全过程，主要包括四个相互关联的阶段，即战略分析阶段、战略选择阶段、战略实施阶段和战略评价阶段，这四个阶段又分为九个步骤，如图2-5所示。

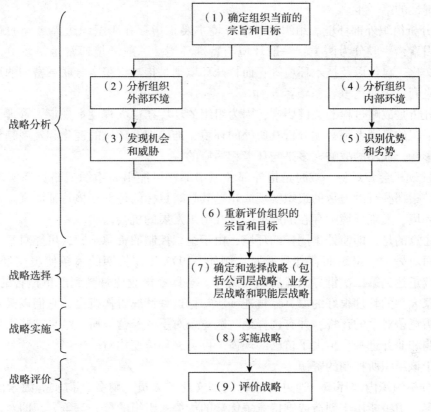

图2-5 战略管理过程

1. 战略分析阶段

战略分析是整个战略管理过程的起点和首要环节，为战略的正确选择提供决策依据，因此，它在战略管理全过程中有着举足轻重的作用。在这个阶段，组织的战略管理人员将在明确组织宗旨与使命的基础上，通过对外部环境的分析，挖掘市场机会，明辨市场威胁，领悟关键成功要素，并通过对内部资源的评估，认识组织自身的优势和劣势，从而确定组织的核心竞争力。具体步骤如下所述。

（1）确定组织当前的宗旨和目标。组织的宗旨和目标是指组织中最基本的使自己区别于其他组织的经营目的，也是组织经营哲学的一种体现。组织的宗旨和目标使处于相同环境的组织在经营活动中具有不同的出发点和目的，也使在目前看来地位相同的组织，在若干年后具有不同结局。它确定了一个组织从事的是什么业务或事业和应该从事什么事业。作为战略确定的依据，为了明确组织究竟应从事哪一方面的事业或业务，确定经营目的是一个不可缺少的步骤。只有在此基础上，组织的全体成员才能树立共同的理想，增进相互理解，达成共识，促进团队合作，同时也使组织外各类与组织有利益关系的集团和个人获得对组织的基本了解。组织的宗旨和目标具体体现了组织的未来目标、业务性质以及其内、外部价值观，因此在确定时，应注意以下三个方面。一是要善于整合不同观点。宗旨和目标的确定是一项重大的决策，所以需以各种分歧的观点为依据。二是要明确组织的业务类型。要从组织的外部，从顾客、市场出发寻找答案，明确组织的真正顾客及其需求，适时调整宗旨和目标。三是要发掘市场空间。组织宗旨和目标的确定具有一定的难度和风险，它作为战略管理的基础，是关键性的第一步。

（2）分析组织外部环境。组织的外部环境主要是指存在于组织边界之外的对组织有潜在影响的因素，一般分为两类：一般环境与特殊环境。一般环境通常是指政治、法律、经济、社会文化、自然以及技术环境等；而特殊环境则是指与组织本身联系密切的那些外部组织，如供应商、企业竞争者、顾客等。

环境分析是战略过程的关键要素，因为组织的环境在很大程度上规定了管理者可能的选择。每个组织的管理者都必须分析其所处的环境，准确把握环境的变化和发展趋势及其对组织的重要影响，成功的战略大多是与环境相适应的。

（3）发现机会和威胁。威胁是指外部环境中那些可能阻碍组织战略目标实现的特征因素。机会是指那些有潜力帮助组织实现或超越其战略目标的外部环境特征因素。通过分析组织的外部环境，发现环境中存在的威胁，寻找组织发展的机会。

需要注意的是，即使处于同样的环境，由于组织控制的资源不同，可能对某个组织来说是机会，而对另一个组织而言却是威胁。例如，1992年，长期的萧条使美国经济不景气，企业破产数量达到第二次世界大战后的最高峰，家具零售业便是受到严重损害的行业之一。但是，几家大型的管理很好的家具零售连锁店却把这种情况看作机会，它们以极其便宜的价格大量购买竞争对手的存货，并有选择地收购竞争对手的经营场所。结果这些大型家具零售商通过收购和兼并进一步扩大了自己的规模。可见，环境变化对一个组织究竟是机会还是威胁，取决于该组织所控制的资源。

（4）分析组织内部环境。通过对组织内部文化、人员、财务、物质等因素的分析，了解以下内容：组织能用于创造或维持竞争优势的优势；组织的核心竞争力，即对未来成功起关键作用的那些少数优势，如资产、技术等；所需改进的劣势和进行战略变革的阻力。一些重要的内部分析要素包括核心竞争力、所需竞争能力、目前的战略评估、目前的业绩、评价和管理体系、潜在资源和实际资源、内部工作流程和系统的分析、组织和结构、人员、财务等。

（5）识别优势和劣势。优势是指组织可借以实现其战略绩效目标的内部特征因素。劣势是指那些阻碍或限制组织绩效取得的内部特征因素。在识别组织优势和劣势时，首先要获得与组织文化、营销、财务、生产和研发等具体职能有关的信息。通过对内部环境进行详细分析，管理者可以判断自身相对于其他公司的优势和劣势，识别出组织自身与众不同的能力，即决定作为组织的竞争武器的独特技能和资源。

（6）重新评价组织的宗旨和目标。通过对内、外环境的分析，发现环境中的机会与威胁和组织的优势与劣势后，就要把组织的优势与劣势和环境中的机会与威胁相配合，进行再评价，通常称为 SWOT 分析，即优势（Strength）、劣势（Weakness）、机会（Opportunity）、威胁（Threat）分析。这样做的目的是使组织与环境相适应，发现组织可能发掘的细分市场。按照 SWOT 分析和识别组织机会的要求，管理者要重新评价公司的宗旨和目标，评价它们是否实事求是，是否需要修正。如果需要改变组织的整体方向，则战略管理过程可能要从头开始；如果不需要改变组织的大方向，管理者则应着手确定战略。

2. 战略选择阶段

完成以上各个步骤的分析后，战略管理就进入战略确定和选择阶段。在这一阶段需要分别确定并选择一组符合要求的公司层战略、业务层战略和职能层战略，这些战略能够最佳地利用组织资源和充分地利用市场的机会。

3. 战略实施阶段

再好的战略计划，如果不恰当地贯彻实施，那么也只是一项完备的计划，它并不会自行取得成功。战略计划工作取得成果的重要条件是使关键人员去从事特定的任务，所以战略实施的首要问题是组织落实。组织是实现目标和战略的手段。战略决定组织结构，如果一个组织的公司层战略有重大的改变，那么就有必要对该组织的总体结构重新加以设计。

高层管理人员的领导能力是战略计划取得成功的一个必要因素，但是中层和基层管理人员执行高层管理部门计划的主动性也十分关键。根据确定的战略计划编制战术计划和作业计划，然后把组织中最好的人员投入实施工作。这里不仅指由某个人来从事某项任务，而且指落实个人的责任、完成任务的时间，以及确定衡量成果的标准等。

近年来，战略与组织文化的关系也备受关注。企业文化作为一个组织所特有的价值观念、管理风格、行为规范和精神风貌的体现，对一个组织的成功有很大的影响。但是，有时具有强文化的成功组织，也可能为过去的成功所拖累。在实施战略过程中，不同的战略要求组织文化与之相适应。同组织结构一样，文化本身并无优劣之别，只是实施战略取得竞争优势的手段。

总之，战略实施对于有效的战略管理来说至关重要。管理者通过领导手段、组织结构设计、控制系统、人力资源和企业文化等工具来实施战略。如果不能有效地贯彻实施，那么即便是最有创造力的战略也只能以失败而告终。

4. 战略评价阶段

战略评价是整个战略管理过程的最后环节。战略方案在实施过程中，须对其实施情况进行跟踪检查，明确各项活动进展以及预期成果的实现情况。这些用以衡量战略执行效果的指标体系，就是战略评价标准，其包括定性指标和定量指标两方面。定性指标包括战略与环境的适应性，对环境中的机会和威胁进行再评估和分析；而定量指标一般包括资金的筹措、投资回报、技术进步、市场开创等内容。此外，还应建立必要的战略管理信息系统，采用先进的手段和科学的方法，进行全面、准确、及时、必要的信息反馈，以便于更好地掌握组织内、外部现实和走势等各方面的情况。

由于战略本身带有预见性的特点，所以战略的长期稳定性与战略环境的多变性之间常常会产生矛盾，从而导致战略实施结果与战略预期目标之间时常发生偏差，这就需要对战略方案进行调整。一般有以下三种情况。

(1) 局部性调整。总体战略不变，只在操作执行层进行调整。
(2) 职能性调整。由职能部门提出调整方案，报高层审核、通过。
(3) 总体性调整。对组织的总体战略进行修正。

三、公司层战略

公司战略也称组织总体发展战略或主体战略，是组织高层管理部门为实现组织目标而为整个组织确定的方向和计划，它主要用于确定组织的业务类型，解决组织中各种资源在各种业务中的分配。值得注意的是，若某一组织所拥有的业务种类较单一，那么对它而言，其公司层战略也可能就是其业务战略。由此可见，公司层战略一般适用于业务多元化的组织。公司层战略可以从不同的角度来分类，其中比较重要的一种分类方法是根据战略态势，分为维持战略、发展战略、榨取战略和退出战略。

1. 维持战略

维持战略，亦称稳定战略。这一战略的主要特征是没有什么重大的变化，或者维持一种温和的增长，或者干脆维持现状。当一个组织处于以下几种情况时，可能会采取该种战略。

(1) 组织的市场地位很稳定，已经达到了规模效应的最大化，而市场也正趋于饱和。
(2) 组织内部缺乏足够的支持性发展资源。
(3) 组织现有的战略方案与环境仍非常吻合。
(4) 组织未来的发展方向暂时不明。

2. 发展战略

发展战略，亦称扩张战略。它指的是增加组织的经营层次，如扩大企业规模、扩大市场份额、增加雇员、提高收益等。发展战略可分为集中战略、一体化战略和多元化战略。

(1) 集中战略。大多数组织在建立之初会选择集中战略的道路，以提高产品知名度，增加销量，取得一定的市场份额，建立自己的独特品牌和顾客忠诚度。采取集中战略的组织会以某一产品、某一市场或某一技术为自己的目标，投入所有资源进行优势发挥。但随着组织的产品和市场变化，有时也需要适时进行战略调整和演化，通常会延伸为市场开发战略、产品开发战略、创新战略等。市场开发战略以新市场挖掘为着眼点，在新市场上销售现有的产品；产品开发战略则以产品的不断调整为立足点，在现有的市场上销售新的产品；而创新战略则是全新产品生命周期的开创。

(2) 一体化战略。一体化战略又有横向一体化战略和纵向一体化战略之分。如果战略目标是扩大市场份额，则应选择横向一体化战略，即收买或合并同类企业或业务。纵向一体化包括前向一体化和后向一体化。企业为了扩大其经营业务或控制销售渠道，把自己的下游产业加以收购与合并，即为前向一体化；公司也可收买或合并自己的上游产业与业务，则为后向一体化。

(3) 多元化战略。多元化战略即通常所说的多种经营战略，它以增加生产和销售的产品或服务的品种为主旨。多元化可以是横向多元化，即向现有顾客提供新的、与本组织原有业务无关的新业务；也可以是同心多元化，即扩展新的、与本行业原有业务相关的业务；还可以是混合多元化，即扩展新的、与本行业原有业务不相关的业务。多元化的目的之一是分散风险,即"不把所有的鸡蛋放在一个篮子中",以避免一损俱损的弊病。另一目的是提高效益,如实施同心多元化战略的汽车制造商生产冰箱,把生产汽车外壳的多余的钢板做冰箱的外壳,从而达到综合利用原材料的目的。

3. 榨取战略

榨取战略,又称紧缩、撤资战略。随着市场的变化,技术的进步,销售渠道的拓展,替代品的出现,组织所经营的各种业务也不可能在市场中长久不衰,必将随着生命周期的发展趋势渐渐退出。而在业务完全退出之前,必然会有一个利润高峰期,组织此时就应收缩投资,集中榨取利润。榨取战略是建立在对产品生命周期的充分考察与分析基础上的,需谨慎使用。由于判断偏差而导致过早榨取,会使组织的产品生命周期无端缩短,减少了组织的实际可得利润,并可能使该业务半途夭折;但若由于判断偏差而迟缓榨取,又会使组织错过利润高峰,而无法实现最大化的利润榨取。

榨取战略通常在危急情况下使用。多数管理人员并不太愿意公开承认他们在使用这一战略,因为它似乎是和组织的增长目标背道而驰的。但是在过去的二十年中,如何管理衰退也成了管理领域中相当突出的一个问题。出现这种现象的原因是多方面的,日益激烈的国际竞争、体制的失调、产业结构的调整、企业间的收购兼并、新技术的突破等,常常会威胁一个企业的生存。

4. 退出战略

退出战略,或称清算战略,是最不受欢迎的战略。任何一个组织都不会钟情于该种战略,一般都是不得已而为之的。如果组织原本是单业务经营的,那么清算战略的实行也就意味着该组织生存的终止,所以,清算战略一般只在其他战略无法奏效的情况下使用。然而,如果该业务的继续维持已肯定无望,那么尽早退出比拖延宣告破产好。

四、业务层战略

业务层战略是为组织中特定业务单位确定的发展方向和计划。组织的公司层战略确定组织所从事的业务,而业务层战略则用于确定如何在特定的市场或产业中更好地进行竞争。因此,它也是对某项业务进行竞争方式选择的过程,通常是各业务部门、分部或子单位的战略。在业务层战略中最常见的是适应战略与竞争战略。

1. 适应战略

适应战略框架是雷蒙德·迈尔斯(Raymond Miles)和查尔斯·斯诺(Charles Snow)在研究经营战略的过程中提出的。迈尔斯和斯诺分出四种战略类型:防御者战略、探索者战略、分析者战略和反应者战略。他们论证了采用前三种战略中的任何一种都能够取得成功,只要所采取的战略与经营单位所处环境的内部结构和管理过程相吻合。但是,迈尔斯和斯诺发现,反应者战略常常导致失败。

(1)防御者战略。防御者(Defender)战略寻求向整体市场中的一个狭窄的细分市场稳定地提供有限的产品。在这个有限的细分市场中,防御者拼命奋斗以防止竞争者进入自己的地盘。这种战略倾向于采用标准的经济行为,如以竞争性价格和高质量的产品或服务为竞争手段。防御者倾向于不受其细分市场以外的发展和变化趋势的诱惑,而是通过市场渗透和有限的产品开发获得成长。经过长期的努力,真正的防御者能够开拓和保持小范围的细分市场，使竞争者难以渗透。麦当劳公司就是在快餐业中奉行防御者战略的典型。

（2）探索者战略。与防御者战略形成对照，探索者（Prospector）战略追求创新，其实力在于发现和发掘新产品和新的市场机会。探索者战略取决于开发和把握环境条件、变化趋势和实践的能力，灵活性对于探索者战略的成功非常关键。

（3）分析者战略。分析者（Analyzer）战略靠模仿生存，分析者复制探索者的成功思想，紧跟具有创新精神的竞争对手，而且在竞争对手已经证实市场的存在后投入战斗，推出具有更优越性能的同类产品。分析者必须具有快速响应那些领先一步的竞争者的能力，与此同时，还要保持其稳定产品和细分市场的经营效率。而探索者必须有很高的边际利润率以平衡风险和补偿其生产上的低效率。一般来说，分析者的边际利润低于探索者，但分析者有更高的效率。

（4）反应者战略。反应者（Reactor）战略是当其他三种战略实施不当时所采取的一种不一致和不稳定的战略模式。它实际上是战略的失败。反应者总是对环境变化和竞争做出不适当的反应，绩效不佳，并且在承诺某种特定战略时表现得犹豫不决。

2. 竞争战略

竞争战略模型是由迈克尔·波特（Michael E. Porter）所提出，包括通用的三种竞争战略：总成本领先战略、差别化战略和目标集聚战略。管理者可以分析自身的长处和竞争对手的短处，寻找一种适合组织发展的战略，以维系自身强有力的市场地位，从而避免与产业中所有竞争对手的硬拼硬杀。

（1）总成本领先战略。总成本领先战略在20世纪70年代得到普遍应用，企业通过运用一系列针对本战略的举措来取得自身在产业中总成本领先的地位，试图以最低的单位成本和因之产生的低价来取得最大的销量。成本领先要求积极地建立起达到有效规模的生产设施，全力以赴降低成本，搞好成本与管理费用的控制以及最大限度地减少研究开发、服务、推销、广告等方面的成本。尽管质量、服务以及其他方面也不容忽视，但贯穿整个战略的主题是使成本低于竞争对手。

（2）差别化战略。差别化战略是将组织提供的产品或服务标新立异，形成一些在全行业范围内与众不同的特征。它的方式、方法有很多种，可以是体现在产品或服务自身上，也可以是实体以外延伸形态所体现的独到之处，如特殊的功能、高超的质量、优质的服务、独特的品牌等。这些其他竞争者无法比拟的特征，能使组织以较高的定价来获取更高的单位利润。差别化战略利用客户对品牌的忠诚度以及由此产生的对价格敏感性的下降，使组织尽可能地避开竞争，同时使组织在追求高利润时不必追求低成本。差别化战略并不是意味着组织可以一味地忽视成本，但此时成本已不再是首要考虑的战略目标。

（3）目标集聚战略。目标集聚战略是主攻某个特定的顾客群、某产品系列的一个细分区段或某一个地区市场的一种战略。该战略的前提是：组织能够以更高的效率、更好的效果为某一狭窄的战略对象服务，从而超过在更广阔范围内的竞争对手。结果是，组织或者通过较好地满足特定对象的需要实现了标新立异，或者在为这一对象服务时实现了低成本，或者二者兼得。目标集聚战略对小企业最为有效。

此外，在最新的业务战略研究中，又有学者提出了用户一体化、系统一体化等较为新颖的竞争战略概念。用户一体化是指组织通过对其用户进行投资让利，从而使用户产生较大的转移成本，促使用户更愿意与组织保持良好的合作关系，形成共荣圈，而组织也就实现了对其用户的前向锁定；系统一体化则指不仅对其用户实行投资锁定，而且对其供应商，甚至贷款者、竞争者等与组织业务方方面面有关的其他组织实行锁定联合，形成一个互利系统。随着经济全球化的到来，竞争必将愈演愈烈，用户一体化也好，系统一体化也好，都是大势所趋。

五、职能层战略

职能层战略也可称为职能支持战略，是对组织中的各主要职能部门确定的发展方向和计划。职能层战略是为业务战略服务的，它的内容要比业务战略更具体、更细致。通常包括六个职能领域：市场营销战略、财务战略、生产战略、研究与开发战略、人力资源战略以及组织设计战略。

1. 市场营销战略

对多数组织而言，市场营销战略是最为重要的，它通常反映了公司的总体战略。市场营销战略要处理组织面临的许多主要问题。

（1）产品组合问题。例如，通用汽车公司的雪佛兰分部，其产品组合包括许多不同型号的产品系列。

（2）市场地位。如百事可乐和可口可乐争夺软饮料市场的领导地位。

（3）分销渠道。如在美国加州护理院工作的舒曼挨门挨户去销售眼镜架，运用她的想象力为普通产品创造一个新的销售渠道。

（4）销售推广。诸如广告预算和销售人员的规模。

（5）定价政策。如一开始对新产品在被期望的价格范围内定个高价，并随后逐步降低价格。

（6）公共政策。诸如处理有关法律、文化和规章管制等限制。

2. 财务战略

对一个组织而言，提出正确的财务战略是十分关键的。财务战略主要关注的问题有以下几点。

（1）资本构成。财务战略中一个很重要的部分即确定最适宜的资本构成，包括各种股票（法人股、公众股等）以及长期债务（诸如债券等）的组合，从而使企业能以最低的资本成本寻求其所需的资本。

（2）借贷政策。财务战略的另一个要素是借贷政策，如允许借入多少，以何种形式举债。

（3）资产管理。资产管理强调对流动资产和长期资产的处置，如应该怎样对剩余的现金进行投资，才能使其收益和流动性得以最佳结合。

（4）分红政策。有关分红政策将决定收益中分配给股东的比例，以及企业留存的用于成长发展的收益比例。

3. 生产战略

从某种意义上讲，组织的生产战略取决于它的营销战略。例如，假定营销战略要求推广优质、高价的产品，则生产部门自然需要强调质量优先，成本则只是第二位考虑的问题。但是，生产战略自身也有若干重要的问题需解决。

(1) 生产率的提高。需要提出改进生产率的方法。

(2) 生产计划工作。对于制造商而言，生产计划工作包括什么时候生产，生产多少以及如何生产等。

(3) 厂址的定位。生产战略也包括厂址的定位。

(4) 生产过程中生产工艺的选择，如是投资新的自动化技术，还是使用传统的技术。

(5) 政府管制。生产战略必须考虑政府主管部门的有关规章条例，如环境保护法规等。

4. 研究与开发战略

在市场经济中，绝大多数大组织和许多较小的组织需要制定研究开发战略。这一领域主要涉及有关产品开发的决策。例如，对企业而言，究竟是应集中精力于开发新的产品，还是对现存的产品进行改进？应如何利用技术预测，诸如技术发展趋势、新的发现与突破等？此外，研究与开发战略还包括专利和技术授权的政策。例如，企业开发了某一新的产品或程序并申请了专利，则其他企业就不能随意仿冒，但企业也可通过技术授权来获利，即牺牲一些竞争优势，允许被授权方使用其专利，以换取一定的转让费。

5. 人力资源战略

许多现代组织认为有必要提出人力资源战略，确定一些人力资源政策事项，如确定薪酬、挑选人员和绩效评估等。劳资关系、政府的劳动人事法规、管理人员的发展也要提到战略高度加以关注。那些著名的大公司，如宝洁公司、通用汽车公司等，都有自己的培训课程规划，一些接受培训的学员称其为 MBA（工商管理硕士）再培训，这些企业因此都有一个强大的人力资源库。

6. 组织设计战略

组织设计战略是有关组织如何构造其自身，包括职工的定岗，部门的划分，分公司、子公司或分部的安排等的战略。恰当的组织设计是企业成功贯彻其战略计划的保证。

第五节　计划的方法与组织实施

一、计划的方法

计划编制的方法很多，这里只介绍两种方法的基本原理，一种与计划的时间（进度）安排有关，另一种则主要应用于计划安排中的部门间关系分析。

1. 网络计划技术

网络计划技术于 20 世纪 50 年代后期在美国产生和发展，目前在组织活动的进度管理，特别是企业管理中得到广泛应用。这种方法是以网络图的形式来制订计划，通过网络图的绘制和相应的网络时间计算，了解整个工作任务的全貌，对工作过程进行科学的统筹安排，并据以组织工作和控制工作的进度，以达到预期目标。

网络图是网络计划技术的基础。任何一项任务都可分解成许多步骤的工作，各项工作相互关联，根据这些工作在时间上的衔接，用箭线表示它们的先后顺序，并注明所需时间的箭线图就称作网络图。网络图如图 2-6 所示。

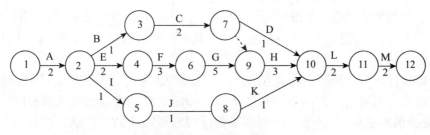

图 2-6 网络图示意

分析图 2-6 可以发现,网络图由以下部分构成。

(1)"→"代表工序,是一项工作的过程,有人力、物力的投入,需要一段时间才能完成。图中箭线下的数字便是完成该项工作所需的时间。此外,还有一些工序既不占用时间,也不消耗资源,是虚设的,叫虚工序,在图中用虚箭线表示。网络图中应用虚工序的目的是避免工序之间关系混乱,以正确表明工序之间先后衔接的逻辑关系。

(2)"○"代表事项,是两个工序间的连接点。事项既不消耗资源,也不占用时间,只表示前道工序结束、后道工序开始的瞬间。一个网络图中只有一个始点事项、一个终点事项。

(3)路线是网络图中从始点事项出发,沿箭线方向前进,连续不断地到达终点事项的一条通道。一个网络图中往往存在多条路线,例如图 2-6 中,从始点①连续不断地走到终点⑫的路线有 A′、B′、C′、D′四条,如图 2-7 所示。

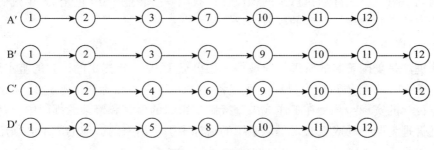

图 2-7 路线示意

比较各路线的路长,可以找出一条或几条最长的路线,这种路线被称为关键路线,关键路线上的工序被称为关键工序。关键路线的路长决定了整个计划任务所需要的时间。关键路线上各工序的完工时间提前或推迟都直接影响整个工作能否按时完工。确定关键路线,据此合理地安排各种资源,对各工序活动进行进度控制,是利用网络计划技术的主要目的。

利用网络技术制订计划,主要包括三个阶段的工作。

(1)分解任务。把整个计划活动分成若干个具体工序,并确定各工序的时间,然后在此基础上分析并明确各工序时间的相互关系。

(2)绘制网络图。根据各工序之间的相互关系,以及一定的规则,绘制出包括所有工序的网络图。

(3)根据各工序所需作业时间,计算网络图中各路线的路长,找出关键路线。

2. 投入产出分析

投入产出分析是 20 世纪 40 年代由美国经济学家华西里·列昂惕夫(Wassily Leontief)

首先提出的。它的主要根据是各部门经济活动的投入与产出之间的数量关系。所谓投入就是将人力、物力投入生产过程，在其中被消耗，这是生产性的消费；所谓产出就是生产出一定数量和种类的产品。

投入产出分析作为一种综合计划方法，首先要根据某一年份的实际统计资料求出各部门之间的一定比例，编制投入产出表；然后计算各部门之间的直接消耗系数和间接消耗系数（合计便是完全消耗系数），再进一步根据某些部门对最终产品的要求，计算出各部门应达到的状况，据此编制综合计划。

二、计划的组织实施

计划工作的目的是通过计划的制订和组织实施来实现组织目标。因此，编制计划只是计划工作的开始，更重要和更大量的工作，还在于计划的组织实施。

计划组织实施的基本要求是保证全面地、均衡地完成计划。所谓全面地完成计划，是指组织整体、组织内的各个部门要按一切主要指标完成计划，而不能有所偏废；所谓均衡地完成计划，则是指要根据时段的具体要求，做好各项工作，按年、季、月，甚至旬、周、日完成计划，以建立正常的活动秩序，保证组织稳步地发展。

如果说计划的制订主要是管理层的工作的话，计划的组织实施或执行则需要依靠组织全体成员的努力，因此，能否全面、均衡地完成计划，在很大程度上取决于在计划执行中能否充分调动全体组织成员的工作积极性。

为了调动组织成员在计划执行中的积极性，我国一些企业于20世纪80年代初开始引进目标管理的方法，并取得了一定的成效。

1. 目标管理法

目标管理法是美国著名的管理学家彼得·德鲁克于1954年提出的。它的基本思想如下。

（1）组织的任务必须转化为目标，管理者必须通过这些目标对下级进行领导并以此来保证组织总目标的实现。凡是在工作成果直接影响组织的生存和繁荣的部门中，目标都是必需的，并且管理者取得的成就必须是从组织的目标中引申出来的，他的成果必须用他对组织的目标的贡献来衡量。

（2）目标管理是一种程序，它使一个组织中的上下各级管理人员共同来制定目标，确定彼此的成果责任，并以此项责任为指导业务和衡量各自贡献的准则。如果没有方向一致的分目标来指导每个人的工作，那么组织的规模越大、人员越多，发生冲突和浪费的可能性就越大。

（3）每个组织管理者或员工的分目标就是组织总目标对他的要求，同时也是这个组织管理人员或员工对组织总目标的贡献。只有每个人的分目标都完成了，组织的总目标才有完成的可能。

（4）管理人员和员工是靠目标来管理的，他们以所要达到的目标为依据，进行自我指挥、自我控制，而不是由他们的上级来指挥和控制。

（5）组织管理者要依据这些分目标对下级进行考核和奖惩。

实行目标管理法一般要展开以下步骤的工作。

（1）制定目标。这一步包括确定组织的总体目标和各部门的分目标。总目标是组织在未来从事活动时要达到的状况和水平，其实现有赖于全体成员的共同努力。为了协调这些成员在不同时空的努力,各个部门的各个成员都要建立与组织目标相结合的分目标。这样,就形成了一个以组织目标为中心的一贯到底的目标体系。在制定每个部门和每个成员的目标时,上级要向下级提出自己的方针和目标,下级要根据上级的方针和目标制定自己的目标方案,在此基础上进行协商,最后由上级综合考虑后决定。

(2) 执行目标。组织中各层次、各部门的成员为实现分目标,必须从事一定的活动,活动中必须利用一定的资源。为了保证他们有条件组织目标活动的展开,必须授予相应的权力,使之有能力调动和利用必要的资源。有了目标,组织成员便会明确努力的方向;有了权力,他们便会产生强烈的与权力使用相应的责任心,从而充分发挥判断能力和创造能力,使目标执行活动有效地进行。

(3) 评价成果。成果评价既是实行奖惩的依据,也是上下左右沟通的机会,同时还是自我控制和自我激励的手段。

成果评价既包括上级对下级的评价,也包括下级对上级、同级关系部门相互之间以及各层次自我的评价。上、下级之间的相互评价,有利于信息、意见的沟通,从而有利于组织活动的控制;横向的关系部门相互之间的评价,有利于保证不同环节的活动协调进行;而各层次组织成员的自我评价,则有利于促进他们的自我激励、自我控制以及自我完善。

(4) 实行奖惩。组织对不同成员的奖惩,是以上述各种评价的综合结果为依据的。奖惩可以是物质的,也可以是精神的。公平合理的奖惩有利于维持和调动组织成员的工作热情和积极性;奖惩如有失公正,则会影响这些成员行为的改善。

(5) 制定新目标并开始新的目标管理循环。成果评价与成员行为奖惩,既是对某一阶段组织活动效果以及组织成员贡献的总结,也为下一阶段的工作提供参考和借鉴。在此基础上,为组织及其各层次、部门的活动制定新的目标并组织实施,便展开了目标管理的新一轮循环。

计划在执行过程中,有时需要根据情况进行调整。这可能因为计划活动所处的客观环境发生了变化,也可能因为人们对客观环境的主观认识有了改变。为了使组织活动更加符合环境要求,必须对计划进行适时的调整。

2. 滚动计划法

滚动计划法是保证计划在执行过程中能够根据情况变化适时修正和调整的一种现代计划方法。

滚动计划法的基本做法是:制订好组织在一个时期的行动计划后,在执行过程中根据组织内外条件的变化定期加以修改,使计划期不断延伸,滚动向前。

滚动计划法主要用于长期计划的制订和调整。长期计划面对的环境较为复杂,有许多因素是组织本身难以控制的,采用滚动计划,便可适时根据环境变化和组织活动的实际进展进行调整,使组织始终有一个各部门、各阶段的活动导向。当然,这种计划方式也可用于短期计划工作,比如年度或季度计划的编制和修订。采用滚动计划方法编制年度计划时,可将计划期向前推进一个季度,到第一季度末根据第一季度计划执行结果和客观情况的变化,对原来的年度计划进行相应的调整。滚动方式计划有以下主要特点。

(1) 计划分为若干个执行期,其中近期行动计划编制得详细具体,而远期计划则相对粗略。

(2) 计划执行一定时期后,就根据执行情况和环境变化对以后各期计划内容进行修改、调整。

(3) 上述两个特点决定了组织的计划工作始终是一个动态过程，因此滚动方式计划避免了计划的凝固化，提高了计划的适应性及对实际工作的指导性。

本章小结

计划是一个确定目标和评估实现目标最佳方式的过程。计划类型有多种，依据计划涉及范围的广度来划分，有战略性计划和战术性计划；按时间长短来划分，有长期计划与短期计划；按职能的不同来划分，有业务计划、财务计划、人事计划等；按明确性来划分，有具体性计划和指导性计划；按程序化程度来划分，有程序性计划和非程序性计划等。

计划不是一次性的活动，而是一个持续的过程。随着条件的改变、目标的更新以及新方法的出现，计划过程一直在进行。因为企业经营的环境持续变化，所以需要对计划进行更新和修改。

战略可以理解为是组织总体目标和保证总体目标得以实现的一系列方针、政策、活动的集合体。而应用于整体组织的，为组织未来较长时期（通常为五年以上）设立总体目标和寻求组织在环境中地位的计划称为战略计划，它是规划企业发展方向的长远计划。

战略管理顾名思义就是指针对战略所进行的管理。它是围绕战略的分析、选择、实施和评估而采取的一系列手段与措施的全过程。主要包括四个相互关联的阶段，即战略分析阶段、战略选择阶段、战略实施阶段和战略评价阶段。

战略管理一般将战略层次分为公司层战略、业务层战略和职能层战略。公司层战略也称组织总体发展战略或主体战略，是组织高层管理部门为实现组织目标而为整个组织确定的方向和计划。公司层战略从战略态势来分，有维持战略、发展战略、榨取战略和退出战略。业务层战略是为组织中特定业务单位确定的发展方向和计划。在业务层战略中最常见的是适应战略与竞争战略。职能层战略也可称为职能支持战略，是对组织中的各主要职能部门确定的发展方向和计划，通常包括六个职能领域：市场营销、财务、生产、研究与开发、人力资源以及组织设计。

计划编制和组织实施的方法很多，常用的计划编制方法是与计划的时间（进度）安排有关的网络计划技术，以及主要应用于计划安排中的部门间关系分析的投入产出法。计划组织实施常用的方法是目标管理法和滚动计划法。

导入案例分析

在过去，计划工作几乎总是全部由高层管理者、顾问或计划中心完成，而现在采用的方法是分权型员工计划模式或由直线经理参与的跨部门作业团队模式。今天的学习型组织把分权计划方式深化，让各个层次的员工都参与计划的制订。在本章开篇介绍的A公司，所有雇员密切参与计划制订过程。在A公司，总裁斯泊要求每一个人都了解公司使命，知道怎样把自己的工作融入公司的远景。他确定了延伸目标，鼓励员工不断追求，成为明星员工。每个员工都要确定一套与部门和组织保持一致的自我目标和计划。从车间工人到公司总经理，公司中每一个人都识别出5~7个主要目标，建立衡量进步的标准，然后再将每个目标按其重要性排序。然而，A公司知道计划不可能是静态的，所以每周每个员工与直接主管短暂会晤，共同审查计划，确定改进方案。A公司采用这种体系的最终结果是，组织中的每个人都知道自己应该干什么、自己工作相对于他人工作的重要性，明白如何使自己的工作目标与他人相结合，所以能使公司所有员工进行自我管理。

思考与练习

1. 什么是计划？什么是计划工作？
2. 你如何理解计划的多样性？举例描述不同类型的计划。
3. 计划编制包括哪几个阶段的工作？
4. 什么是战略？什么是战略管理？举例说明战略管理的过程。
5. 一个著名的管理理论家认为，由于组织外部环境的快速变化，所有战略计划的周期越来越短。你是否同意这个观点？
6. 你所在的学校采取了什么样的战略来提高学生的就业竞争力？这些战略是否依据学校的目标而定？

第三章

组织及组织结构

> **案例导入**
>
> 宋晓晓在英大图书音像出版公司工作,她是组建中的公司文字处理部门的经理。为了组建这个部门,宋晓晓工作程序的第一步是把有关工作分门别类,形成一个个职务,以待分配任命。她仔细分析了文字处理工作中的各个环节,由此得出了自己的分析结果。这些工作环节包括:①取出文字原件或者口述录音磁带;②打开电脑;③备好一张空白的磁盘;④把磁盘格式化;⑤用键盘写入文件;⑥在电脑显示屏上检查文件的每一页;⑦在磁盘上设置一个目录;⑧打印文件;⑨在电脑显示屏上校对、修改文字上的错误;⑩打印修改好了的文件;⑪把磁盘存入档案;⑫把打印好了的文件放在待取的文件筐里。
>
> 在宋晓晓看来,这些工作是一般文字处理工作的细节,不像生产工序那样可以分开,因而不值得去分成一个个单独的职务。于是,她根据本部门要处理的文件种类,来考虑划分工作职务的可能性。文件种类包括:①个人文件;②正式信函;③技术性报告;④项目情况的报告;⑤各类报告提要;⑥各类数据图表。
>
> 宋晓晓认为,根据文件种类可以分别形成不同的职位。因此,她在组建自己的部门时,安排了六项职位A、B、C、D、E、F(分别与上述文件种类对应)。由于有些职位的工作量大,需要更多的人手,她就多安排人手。
>
> 她以这种方式组建了文字处理部门。六个月过去了,她听到有些职员在抱怨,那些打印信函、画图表的人认为自己的工作老是在重复,不仅如此,这些职员的工作成绩也没有达到所设定的标准。
>
> 思考:
>
> (1) 你认为宋晓晓在设计工作岗位时存在什么问题?
>
> (2) 如果宋晓晓想提高自己部门的工作效率,她应该怎样重新设计工作岗位?

组织在我们的现代生活中起着重要作用。彼得·德鲁克就这样评论道:"现代的年轻人必须了解组织,就如他们的先辈必须学习耕作一样。"但至今人们对组织的形成、组织与环境的关系、组织的作用、具体的组织管理技术却仍无统一的认识。本章将从组织的定义开始,探讨、描述和分析与组织相关的基本概念及基本理论,让人们更好地理解组织所带来的实践与理论上的好处。

第一节 组织的内涵

组织是人类社会最常见、最普遍的现象。企业、学校、医院、各级政府部门、各个党派和政治团体等,都是组织。

一、组织的定义

不同学派的学者给"组织"一词下过定义。路易斯·艾伦(Louis A. Allen)将正式组织定义为:为了使人们能够最有效地工作去实现目标而进行明确责任、授予权力和建立关系的过程。切斯特·巴纳德(Chester Barnard)将一个正式组织定义为:有意识地协调两个或多个人活动或力量的系统。赫伯特·西蒙(Herbert A. Simon)将组织定义为:组织是互动人群的集合体,是社会中任何类似于集中合作体系中最庞大的集合体;与组织之间和无组织的个体之间的分散变化关系形成对比,在组织中,高度专门化的结构与协作使单个组织单元成为社会学上的个体,可以和生物学意义上的个体有机体相比。从以上学者的定义可以看出,多数对组织的定义强调如下因素:第一,组织象征着群体的努力;第二,群体的努力指向一个目标;第三,群体的努力通过协调来实现;第四,职权和责任的关系有助于实现协调。

贯穿着组织概念的企业称为企业组织,本书研究的主要是企业组织。组织可以从两个角度去理解。从实体角度看,组织是为实现某一共同目标而由若干个人组合成的一个系统;从管理过程看,组织又是管理的一项基本职能。计划职能确定了组织目标,为了使人们能够有效地工作,确保目标的实现,还必须对组织结构进行设计、调整与变革,管理者的主要任务之一就是使组织不断发展、完善,使之更富有成效。

1. 实体组织

组织是为实现某一共同目标,经由分工与合作及不同层次的权力和责任制度而构成的人的集合。这个概念具有三层含义。

(1)组织必须具有共同的目标。任何组织都是为实现某些确定目标而存在的,不论这种目标是明确的,还是隐含的。目标是组织存在的前提和基础。

(2)没有分工与协作也不能称之为组织。分工与协作关系是由组织目标限定的。如企业为了达到经营目标就要有采购、生产、销售、财务和人事等许多部门,这是一种分工。每个部门都专门从事一种特定的工作,各个部门又要相互配合。只有把分工和合作结合起来,才能产生较高的效率。

(3)组织要有不同层次的权力与责任制度。分工后要赋予各部门乃至每个人相应的权力,以便实现组织目标。但同时必须明确各部门及个人的责任,只有权力而不负责任,就会导致滥用职权,同样影响组织目标的实现。所以,职权和责任是达成组织目标的必要保证。

2. 组织职能

组织职能是指为了有效地实现共同目标和任务,合理地确定组织成员、任务及各项活动之间的关系，并对组织资源进行合理配置的过程。组织职能的主要内容包括以下几点。

（1）组织结构的设计。组织结构的设计包括组织内横向管理部门的设置和纵向管理层次的划分。组织结构设计的相关内容将在本章进行详细阐述。

（2）适度分权和正确授权。在确定组织结构的形式后，要进行适度的分权和正确的授权。分权表示决策权在整个组织的不同管理层次的分散，分权要讲求适度；授权则是管理者将部分解决问题的权力委托给某个或某些下属，授权要视能而授。分权适度、授权成功有利于组织内各层次、各部门为实现组织目标而协同工作。

（3）组织内各职务人员的选择和配备。这包括人员的招聘、培训、绩效评估、奖罚制度以及对人的行为的激励等。

（4）组织文化的培育和建设。为营造良好的组织气氛而进行共有价值观的培育和组织文化的建设。

（5）组织运作和组织变革。组织运作是指管理者使已设计好的组织系统围绕目标有效地运转起来。这包括制定和落实各种规章制度和建立组织内的信息沟通模式。组织变革就是为了适应内外部环境的变化，对组织中的要素进行调整与改革，以适应未来组织发展的要求。

二、组织的作用

理查德·达夫特（Richard L. Daft）认为，组织的作用可以归纳为七个方面。
（1）组合所有的资源以达到期望的目标和结果。
（2）有效地生产商品或提供服务。
（3）为创新提供条件。
（4）运用以计算机为基础的现代制造技术。
（5）适应并影响变化的环境。
（6）为所有者、顾客和雇员创造价值。
（7）适应多样化的伦理观和职业形态以及雇员的激励与协调等。

企业组织必须为顾客生产有竞争力的商品与提供服务，为此企业需要寻求创新途径以便更加有效地生产和分配产品或提供服务。一种创新方式是运用现代的制造技术和新的信息技术。例如，海尔集团通过 BBP（原材料网上采购）系统，建立了与供应商之间基于互联网的业务和信息协同平台。该平台的意义在于，通过它的业务协同功能，不仅可以通过互联网进行招投标，而且可以通过互联网将所有与供应商相关的物流管理业务信息，如采购计划、采购订单、库存信息、供应商供货清单、配额以及采购价格和计划交货时间发布给供应商，使供应商足不出户就全面了解与自己相关的物流管理信息，并根据采购计划备货，根据采购订单送货等。重新设计组织结构和管理业务流程也能够提升组织效率，近些年国内外大型企业的组织结构变革所产生的高效率提供了这方面的实证。

组织适应并影响迅速变化的环境。有些大型企业拥有专门的部门负责监视外部环境并找出适应或影响环境的方式。今天，企业组织最重要的外部环境变化就是全球化与网络信息技术的飞速发展。

通过所有活动，组织为所有者、顾客和雇员创造价值。管理者需要分清哪些经营活动创造价值，哪些经营活动不创造价值。企业组织只有在创造的价值超过所消耗资源的成本时，才能盈利。

组织必须应付和适应由全球化及网络化所带来的劳动力价值观、伦理道德观、社会责任多样化的挑战，找出有效的办法激励雇员完成组织目标。

理查德·斯格特（Richard Scott）认为，组织的作用表现在三个方面。

（1）组织比其他社会结构更具持续性。组织设计出来是为了能够在一段时间内一贯并连续地支持一系列具体行为的实施，保持体系的稳定性。持续性并不等于僵化，许多新出现的组织形式，如学习型组织、团队组织等，将组织的灵活性与组织的核心有效地结合起来。组织的核心就是在组织人员、结构甚至目标发生变化时仍保持不变的灵魂。

（2）组织的作用就是可靠性。组织擅长一次又一次地用同样的方法完成同样的工作，如组织通过形式化的结构、具体的规章制度、强烈的文化色彩和具体的机制，提高了工作的可靠性。

（3）组织具有可控性。组织中所规定的规则、制度为决策与行为提供了指导及合法性，为参与者对其行为的评价提供了理性基础，并规定了组织的权力与权限。组织的权力等级确保参与者遵守规则，并以被认同的标准和方式进行工作。

第二节　组织结构

组织结构是一个组织的骨骼系统，健全的组织结构可以使组织的人、财、物和信息等生产诸要素有机组合，对于组织实现经营目标、协调组织内部关系、充分发挥各级人员的积极性并提高组织对市场的应变能力和竞争能力，有着极其重要的意义。

一、组织结构的定义和功能

组织结构是指组织的全体成员为实现组织目标而进行分工协作，从而在机构设置（岗位、职位设置）、职责范围、权力安排、业务流程及绩效评估等方面所形成的有机的结构体系。这一定义说明以下三点。

（1）组织结构的本质是组织成员的分工协作关系。

（2）设计组织结构的目的是实现组织的目标。所以，组织结构是实现组织目标的一种手段。

（3）组织结构的内涵是人们在职、责、权方面的结构体系。所以，组织结构又可简称为权责结构。企业的每一次组织结构调整都带来企业责、权、利的重新分配。

组织结构具有如下功能。

（1）组织结构使组织成员依照劳动分工承担各种各样不同类型的工作，劳动分工确定了工作规程、标准以及各部门的任务和职能。

（2）组织结构使组织成员依据各种组织制度所形成的整合机制在工作中进行合作。

（3）组织结构定义了组织的边界，明确了组织与环境及其他组织之间的界限。

总之，组织结构是实现企业目标的一种手段，组织结构的变革往往会导致企业的彻底变革。

二、影响组织结构的环境因素

组织必然要与组织外的环境发生关系，这同时也意味着组织环境必然对企业的组织结构产生影响。所谓组织环境是指存在于组织边界之外的，并对组织具有潜在的或部分影响的所有因素。依据权变理论和资源依附理论的观点，组织应有意识地采取步骤以适应环境，改变组织结构以更好地符合环境的要求。

理查德·达夫特（Richard L. Daft）在其著作中归纳了对企业组织结构产生影响的十大环境因素，这就是产业部门、原材料部门、人力资源部门、金融资源部门、市场部门、技术部门、经济环境部门、政府部门、社会文化部门和国际部门等，并且根据环境的稳定性及复杂性归纳了不同的组织结构特征，如图3-1所示。

	低度不确定性	中低度不确定性
稳定	1.机械性结构；规范；集权化 2.部门很少 3.无整合作用 4.很少模仿 5.当前经营导向	1.机械性结构；规范；集权化 2.部门很多，某些跨越边界 3.很少整合作用 4.某些模仿 5.某些计划
不稳定	中高度不确定性	高度不确定性
	1.有机结构；团队；参与性、分权化 2.部门很少，边界跨度大 3.很少整合作用 4.模仿迅速 5.计划性导向	1.有机结构；团队；参与性、分权化 2.很多不同的部门，广泛的边界跨越 3.很大的整合作用 4.广泛的模仿 5.广泛的计划、预测
	简单	复杂

环境的复杂性

图3-1　环境的不确定性和组织结构特征

理查德·斯格特（Richard Scott）将整个组织环境分成制度环境与技术环境，制度环境因素包括对组织产生影响的一些象征性的、文化的特征，如文化、法则、信念等；技术环境因素则包括那些物质的、以资源为基础的特征，如资源、市场、技术等。从技术环境的角度来看，没有哪个组织是自给自足的，所有的组织都必须与环境发生交换。企业管理者应该保证资源的充足供应，选择适宜的市场，制定高效率的工作安排并协调和控制技术活动。组织结构应该同外部的技术要求和内部的工作系统紧密联系。从制度环境的角度来看，当代社会的许多制度化规则和模式，为组织的建立和发展提供了基础框架，所有的组织都是在制度环境里运行，而技术环境的许多方面依赖于制度基础，如市场就处于制度法则的约束之下。

总之，在设计组织结构时，必须考虑组织环境的影响。

第三节　组织结构设计

组织结构的框架设计，包括纵向结构设计和横向结构设计两个方面。纵向结构设计又称层次结构设计，其任务是确定组织应设置的管理层次以及这些层次间的相互关系。横向结构设计即组织部门化。所谓组织结构层次化是指组织在纵向结构设计时需要确定层次数目和有效的管理幅度，需要根据组织集权化的程度，规定纵向各层次之间的权责关系，最终形成一个能对内外环境要求做出动态反应的有效组织结构形式。

一、管理幅度与管理层次的关系

管理幅度也称组织幅度，是指组织中上级主管能够直接有效地指挥和领导下属的数量。这些下属的任务是分担上级主管的管理工作，并将组织任务层层分解，然后付诸实施。显然，组织幅度应该是有限的。因为，一定幅度的下属数量固然能够减少上级直接从事的业务工作量，但同时也增加了上级协调这些人之间关系的工作量。法国管理咨询专家格拉丘纳斯（V. A. Graicunas）从上下级关系对管理幅度的影响的各方面进行深入研究。他指出，管理幅度以算术级数增加时，管理者和下属间可能存在相互交往的人际关系数将以几何级数增加，其公式为：

$$R = N(2^{N-1} + N - 1)$$

式中　R——需要协调的人际关系数；
　　　N——下属人员人数。

按照这个公式计算，如果一名上级有 2 名下属，那么该上级需要协调的人际关系数为 6；如果下级人数为 10，则人际关系数为 5 210。格拉丘纳斯设想的这些关系，在现实生活中由于种种原因不一定全都发生，但管理幅度加大会引起上下级关系增多，导致管理工作复杂化，却是肯定的。因此，传统的管理理论认为每一个上级领导所直接领导的下级人员不应超过 6 人。当然，有效管理幅度不存在普遍适用的固定人数，人数受许多因素的影响。

管理层次亦称组织层次，是指组织中最高一级管理组织到最低一级管理组织的各个组织等级。每一个组织等级即为一个管理层次。管理层次受到组织规模和组织幅度的影响。它与组织规模成正比，组织规模越大，包括的人员越多，组织工作越复杂，管理层次也就越多。

管理幅度与管理层次之间的关系十分密切。首先，它们具有反比例的数量关系。同样规模的组织，加大管理幅度，管理层次就少；反之，管理层次就多。其次，管理幅度与管理层次之间存在互相制约的关系，其中起主导作用的是管理幅度，即管理幅度决定管理层次。管理层次的多少取决于管理幅度的大小，则是由管理幅度的有限性所决定的。产生这种有限性的原因在于领导者状况、人员素质状况、授权的明确程度、计划的明确程度、信息沟通的方法和效率、组织变革的速度、下级人员和单位空间分布的状况。以上因素在不同组织及不同时期，对管理幅度的影响是不同的。受这些因素的影响，两种不同的组织形态会产生：随着管理幅度的增加，组织形成一种扁平式组织结构，如图 3-2 所示；与此相反，狭窄的管理幅度使组织形成高耸式组织结构，如图 3-3 所示。

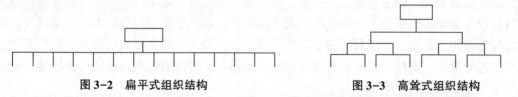

图 3-2　扁平式组织结构　　　　图 3-3　高耸式组织结构

在图 3-2 和图 3-3 中，两个组织结构都是 1 名高层管理人员有 14 名下属。扁平式组织结构有 2 个管理层次，管理幅度是 14。高耸式组织结构有 4 个层次，管理幅度是 2。

扁平式组织结构的优点是：由于管理层次比较少，信息的传递速度比较快，信息的失真度也比较低，同时，上级主管对下属的控制也不会太呆板，有利于发挥下属的积极性和创造性。其缺点是：过大的管理幅度增加了主管对下属的监督和控制难度，同时，下属也缺少提升的机会。自20世纪90年代开始，许多世界知名公司试图通过重组再造和减少员工人数来降低成本，由此成千上万的中层管理者被解雇。

高耸式组织结构的优点是：由于管理的层次比较多，管理幅度比较小，每一个管理层次上的主管都能对下属进行及时的指导和控制；另外，层次之间的关系比较紧密，有利于工作任务的衔接，同时也为下属提供了更多的提升机会。其缺点是：过多的管理层次往往会影响信息的传递速度，从而使组织的反应速度降低；信息在传递过程中可能会出现扭曲，从而增加高层主管与基层之间的沟通与协调成本，增加管理工作的复杂性；组织通常需要雇用较多的管理者，从而增加管理费用。正是由于高耸式组织结构存在以上缺点，并且由于组织内外部环境的变化，在当今时代，大多数组织有向扁平化组织发展的趋势。

二、组织部门化的基本方法

组织设计所说的部门，指的是承担一定管理职能的组织单位，它分布在组织的各个层次上。管理部门与管理层次两者都是组织内部的管理组织的分工形式，层次是纵向分工形式，部门属于横向分工形式，所以，部门设计与层次设计紧密相连。

组织结构的部门化，就是按照职能相似性、任务活动相似性或关系紧密性的原则把组织中的专业技能人员分类集合在一个部门内，然后配以专职的管理人员，并授予相应的职权来协调领导，统一指挥。因此部门设计，实质上是对管理业务进行组合。

按照部门划分所依据的标准不同，组织部门化的基本方法有以下几种。

1. 按职能划分部门

按职能划分部门，就是按管理业务活动的性质与技能相似性，把全部管理业务活动分类。例如，把一切同产品生产制造有关的活动划归生产部门，一切同市场营销有关的活动划归销售部门，一切涉及选拔、雇用和培训人员的活动纳入人事部门，一切与资金筹措、保管和支出有关的活动分配给财务部门等。按职能划分部门和工作的结果，是使传统的直线型组织演变为职能型组织。

按职能划分部门的主要优点是：能够突出业务活动的重点，确保高层主管的权威性并使之有效地管理组织的基本活动；符合活动专业化的分工要求，能够充分有效地发挥员工的才能，调动员工学习积极性，并且简化了培训，强化了控制，避免了人力和物质资源的重复配置。

按职能划分部门的主要缺点是：人、财、物等资源过分集中，不利于开拓新的市场或按照目标顾客的需求组织分工，使组织的灵活性降低；可能助长部门中的本位主义风气，使部门之间难以协调配合，部门利益高于组织整体利益，最终可能会影响组织总目标的实现；由于职权过分集中，部门主管虽容易得到锻炼，却不利于对高级管理人员的全面培养，也不利于"多面手"式人才的成长。

2. 按产品或服务划分部门

在品种单一、规模较小的组织中，按职能进行组织分工是理想的部门划分方法。然而，随着组织的进一步成长与发展，管理工作越加繁重，而保持有效的管理幅度又限制了组织增添直属下级管理人员的问题，于是组织要按业务活动的结果来重新划分组织活动。按照产品或服务的要求对组织活动进行分组并划分部门，就是一种典型的结果划分法。像美国通用汽车公司、杜邦公司和福特汽车公司，都先后按这种方法进行了管理组织改组。

按产品或服务划分部门的主要优点是：各部门会专注于产品的经营，并且能够充分合理地利用专有资产，提高专业化水平，这不仅有助于促进不同产品和服务项目间的合理竞争，而且有助于比较不同部门对组织的贡献，有助于组织决策部门加强对产品与服务的指导和调整，另外，这种分工方式也为"多面手"式的管理人才提供了较好的成长条件。

按产品或服务划分部门的主要缺点是：组织需要更多的"多面手"式的人才去管理各个产品部门；各个部门同样有可能存在本位主义倾向，会影响到组织中目标的实现；部门中某些职能管理机构的重叠会导致管理费用增加，同时也增加了总部对"多面手"式人才的监督成本。

3. 按地区划分部门

按地区划分部门就是按照地区的分散化程度划分组织的业务活动，进而设置管理部门管理其业务活动。对于一个地理范围分布较广的组织，按地区进行部门化是十分重要的。如美国电话电报公司，在早期就是按地区设立分公司的，分公司包括中南贝尔公司、新英格兰贝尔公司、太平洋贝尔公司、山地贝尔公司等。许多跨国公司经营业务遍布海外各国，也经常采用按地区划分部门的办法设置组织。

4. 按顾客划分部门

按顾客划分部门就是根据目标顾客的不同利益需求来划分组织业务活动的部门。如有的科技公司设消费IT部门和商用IT部门，面向不同的顾客，采用不同的产品政策、销售渠道、促销策略和价格政策。在激烈的市场竞争中，顾客需求导向越来越明显，组织应当在满足市场顾客需求的同时，努力创造顾客的未来需求，按顾客划分部门顺应了需求发展的这种趋势。

按顾客划分部门的主要优点是：组织可以通过设立不同的部门满足目标顾客各种特殊而广泛的需求，同时也能有效获得用户真诚的意见反馈，这有利于组织不断改进自己的工作；组织能够持续有效地发挥自己的核心专长，不断创新顾客的需求，从而在这一领域内建立持久性竞争优势。

按顾客划分部门的主要缺点是：需要更多能妥善协调和处理与顾客关系问题的管理人员和一般人员；顾客需求偏好的转移，可能使组织无法时时刻刻都能明确顾客的需求，结果会造成产品或服务结构的不合理，影响对顾客需求的满足。

一般在企业组织中，按顾客划分部门的方式较少用于企业的最上层组织中，而常见于中层机构尤其是销售部门。

5. 按流程划分部门

按业务流程划分部门就是按照工作或业务流程来组织业务活动的部门。对企业组织而言，流程是指以企业输入各种原料为起点到创造出对顾客有价值的产品或服务为终点的一系列活动。人员、材料、设备比较集中或业务流程比较连续紧密是流程部门化的思想基础。如一家发电厂的生产流程包括燃煤输送、锅炉燃烧、汽轮机驱动、电力输出、电力配送等主要过程。

按流程划分部门的最大优点是：组织能够充分发挥人员集中的技术优势，易于协调管理，对市场需求的变化能够快速敏捷地做出反应。按流程安排组织结构是目前组织创新的趋势，但是，这种划分部门的方法要求组织对其业务流程进行再造。

除了以上论述的划分部门的方法之外，还有按项目划分组织，或者将以上几种方法结合到一起来划分部门，形成矩阵式组织结构。

第四节 信息时代的企业组织创新

在信息时代，企业的组织环境发生了剧烈的变化，特别是随着信息技术在企业的全面应用，传统的等级制组织结构已不适应时代的要求。伴随着企业信息化建设的进程，企业的组织结构也在变革。信息时代的企业组织除了扁平化的特征之外还具有哪些特征？对此，许多管理学家提出了不同的观点。理查德·达夫特（Richard L. Daft）认为，后现代组织是一种分权化组织；罗恩·阿什克纳斯（Ron Ashkenas）认为，网络信息时代的企业组织是一种无边界的组织；道格·米勒（Doug Miller）认为，网络信息时代的企业组织是一种变色龙组织等。以上观点仅仅描述了信息时代组织的某一方面特征。如果从全面系统的角度来分析，信息时代的企业组织应表现为组织职能集中化、组织结构扁平化、组织职能机构设置综合化、业务流程管理标准化、组织单元的协调市场化，以及对外组织关系网络化等特点。

一、信息时代企业组织特点

1. 组织职能集中化

许多学者认为，信息时代的组织职能具有分权化或分立化的特点。然而，从大量的企业实践来看，信息化后许多企业的组织职能却呈现集中化的特征。所谓组织职能集中化是指将原来分属不同部门的某些职能从纵向和横向两方面合并，由统一的职能中心进行集中管理，实现权力的集中监控、资源的集中配置和信息的集中共享。一般可将分属不同部门的服务职能（如后勤）、采购和销售职能或对主要业务起支撑作用的职能（如人事、法律）进行合并，进行集中管理。在信息时代组织职能之所以呈现集中化的特征，是信息技术作用的结果。

随着企业规模扩大，企业组织所面临的不确定性、复杂性、多样性逐渐增加，当组织所承担的信息处理任务超载时，采取的办法有两种，一是减少信息处理量，二是提高信息处理能力。

在信息时代，在减少管理者的信息处理量方面，往往利用信息系统强大的储存功能和集成功能，建立信息缓冲系统。如企业通过构建呼叫中心，将所有与客户有关的信息储存于呼叫中心的信息系统中，当客户需求出现时，系统立即向承担客户服务的业务员提供该客户的所有信息，大大减少了业务员的信息处理任务，并提高了他的工作质量。组织往往通过各种管理信息系统（如 ERP 系统、SCM 系统、CRM 系统）构建集成的信息处理平台。这样，分属不同事业部的同一职能的管理任务可以借助信息处理平台实施集中统一管理。在这种情况下，即使企业规模扩张也可以实施强有力的控制。因此，组织倾向于更能发挥规模效益的管理方式。所以，在信息时代，企业借助于信息技术，一方面使原有组织单元内部实行横向压缩，将原有企业单元中的服务部门抽出来，组成单独的服务部门，从而使各事业单位从各种后勤服务工作中解脱出来，提高生产效率。另一方面使组织对生产环节的前后环节，如采购供应和产品销售,以及起支撑作用的资金、人力资源、法律等职能资源实行集中管理。在信息时代,企业组织职能的集中化主要体现在权力的集中监控、资源的集中配置和信息的集中共享。

2. 组织结构扁平化

组织结构扁平化,主要是指减少整个企业的纵向管理层次。企业组织的运作过程实质上是信息的传递、处理过程。德鲁克认为,组织的一条基本规则是使组织的层次尽可能地少,指挥线路尽可能地短。每增加一个层次,就会使保持共同方向和互相理解更困难一些。每增加一个层次,就会使目标歪曲而注意力分散。然而,在工业时代,由于信息传递技术及信息处理能力的限制,需要设置更多的职能部门及管理层次传递信息,并分担信息的处理任务。但是,在信息时代,由于信息技术的应用,企业组织的信息传递和信息处理能力大大提高,其结构呈现出扁平化的特征,管理层次比等级制组织要少得多。

由此可见,在信息时代,由于信息技术的应用,从决策权力的分配角度(即从信息处理的角度)来看,信息技术应用的结果将使企业组织的中层多余。另外,由于企业计算机技术及互联网技术的应用,企业内外的信息传递更为方便、直接,大量原有组织内采取分析、评价和传递上下各层次信息的中间组织可以删除。由此可见,由于信息技术的特性,企业组织信息传递和信息处理的能力大大加强,企业组织内的大量中间组织的职能萎缩甚至消亡,这样就减少了管理层次,使企业组织扁平化成为可能。当然,信息技术仅仅为企业组织扁平化提供了技术保证,企业要真正实现扁平化,还必须设计相应的企业组织制度。

3. 组织职能机构设置综合化

在信息时代,组织职能机构设置具有综合化的特征,即在企业职能机构设置方面,适当简化专业分工,横向压缩职能单位,把原来分设为许多个职能单位的结构归并成少量的综合性过程管理部门,力求在管理方式上实现每个部门对其管理的物流或业务流,做到从头到尾、连续一贯的管理,达到物流、信息流及管理过程的连续不断。通过机构的综合化,克服传统管理中存在的机构设置分工过细及业务分段管理的问题,实现业务的过程管理。

在信息时代,组织职能机构设置的综合化是按照过程管理的原则,将职能相关性强的部门归并到一起,做到一个基本职能设一个部门,一个完整流程设一个部门。其综合化的具体方式主要有以下三种:相同职能的归并、管理职能同辅助作业职能归并、执行职能同监督职能在一定条件下归并。

总之,在信息时代,企业组织结构呈现综合化的特点,解决了传统管理方式下由分工过细带来的协调困难、机构臃肿、办事程序复杂等问题,从而实现过程管理。

4. 业务流程管理标准化

所谓业务流程,是企业内相互衔接的一组能为顾客或最终使用者提供结果(如需求满足)的一系列活动。可以包括商品生产、采购、与供应商保持联系等内容。业务流程使那些为服务和满足顾客(内部和外部)而进行的彼此衔接的活动成为一个整体。传统企业的业务流程经常分散于几个不同的职能领域,处于分裂状态。工作的进展必须在相关部门之间移动,运作是笨拙、缓慢的。网络信息技术使企业能将整个业务流程的工作连为一体,运作得更直接、更快。

在信息化企业内,整个网络信息系统由不同的功能模块组成。如联想的 ERP(Enterprise

Resources Planning，企业资源计划）系统就包括 FI（财务会计模块）、CO（成本会计模块）、SD（销售与分销模块）、MM（物资管理模块）和 PP（生产计划模块）等核心系统。整个系统具有模块化、职能化和集成化的特点，并通过各个模块自由地传递和共享信息，把企业的所有工作集成起来。在实际业务运作过程中，某一项业务往往会涉及众多的模块。如果没有 ERP 系统，一个粗略的订单管理过程需要跨越销售与分销、生产计划、物资管理、财务四个职能部门。但是如果借助 ERP 系统，该业务过程的每一个步骤都要求一个不同的处理画面，而它们都是同一系统的组成部分，这些处理将共享相同的随时得以更新的信息。由此可见，信息化后的企业，不同职能的组合是由系统自动完成的。随着信息技术的发展，越来越多的标准化业务流程可以在很大程度上甚至是完全实现自动化处理。

5. 组织单元的协调市场化

信息化的企业往往依据业务流程建立组织单元。整个组织的工作效率主要取决于业务流程的有效性以及业务流程之间关系的顺畅度。那么，如何使业务流程在组织单元中顺畅流动？对此往往运用内部价格、市场及类似市场的机制来协调组织单元间的活动，如某一电器公司的市场链就是把市场经济中的利益调节机制引入企业内部，在公司的宏观调控下，把企业内部的上下流程、上下工序和岗位之间的业务关系由原来的单纯行政机制转变成平等的买卖关系、服务关系和契约关系，通过这些关系把外部市场订单转变成一系列内部市场订单，形成以订单为中心、上下工序和岗位之间相互咬合、自行调节运行的业务链，即市场链。

6. 对外组织关系网络化

企业对外组织关系网络化，就是以某一核心组织为主体，通过一定的目标，利用一定的手段，把一些相关的组织连接起来，形成一个合作性的网络企业组织群体。在这个组织群体中，每个组织都是独立的，通过长期契约和建立信任，与核心组织连接在一起，优势互补，形成命运共同体，共同发展。这里的网络是指通过网络信息系统所建立起来的，企业或者部门之间的非阶层的、平等的、多重联系的关系。

企业对外组织关系网络化，一方面是因为随着经济全球化、信息化和高新技术的迅猛发展，企业之间只有通过多种形式的联合与协作，才有可能克服自己在技术、经济、经营管理等方面存在的某些相对劣势。另一方面，现代信息技术也为企业在全球发展企业与企业之间的组织联系提供了强有力的工具，使之变得极其方便、迅速，而且成本低廉。因此，网络信息技术的应用是企业对外组织关系网络化的技术基础。网络化企业的形成与运作，依赖物流、资金流和信息流的畅通。物流与资金流的运行也得靠信息流来调动，所以网络信息系统是网状企业的神经系统。从逻辑结构上说，信息网络的结构和网状企业的网络结构是相似的，因为信息网络在物理结构上有很多段使用了公用网络，而公用网络是四通八达的，这又为网状企业的形成与改组提供了很大的灵活性。

企业之间联结成网络关系的根本目的在于利用各方资源进行优势互补，形成新的竞争力。同时企业之间的网络化关系将会降低企业间的交易成本和企业内的交易成本。由于企业之间的网络化，一种新型的组织结构形成了，它的具体形式有战略联盟和虚拟企业。

总之，工业经济时代所构建的企业组织已无法满足当今信息时代的要求，成为制约企业竞争力提升的主要原因之一。与工业经济时代相比，信息时代的企业组织呈现许多全然不同的特点。

二、信息时代组织设计

在信息时代，工业时代所创造的严格等级制组织结构受到极大的压力和挑战。为了适应信息时代的特点及其发展趋势，作为管理基础的企业组织结构必须进行相应的变革。而不能简单地认为企业信息化就是在原体制下所进行的计算机化及网络化。在原有组织结构下进行简单的计算机化，只能实现用计算机代替手工操作，而现有体制中的矛盾、混乱、缺陷依然存在。所以，企业在信息化过程中，应该依据信息技术的特点，对组织结构进行重新设计。

在信息时代企业组织的层次是扁平的，那么其组织中的部门应该如何划分呢？

在工业时代，企业组织部门主要根据职能来划分，每个部门完成整个任务的一部分。虽然随着企业规模的扩张、企业产品项目的增加，企业开始根据产品来划分组织部门，即产品事业部。但是在产品事业部内，往往依然是按职能将整个产品任务进行细分，分出一个个职能次级组织。所以，在工业时代，企业组织部门主要是按职能进行划分的。

在信息时代，划分组织部门主要以过程导向为原则，即在流程再造的基础上，组织部门由职能部门转化为流程工作小组，即将原来分散于不同职能部门的参与整个业务流程的人集合起来组成过程团队，每个团队关注企业价值传输过程中的一个关键因素，从头到尾负责整个业务流程的运作。这种组织部门的划分方法，打破了整个流程的中间障碍，拆除了职能间的高墙，可以大大降低业务过程中的交易费用。但是，在目前的理论研究中，究竟如何建立过程团队，却并没有确定的答案。在企业实际的运作中，过程团队的性质、结构有较大的差异，造成这种差异的主要原因是每个企业面临的顾客需求和自身产品技术的复杂性不同。根据顾客需求的复杂性和企业产品技术的复杂性，将过程团队分成三种形式。

1. 职能过程团队

当顾客需求比较简单，企业满足顾客的这种需求不需要较高的技术性，同时产品本身的技术性又较简单的时候，整体流程运作的技术性不高。这时，企业可以组成一个个职能过程团队。如海尔集团，其顾客需求可以明确定义，即究竟是冰箱还是彩电，且再复杂的顾客需求都可以用语言明确描述，同时产品的技术比较成熟。因此，海尔的组织部门是由职能过程团队组成的。这种组织部门最大优点是打破了产品、地区的部门界限，能够实行集中管理，集中面对顾客（内部顾客和外部顾客）的需求，获取规模效益。但这种职能过程团队与传统的职能部门有本质的差别，主要表现在以下几种。

（1）传统的职能部门没有决策权，只是被动地依据上级的指示完成工作任务的一部分；职能过程团队具有决策权，可以根据顾客的需求进行独立的决策，往往各团队自己负责设定目标，编制短期和中期计划，对所负责的产品或顾客、任务的改进排出优先次序等。

（2）传统的职能部门不了解顾客的需求，不直接面对顾客，不清楚自己工作的价值所在；职能过程团队借助信息技术，可以直接了解顾客的需求，清楚自己工作所创造的价值。

（3）传统的职能部门往往按串行的方式依次完成任务的一部分；各职能过程团队则借助于信息系统，顾客产生需求、订单一出现，所有过程团队可立即根据订单需求开始运作。各职能团队的工作关系是并行的。这样，即使按职能划分流程，也能够对顾客的需求进行快速的反应。

（4）在传统的职能部门内，往往根据职能分工再对职能组织进行进一步的职能细分。这样，组织层级随着企业规模的扩大逐渐增加，变得越来越多；职能过程团队内部却是依据流程组织整个业务运作，团队内部组织结构是扁平化的。

（5）传统的职能部门之间是割裂的，信息在部门间的传递需要上级部门的参与、协调，因此，信息传递缓慢且失真；而所有的职能过程团队都在网络信息平台上运作，所以职能过程团队之间的信息沟通是顺畅的，加快了团队的反应速度。由此可以看出，职能过程团队之所以能克服传统职能部门的缺陷，最主要的原因是信息技术的应用。

2. 产品过程团队

在顾客需求比较复杂且并不确定的情况下，顾客在确定需求或接受服务时往往需要专业人员给予帮助，这种情况比较适合组成产品过程团队。如顾客在购买电脑产品时，往往需要技术专家对自己的需求进行分析，这就要求企业组织必须由技术专家面对每一位顾客。因此，企业无法实施统一的采购、销售管理，必须由产品过程团队负责整个业务流程的完成。产品过程团队对包括经营计划、产品计划，以及开发、制造、营销（包括销售、配送、控制自己的销售队伍和销售渠道、顾客服务等）环节在内的整个价值增值全权负责。如某一数码公司面对企业的高端产品客户时，往往由各产品事业部负责包括商谈、订单合同签订、供应商的确定、采购，一直到产品送达顾客安装完毕的整个业务流程。这种产品过程团队与传统的等级制下的事业部也有本质的差异，主要表现在以下两点。

（1）传统的等级制下的事业部内往往依据职能进行细分，所以事业部内部存在严重的职能分割，出现沟通障碍，导致产品业务运作过程的破碎化，最终给顾客的价值降低。而产品过程团队内部的业务运作是按流程组织的。如通用电气公司的照明事业部按照扁平化的原则将其整个业务分解为100多个业务过程和项目。

（2）传统的等级制下的事业部最大的弊端是组织资源分散，各事业部职能机构重叠，特别是各产品事业部在各地区设置重复的、不同产品职能相同的机构，造成资源浪费，各自为政，只关注局部利益，无法有效实施组织整体战略。信息化时代所组成的产品过程团队可以借助信息技术有效克服这些弊端。组织可以将产品过程团队内的某些服务职能如劳动人事、采购、运输等集中起来组成职能服务中心，为整个企业的所有产品过程团队服务，从而提高组织的规模经济性，并实施企业组织的整体战略控制。如在某一数码公司的各产品事业部内，产品决策、计划、商务谈判、供应商的选择等由各事业部负责，而这一切确定下来后，订单运作交给组织的运作中心集中负责。为解决产品事业部内跨地区跨部门合作问题，这个数码公司借助网络信息系统，在各地区设置了面向所有产品事业部的地区支持平台。各平台实施商务、财务集中管理，由本部相应的职能部门（运作中心、财务部）管理，对地区业务进行支持。这样的设置，使公司的业务从最顶层直接贯穿于地区平台，有利于公司整体战略的统一实施。

3. 项目团队

如果顾客的需求复杂，顾客在确定需求时必须与专业人员进行大量的协商，而且顾客所需要产品的技术性非常强，需要企业的各类专家协同解决，这时，企业需要组成跨职能、跨部门的项目团队。如某一集团等在遇到企业、政府客户所需要的不是单一产品，而是解决方案时，一般组成项目团队。项目团队是为了某个特定的业务目标，在一段特定的时间内组建的跨职能团队。项目团队的成员来自不同的职能部门，企业提供充分的资源支持他们实现预定的目标。团队成员可以是专职的，也可以是兼职的。大多数情况下，在经过一段特定时间或完成预定任务后，项目团队解散，成员回到原部门。项目团队是非常普遍的，许多企业经常依赖项目团队来激发创造性。IBM公司为了应对竞争的挑战而组建了一个非常成功的项目团队，开发出了第一台个人电脑。虽然项目团队非常有效，但从过程的角度来看，它存在一个不足，这就是它的临时性。当项目团队解散后，团队在执行项目过程中形成的关于过程的知识就会"丢失"。所以，企业应该建立相应的制度来改变这种状况。

根据以上的论述可以看出，信息化下的组织结构以根据业务流程所组成的过程团队为主，并设计必要的职能中心，同时借助信息技术平台，保证过程团队的有效运行。

本章小结

本章介绍了一系列重要的组织概念，包括组织的定义、组织的分类等。本书研究的主要是企业组织。企业组织可以从两个角度去理解。从实体角度看，组织是为实现某一共同目标而由若干个人组合形成的一个系统；从管理过程看，组织又是管理的一项基本职能，计划职能确定了组织目标，为了使人们能够有效地工作，确保目标的实现，还必须对组织结构进行设计、调整与变革，管理者的主要任务之一就是使组织不断发展、完善，使之更富有成效。

有关"组织的作用"，本章主要介绍了理查德·达夫特与理查德·斯格特的观点。理查德·达夫特认为，组织的作用主要表现在七个方面：组合所有的资源以达到期望的目标和结果，有效地生产商品或提供服务，为创新提供条件，运用以计算机为基础的现代制造技术，适应并影响变化的环境，为所有者、顾客和雇员创造价值，适应多样化的伦理观和职业形态以及雇员的激励与协调等。理查德·斯格特认为，组织的作用主要表现为持续性、可靠性与可控性。

对于组织结构，介绍了其定义和功能，以及影响组织结构的环境因素。在组织结构设计部分，包括纵向结构设计和横向结构设计两个方面。分析了管理幅度与管理层次的关系；介绍了组织部门化的基本方法，如按职能划分、按产品或服务划分、按地区划分、按顾客划分、按流程划分等。

信息时代的企业组织创新介绍了信息时代企业组织特点，然后对信息时代组织进行了设计，如职能过程团队、产品过程团队、项目团队等。

导入案例分析

宋晓晓在工作岗位的设置中存在的主要问题是太专业化，忽视了人性中多样化的需求，那些牢骚和成绩不佳就是证明。以下列出三种解决方案，可供参考。

第一种方案：把工作岗位B（打印信函）与工作岗位F（打印各类数据图表）结合起来。这种横向组合，扩大了工作范围，而且富有挑战性。那些厌烦于老生常谈写客套信的职员，也许想试一试画精密的数据图表；反过来，那些埋头画数据图表的人想换换口味，松一口气。这种职责扩大的方法，同样也适用于把工作岗位C、D、E结合在一起，因为它们都和报告有关。

第二种方案：把工作岗位B与工作岗位A结合起来，纵向丰富了工作岗位B的工作内容，同时也满足了工作岗位A（个人信件）需要多面手、能言善辩的工作要求。

第三种方案：只设立两项工作岗位，其一是一般文字处理，其二是复杂文字处理。第一种把工作岗位 A、B、F 结合在一起，第二种把工作岗位 C、D、E 结合在一起。在这两类工作各自的范围里，允许和鼓励职员们自己斟酌，决定轮流干哪一种。

对一切工作岗位来说，提高工作效率，还可以采取的办法有：①要求职工自我检查或彼此核查工作是否准确无误；②允许职工选择、设计自己的工作方式；③邀请职工参与制定和检测他们自己的工作标准。

思考与练习

1. 请举例说明组织的两种含义。
2. 请阐述影响组织结构的因素
3. 请举例介绍组织结构设计的类型。

第四章

决策与领导

案例导入

如果你是一名认真的长跑者,那么在20世纪60年代,只有一种合适的鞋可选择:阿迪达斯(Adidas)。阿迪达斯是德国的一家公司,是为竞技运动员生产轻型跑鞋的先驱。在1976年的蒙特利尔奥运会上,田径赛中有82%的获奖者穿的是阿迪达斯牌运动鞋。

阿迪达斯的优势在于试验。它试用新的材料和技术来生产更结实和更轻便的鞋。高质量、创新性和产品多样化,使阿迪达斯在20世纪70年代统治了这一领域。

20世纪70年代,蓬勃兴起的健康运动使阿迪达斯公司感到吃惊。一瞬间成百万以前不爱运动的人们对体育锻炼产生了兴趣。成长最快的健康运动细分市场是慢跑。据估计,到1980年有2 500万~3 000万美国人加入了慢跑运动,还有1 000万人是为了休闲而穿慢跑鞋。尽管如此,为了保护其在竞技市场中的统治地位,阿迪达斯并没有大规模地进入慢跑鞋市场。

20世纪70年代出现了一大批阿迪达斯的竞争者,如彪马(Puma)、布鲁克斯(Brooks)、新百伦(New Balance)和虎牌(Tiger)。但有一家公司比其他公司更富有进取性和创新性,那就是耐克(Nike)。由前俄勒冈大学的一位长跑运动员创办的耐克公司,在1972年俄勒冈举行的奥林匹克选拔赛中首次亮相。穿着耐克鞋的马拉松运动员获得了第四名至第七名,而穿阿迪达斯鞋的参赛者在比赛中占据了前三名。

耐克的大突破出自1975年的"夹心饼干鞋底"方案,这种鞋鞋底上的橡胶钉使之比市场上出售的其他鞋更富弹性。"夹心饼干鞋底"的流行及旅游鞋市场的快速膨胀,使耐克公司1976年的销售额达到1 400万美元。而在1972年其销售额仅为200万美元,自此耐克公司的销售额飞速上升,逐渐成为行业的领导者,占有运动鞋市场极大的份额。

耐克公司的成功源于它强调的两点:研究和技术改进;风格式样的多样化。公司有专门雇员从事研究和开发工作,包括人体运动高速摄影分析,对300个运动员进行试穿测验,以及对鞋及其材料的不断试验和研究。

在营销中,耐克公司为消费者提供了最大范围的选择。它吸引了各种各样的运动员,并向消费者传递出最完美的旅游鞋制造商形象。

到 20 世纪 80 年代初慢跑运动达到高峰时，阿迪达斯已成了市场中的"落伍者"。竞争对手推出了更多的创新产品、更多的品种，并且成功地扩展到了其他运动市场。例如，耐克公司的产品已经统治了篮球和年轻人市场，运动鞋已进入"时装时代"。到 20 世纪 90 年代初，阿迪达斯的市场份额降到了 4%。

思考：
(1) 阿迪达斯的不良决策如何导致市场份额的极大减少？
(2) 阿迪达斯的管理当局应采取什么措施纠正以前的错误？

现在的管理者需要提升他们的决策水平，因为这将直接影响到公司的未来。可以说，决策水平决定了组织的发展、兴衰或成败。决策对管理者的每一方面工作来说都是非常重要的。决策渗透于管理的所有职能中，所以管理者在计划、组织、领导和控制时常被称为决策者。

本章主要探讨决策的概念及类型，研究决策步骤和各种常用的决策方法，了解领导的相关知识等。

第一节 决策

一、决策的概念

有关决策的概念，不同的管理学派从不同的角度进行了描述。一种简单的定义是，从两个以上的备选方案中选择一个的过程就是决策；一种较具体的定义是，所谓决策，是指组织或个人为了实现某种目标而对未来一定时期内有关活动的方向、内容及方式的选择或调整过程；另一种定义是，管理者识别并解决问题以及利用机会的过程。

综合以上观点，我们将决策定义为：决策就是决策者为了解决组织面临的问题，实现组织目标，在充分搜集并详细分析相关信息的基础上，提出解决问题和实现目标的各种可行方案，依据评定准则和标准，选定方案并加以实施的过程。这一概念包括以下两层含义：第一，决策是为了解决某个问题，达到某种目的而采取的行动，是一种自觉的有目标的活动。第二，决策必然伴随着某种行动，是决策者与外部环境、内部条件进行某种交互作用的过程。

科学的决策必须具备以下条件：①目标合理；②对系统要素的寻求及考虑深入而广泛，对各要素间的顺序排列合乎逻辑推理关系；③决策结果满足预定目标的要求；④决策本身符合效率性、满意性和经济性。

企业的各项经营行为都会涉及决策活动，但简单地说，决策可以分为两类：一类是为企业未来发展、改进而进行的决策；另一类是为解决当前问题而进行的决策。这两类决策对企业的意义明显不同，通常从战略的角度来看，我们更强调对未来改进性决策的科学管理，因为这一决策的质量直接关系到企业制订、完成各项计划的正确与及时。

决策的主体是管理者，既可以是单个的管理者，也可以是多个管理者组成的集体或小组。决策在本质上是一个系统的过程，而不是一个瞬间的决定。人们可能认为，决策者的工作只是从所有可能的方案中选取最优方案。但事实上，决策者需要进行大量的调查、分析和预测，然后确定行动目标，找出可行方案，并进行判断、权衡，选择最优方案。在这个过程中，每一阶段都相互影响，外部环境的变化和信息的取舍都会影响决策的过程，因此，良好的决策活动必须依赖整个管理系统的辅助。

决策是否准确及时，对组织计划和企业经营的成败有着重大影响。正因如此，决策技术日益受到管理阶层的重视，大量企业将决策分析技术作为其确定发展战略和管理政策的主要工具。在企业中，决策分析技术的运用范围包括产品开发、固定资产投资、工厂布局、产品定价、销售计划和其他各类财务及投资管理方面问题的解决。

二、决策的类型

企业在生产经营过程中所要解决的问题是多种多样的，其相应的决策也是多种多样的，决策根据不同的标准可分为以下类型。

1. 战略决策、战术决策与业务决策

按决策的重要性程度，可把决策分为战略决策、战术决策与业务决策。

（1）战略决策又称高层决策，是指事关企业生存和发展的全局性、长期性、决定性的大政方针决策。这类决策对企业最重要，通常包括组织目标、方针的确定，组织机构的调整，企业产品的更新换代，技术改造等，这些决策牵涉企业的方方面面。

（2）战术决策又称管理决策或中层决策，是指战略决策执行过程中的具体决策。战术决策旨在实现企业内部各环节活动的高度协调和资源的合理利用，如企业生产计划和销售计划的制订、设备的更新、新产品的定价以及资金的筹措等。

（3）业务决策又称执行性决策或基层决策。这是日常生产和业务活动中为提高生产效率、工作效率而进行的决策，牵涉范围较窄，只对企业产生局部影响。属于业务决策范畴的主要有生产方案决策、库存决策、成本决策、岗位责任制的确定和执行、材料的采购等。

2. 程序化决策与非程序化决策

按决策发生的重复性，可把决策分为程序化决策与非程序化决策。

企业中的问题可被分为两类：一类是例行问题，另一类是例外问题。例行问题是指那些重复出现的管理问题，如管理者日常遇到的产品质量、设备故障、现金短缺、供货单位未按时履行合同等问题；例外问题则是指那些偶然发生的、新颖的、性质和结构不明的、具有重大影响的问题，如组织结构变化、重大投资、开发新产品或开拓新市场、长期存在的产品质量隐患、重要的人事任免以及重大政策的制定等问题。

赫伯特·西蒙（Herbert A. Simon）根据问题的性质把决策分为程序化决策与非程序化决策。程序化决策涉及的是例行问题，而非程序化决策涉及的是例外问题。程序化决策与非程序化决策往往和管理层次及问题类型有一定的关系，例行问题是与程序化决策相对应的，例外问题则需要非程序化决策。低层管理者主要处理熟悉的、重复发生的问题，因此，他们主要依靠程序化决策；而上层管理者所面临的问题可能是例外问题。

3. 确定型决策、风险型决策与不确定型决策

按决策所处的条件可控程度，可把决策分为确定型决策、风险型决策与不确定型决策。

（1）确定型决策是指在稳定可控条件下进行的决策。在确定型决策中，各个方案都是在事先已确定的状态下展开的，并且每个方案只有一个确定的结果，决策者最终选择哪个方

案，取决于对各个方案结果的直接比较。如库存决策、生产任务的最佳分配等。

（2）风险型决策也称随机决策。在这类决策中，自然状态不止一种，决策者不知道哪种自然状态会发生，但知道有多少种自然状态以及每种自然状态发生的概率，这时选择方案有一定的风险。如产品决策、企业投资规模与投资方向决策等。

（3）不确定型决策是指在不稳定条件下进行的决策。在不确定型决策中，决策者可能不知道有多少种自然状态，即便知道，也不知道每种自然状态发生的概率，只能根据决策者的主观经验进行判断。

4. 集体决策与个人决策

按决策的主体不同，可把决策分为集体决策与个人决策。

集体决策是指多个人一起做出的决策，个人决策则是指单个人做出的决策。

相对于个人决策，集体决策的优点是：①能更大范围地汇总信息；②能拟订更多的备选方案；③能得到更多的认同；④能更好地沟通；⑤能做出更好的决策等。但集体决策也有一些缺点，如花费较多的时间、产生从众现象以及责任不明等。

此外，还有其他一些分类，如从决策影响的时间看，可把决策分为长期决策（如投资方向的选择、人力资源的开发和组织规模的确定等）与短期决策（如企业日常营销、物资储备以及生产中资源配置等问题的决策）；按决策的起点，可把决策分为初始决策与追踪决策；按决策方法的不同，可把决策分为定性决策与定量决策等。

第二节 决策步骤

从决策的概念不难看出，管理决策是一个科学的过程，也可以说是一项系统工程。决策一般包括以下步骤：识别机会或诊断问题，确定目标，拟订备选方案，寻求相关或限制因素，评价备选方案，选择满意方案，方案实施，监督和评估实施结果。

一、识别机会或诊断问题

识别机会是决策过程的起点。及时识别机会或发现问题，正确界定机会或问题的性质及其产生的根源是利用机会、解决问题、提出改进措施的关键。这就要求管理者具备正确的识别机会或诊断问题的能力，通常要密切关注与其责任范围有关的数据，这些数据包括外部的信息和报告以及组织内的信息、实际状况和所想要状况的偏差，以提醒管理者潜在机会或问题的存在。识别机会或诊断问题并不总是简单的，因为要考虑组织中人的行为。有些时候，问题可能根植于个人过去的经验、组织的复杂结构或个人和组织因素的某种混合，因此，管理者必须要尽可能精确地评估机会和问题。另一些时候，问题可能简单明了，只要稍加观察就能识别出来。

评估机会和问题的精确程度有赖于信息的精确程度，所以管理者要尽力获取精确的、可依赖的信息。低质量的或不精确的信息使时间白白浪费，并使管理者无从发现导致某种情况出现的潜在原因。

即使收集到的信息是高质量的，在解释的过程中，也可能发生扭曲。有时，随着信息持续地被误解或有问题的事件一直未被发现，信息的扭曲程度会加重。大多数重大灾难或事故有一个较长的潜伏期，在这一时期，有关征兆被错误地理解或不被重视，从而未能及时采取行动，导致灾难或事故的发生。更糟的是，即使管理者拥有精确的信息，也并正确地解释它，处在他们控制之外的因素也会对机会和问题的识别产生影响。但是，管理者只要坚持获取高质量的信息并仔细地加以解释，就会提高正确决策的可能性。

二、确定目标

目标体现的是组织想要获得的结果，想要结果的数量和质量都要明确下来，因为目标的这两个方面都最终指导决策者选择合适的行动路线。决策的目标往往不止一个，而且多个目标之间有时还会有矛盾，这就给决策带来一定的困难。要处理好多个目标的问题，一是尽量减少目标数量，把要解决的问题尽可能地集中起来，减少目标数量；二是把目标依重要程度进行排序，重要程度高的目标先决策，减少目标间的矛盾；三是进行目标协调，即以总目标为基准进行协调。

目标的衡量方法有很多种，如我们通常用货币单位来衡量利润或成本目标，用次品率或废品率来衡量质量目标。

根据时间的长短，可把目标分为长期目标、中期目标和短期目标。长期目标通常用来指导组织的战略决策，中期目标通常用来指导组织的战术决策，短期目标通常用来指导组织的业务决策。无论时间长短，目标指导决策过程。

三、拟订备选方案

一旦机会或问题被正确地识别出来，管理者就要提出达到目标和解决问题的各种方案。这一步骤需要创造力和想象力，在提出备选方案时，管理者必须把其试图达到的目标牢记在心，要提出尽可能多的方案，而且这些可能的备选方案间，应互相具有替代作用。方案的数量越多、质量越好，选择的余地就越大。

管理者常常借助其个人经验、经历和对有关情况的把握来提出方案。为了提出更多、更好的方案，需要从多种角度审视问题，这意味着管理者要善于征询他人的意见。备选方案可以是标准的和鲜明的，也可以是独特的和富有创造性的。

四、寻求相关或限制因素

寻求相关因素与限制因素，就是列出各种对策可能牵涉到的有利或不利的考虑因素。

所谓备选方案的限制因素或相关因素，是指评价方案优劣时应考虑的对象。如对采购问题进行决策时，应该考虑的因素有价格、成本、品质、交货时间、交货持续性、售后服务、互惠条件、累计折扣等。不同的决策问题，将有不同的考虑因素，决策者必须针对特定问题，思考可能的相关因素，以免遗漏。

五、评价备选方案

决策过程的第五步是确定所拟订的各种方案的价值或可行性，即确定最优的方案。为此，管理者要具备评价每种方案的价值或相对优势与劣势的能力。

在评估过程中，要使用预定的决策标准，如所想要的质量，对每种方案的预期成本、收益、不确定性和风险进行评估，并对各种方案进行排序。管理者会提出以下问题：该方案会有助于我们质量目标的实现吗？该方案的预期成本是多少？方案有关的不确定性和风险有多大?

六、选择满意方案

在决策过程中,管理者通常要做出最后选择。尽管选择一个方案看起来很简单,只需要考虑全部可行方案并从中挑选一个能最好地解决问题的方案,但实际上,做出选择是很困难的。由于最好的决定通常建立在仔细判断的基础上,所以管理者要想做出一个好的决定,必须仔细考察全部事实、确定是否可以获取足够的信息并最终选择最好的方案。

七、方案实施

方案的实施是决策过程中至关重要的一步,在方案选定以后,管理者就要确定实施方案的具体措施和步骤。在实施过程中,通常要注意做好以下工作。

(1) 确定相应的具体措施,保证方案的正确实施。
(2) 确保与方案有关的各种指令能被所有有关人员彻底了解和充分接受。
(3) 应用目标管理方法把决策目标层层分解,落实到每一个执行单位和个人。
(4) 建立重要的工作报告制度,以便及时了解方案进展,及时进行调整。

八、监督和评估实施结果

一个方案可能涉及较长的时间,在这段时间,形势可能发生变化,而初步分析建立在对问题或机会的初步估计上,因此,管理者要不断对方案进行修改和完善,以适应变化了的形势。同时,连续性活动及涉及的阶段控制也需要定期分析。

由于组织内部条件和外部环境的不断变化,管理者要不断修正方案来减少或消除不确定性,了解新的情况,建立新的分析程序。具体来说,职能部门应对各层次、各岗位履行职责情况进行检查和监督,及时掌握执行进度,检查有无偏离目标的现象,并及时将信息反馈给决策者。决策者则根据职能部门反馈的信息,及时追踪方案实施情况。对与既定目标发生部分偏离的,应采取有效措施,以确保既定目标的顺利实现;对客观情况发生重大变化,原先目标确实无法实现的,需要重新寻找问题或机会,确定新的目标,重新拟订可行的方案,并进行评估、选择和实施。需要说明的是,管理者在以上各个步骤中会受到个性、态度、行为、伦理和价值观等诸多因素的影响。

第三节 决策方法

决策是生活中一个重要组成部分。在某些情况下,我们可以自动决策或按程序决策,如我们从熟悉的地点到熟悉的目的地去,很少进行比较,而代之以经验性决策。这类建立在经验基础上的决策,在管理活动中被大量运用。但是,在管理实践中,由于决策目标、可利用的资源及组织内外部环境的复杂多变,有的问题需要决策者借助决策模型和数学工具进行周密、全面的分析与权衡,以实现对未来不确定性的管理,提高管理的正确性。也有问题可以通过运用决策者的历史经验和主观判断来完成。通常决策有以下几种常用方法。

一、定性决策方法

1. 头脑风暴法

头脑风暴法是比较常用的专家论证决策方法，该方法便于与会者发表创造性意见，主要用于收集新设想。通常是将对解决某一问题有兴趣的人集合在一起，在完全不受约束的条件下，敞开思路，畅所欲言。头脑风暴法的创始人为英国心理学家奥斯本（A. F. Osborn），他为该决策方法的实施提出了四项原则。

（1）对别人的建议不进行任何评价，将相互讨论限制在最低限度内。

（2）建议越多越好，在这个阶段，参与者不要考虑自己建议的质量，想到什么就应该说出来。

（3）鼓励每个人独立思考，广开思路，想法越新颖、奇异越好。

（4）可以补充和完善已有的建议，以便它更具说服力。

头脑风暴法的目的在于创造一种畅所欲言、自由思考的氛围，诱发创造性思维的共振和连锁反应，产生更多的创造性思维。这种方法的时间安排应在1~2小时，参加者以5~6人为宜。

2. 德尔菲技术

德尔菲技术由美国兰德公司在20世纪40年代提出，是按照规定的程序，背靠背地征询专家对决策问题的意见，然后集中专家的意见进行决策的方法。该方法常常用来听取有关专家对某一问题或机会的意见。

运用这种技术首先要确定决策课题。通常是定性的、技术性的决策问题。其次是要设法取得有关专家的合作。物色专家是决策成功的关键，专家人数不宜过多，一般为10~20人。应根据决策课题的需要，选择那些精通业务、具有真才实学的专家。再次是设计咨询和信息反馈。这是最重要的环节，一般要经过四轮征询和信息反馈：第一轮，组织者根据决策课题设计出反映决策主题、易于专家填写和整理归类的咨询表，将该咨询表同有关的背景资料分别寄发给大家，征得专家的初次书面意见，并汇总归纳成决策时间表；第二轮，要求专家针对决策时间表的每一项写出自己的意见，由组织者整理汇总，列出几种不同的判断；第三轮，要求专家根据第二轮的统计材料，重新评价，修改自己的意见和判断，并陈述理由；第四轮，在第三轮的修正结果基础上，由专家再一次进行判断。这样，意见就可以达到较为集中和比较固定的程度。最后，采用统计方法对所得数据进行处理，即可确定决策方案。

运用该技术的关键：一是选择好专家，这主要取决于决策所涉及的问题的性质；二是决定适当的专家人数，一般10~20人较好；三是拟订好意见征询表，它的质量直接关系决策的有效性。

这种方法由于采用背靠背分开征求专家意见的方式，能充分发挥各位专家的作用，同时有利于专家根据别人的意见修正自己的判断，不致碍于情面而随意附和。经过统计处理，也可以对专家的意见进一步进行量化，从而取得较为准确的决策结果。当然，这种背靠背的方法也可能存在讨论不彻底、缺乏严格论证的缺点。

二、定量决策方法

根据未来情况的可控程度，可把有关活动方案的决策方法分为确定型决策方法、风险型决策方法和不确定型决策方法三种。

1. 确定型决策方法

常用的确定型决策方法有线性规划和量本利分析法等。

（1）线性规划。线性规划是在一些线性等式或不等式的约束条件下，求解线性目标函数的最大值或最小值的方法。运用线性规划建立数学模型的步骤是：①确定影响目标的变量；②列出目标函数方程；③找出实现目标的约束条件；④找出使目标函数达到最优的可行解，此即为该线性规划的最优解。

（2）量本利分析法。量本利分析法又称保本分析法或盈亏平衡分析法，是通过考察产量或销售量、成本和利润的关系以及盈亏变化的规律来为决策提供依据的方法。这种方法是简便有效、使用范围较广的定量决策方法，广泛应用于生产方案的选择、目标成本预测、利润预测、价格确定等决策问题。

量本利分析的基本原理是边际分析理论。其具体方法是，把企业的总成本分为固定成本和可变成本后，观察产品销售单价与单位可变成本的差额，若单价大于单位可变成本，便存在边际贡献。当总的边际贡献与固定成本相等时，恰好盈亏平衡。这时每增加一个单位产品，就会增加一个边际贡献的利润。在应用量本利分析法时，关键是找出企业不盈不亏时的产量，即保本产量或盈亏平衡产量，此时企业的总收入等于总成本。

当销售收入与总成本相等时，这一点所对应的产品销量就称为盈亏平衡点。企业的产量若低于平衡点的产量，则会发生亏损；而高于平衡点的产量，则会获得盈利。这一基本原理在企业的经营决策活动中运用得相当广泛。企业的经营决策，几乎都与产量、成本、利润有关。许多问题可以通过对量、本、利的分析解决。例如，企业是否应购置新设备，是否应进行技术改造，某种产品生产多少才能盈利，企业产品的定价水平是否合适等。

2. 风险型决策方法

风险型决策是指由于存在着不可控的因素，一个决策方案可能出现几种不同的结果，但对各种可能结果可以用客观概率为依据来进行的决策。由于客观概率只代表可能性，与未来的实际还存在差距，这就使得任何方案的执行都要承担一定的风险，所以称为风险型决策。风险型决策的常用方法是决策树法。

简单地说，决策树法就是利用树形图进行决策的方法。它是通过图解的方式将决策方案的相关因素分解开，确定并逐项计算其发生的概率和期望值，进而进行比较和选优。

（1）决策树的构成要素。决策树由决策点、方案枝、状态结点、概率枝、损益值点等要素构成。决策点即所要决策的问题，用方框"□"表示。方案枝是由决策点引出的直线，每条直线代表一个方案。它与状态结点相连。状态结点反映各种自然状态所能获得的机会，在各个方案枝的末端，用圆圈"○"表示。概率枝是从状态结点引出的若干条直线，反映各种自然状态可能出现的概率，每条直线代表一种自然状态。损益值点反映在各种自然状态下可能的收益值或损失值，用三角形"△"表示。

（2）决策树法的步骤。应用决策树法进行决策，主要有三个步骤。

第一步是绘制决策树形图。从左至右，首先绘出决策点，引出方案枝，再在方案枝的末端绘出状态结点，引出概率枝，然后将有关参数包括概率、不同自然状态、损益值等注明于图上。

第二步是计算各方案的期望值。期望值的计算要从右向左依次进行。首先将各种自然状态的损益值分别乘以各自概率枝上的概率，再乘以计算期限，然后将各概率枝的值相加，标注于状态结点上。

第三步是剪枝决策。比较各方案的期望值，如方案实施有费用发生，应用状态结点值减去方案的费用后再进行比较。除掉期望值小的方案，在落选的方案枝上画上"//"表示舍弃。最终只剩下一条贯穿始终的方案枝，它的期望值最大，是最佳方案。将此最大值标于决策点上。

3. 不确定型决策方法

不确定型决策是指由于存在不可控因素，一个方案可能出现几种不同的结果，而对各种可能结果没有客观概率作为依据的决策。对于不确定型决策来说，有一些常用的决策方法，如小中取大法、大中取大法和最小最大后悔值法等。

（1）小中取大法。采用这种方法的管理者对未来持悲观的看法，认为未来会出现最差的自然状态，因此不论采取哪种方案，都只能获取方案的最小收益。采用小中取大法进行决策时，首先计算各方案在不同自然状态下的收益，并计算出各方案所带来的最小收益，即在最差自然状态下的收益；然后进行比较，选择在最差自然状态下收益最大或损失最小的方案作为所选择的方案。

（2）大中取大法。采用这种方法的管理者对未来持乐观的看法，认为未来会出现最好的自然状态，因此不论采取哪种方案，都能获取该方案的最大收益。采用大中取大法进行决策时，首先计算各方案在不同自然状态下的收益，并计算出各方案所带来的最大收益，即在最好自然状态下的收益；然后进行比较，选择在最好自然状态下收益最大的方案作为所要的方案。

（3）最小最大后悔值法。管理者在选择了某方案后，如果将来发生的自然状态表明其他方案的收益更大，那么他会为自己的选择而后悔。最小最大后悔值法就是使后悔值最小的方法，采用这种方法进行决策时，首先计算各方案在各自然状态下的后悔值。某方案在某自然状态下的后悔值为：

后悔值＝该方案该自然状态下的最大收益－该方案在该自然状态下的收益

然后找出各方案的最大后悔值，再进行比较，选择最大后悔值中最小的方案作为所选择的方案。

三、有关活动方向的决策方法

管理者有时需要对企业或企业某一部门的活动方向进行选择，可以采用的方法主要有经营单位组合分析法和政策指导矩阵等。

1. 经营单位组合分析法

经营单位组合分析法由美国波士顿咨询公司（The Boston Consulting Group，简称BCG）建立，其基本思想是，大部分企业有两个以上的经营单位，每个经营单位都有相互区别的产品市场，企业应该为每个经营单位确定其活动方向。该法主张，在确定每个经营单位的活动方向时，应综合考虑企业或该经营单位在市场上的相对竞争地位和业务增长率。

相对竞争地位往往体现在企业的市场占有率上，它决定了企业获取现金的能力和速度，因为较高的市场占有率可以为企业带来较高的销售量和销售利润，从而给企业带来较多的现金流量。

业务增长率对活动方向的选择有两方面的影响：一方面，它有利于市场占有率的提高，因为在稳定的行业中，企业产品销售量的增加往往来自竞争对手市场份额的下降；另一方面，它决定着投资机会的大小，因为业务增长迅速可以使企业迅速收回投资，并取得可观的投资报酬。

根据上述两个标准——相对竞争地位和业务增长率，可把企业的经营单位分成"金牛"型、"明星"型、"幼童"型、"瘦狗"型四大类。企业应根据各类经营单位的特征，选择合适的活动方向。

"金牛"型经营单位的特征是市场占有率较高，而业务增长率较低。较高的市场占有率为企业带来较多的利润和现金，而较低的业务增长率需要较少的投资。"金牛"型经营单位所产生的大量现金可以满足企业的经营需要。

"明星"型经营单位的市场占有率和业务增长率都较高，因而所需要的和所产生的现金都很多。"明星"型经营单位代表着最高利润增长率和最佳投资机会，因此企业应投入必要的资金，增加它的生产规模，使它成为业务增长稳定并且能给企业提供大量现金的"金牛"型经营单位。

"幼童"型经营单位的业务增长率较高，而目前的市场占有率较低。这可能是企业刚刚开发的很有前途的领域。由于高增长速度需要大量投资，而较低的市场占有率只能提供少量的现金，企业应投入必要的资金，以提高市场份额，扩大销售量，使其转变为"明星"型经营单位。如果认为刚刚开发的领域不能转变成"明星"，则应及时放弃。

"瘦狗"型经营单位的特征是市场份额和业务增长率都较低。由于市场份额和销售量都较低，甚至出现负增长。"瘦狗"型经营单位只能带来较少的现金和利润，而维持生产能力和竞争地位所需的资金甚至可能超过其所提供的现金，可能成为资金的陷阱。因此，对这种不景气的经营单位，企业应采取收缩或放弃的战略。

经营单位组合分析法的步骤通常如下：①把企业分成不同的经营单位；②计算各个经营单位的市场占有率和业务增长率；③根据其在企业中占有资产的比例来衡量各个经营单位的相对规模；④绘制企业的经营单位组合图；⑤根据每个经营单位在图中的位置，确定应选择的活动方向。

经营单位组合分析法以"企业的目标是追求增长和利润"这一假设为前提，对拥有多个经营单位的企业来说，它可以将获利较多而潜在增长率不高的经营单位所产生的利润，投向那些增长率和潜在获利能力都较高的经营单位，从而使资金在企业内部得到有效利用。

2. 政策指导矩阵

政策指导矩阵由荷兰皇家壳牌石油公司创立。顾名思义，政策指导矩阵即用矩阵来指导决策。具体来说，就是从市场前景和相对竞争能力两个角度来分析企业各个经营单位的现状和特征，并把它们标示在矩阵上，据此指导企业活动方向的选择。

市场前景取决于盈利能力、市场增长率、市场质量和法规限制等因素，分为吸引力强、中等、弱三种；相对竞争能力取决于经营单位在市场上的地位、生产能力、产品研究和开发等因素，分为强、中、弱三种。根据上述对市场前景和相对竞争能力的划分，可把企业的经营单位分成九大类。管理者可根据经营单位在矩阵中所处的位置来选择企业的活动方向。具体如图 4-1 所示。

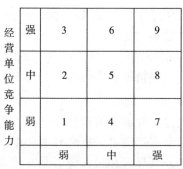

图 4-1 政策指导矩阵

处于区域 6 和区域 9 的经营单位竞争能力较强,市场前景也较好。应优先发展这些经营单位,确保它们获取足够的资源,维持有利的市场地位。

处于区域 8 的经营单位虽然市场前景较好,但竞争能力不够强。应分配给这些经营单位更多的资源,以提高其竞争能力。

处于区域 7 的经营单位市场前景虽好,但竞争能力弱。要根据不同的情况来区别对待:最有前途的应得到迅速发展,其余的则应逐步淘汰。这是由企业资源的有限性决定的。

处于区域 5 的经营单位一般在市场上有 2~4 个强有力的竞争对手。应分配给这些经营单位足够的资源,以使它们随着市场的发展而发展。

处于区域 2 和区域 4 的经营单位市场吸引力不强,且竞争能力较弱,或虽有一定的竞争能力,且企业对这些经营单位进行了投资并形成了一定的生产能力,但市场吸引力较弱。应缓慢放弃这些经营单位,以便把收回的资金投入到盈利能力更强的经营单位。

处于区域 3 的经营单位竞争能力较强,但市场前景不容乐观。这些经营单位本身不应得到发展,但可利用它们的较强竞争能力为其他快速发展的经营单位提供资金支持。

处于区域 1 的经营单位市场前景暗淡,且竞争能力较弱。应尽快放弃这些经营单位,把资金抽出来转移到更有利的经营单位。

第四节 领导

一、领导与领导者的含义

1. 领导

对于领导的定义,美国管理学家哈罗德·孔茨和海茵茨·韦里克(Heinz Weihrich)认为,领导是一种影响力,是引导人们行为,从而使人们情愿地、热心地实现组织或群体目标的艺术过程。

对于这个定义,可以分三个层次理解。

(1) 领导的定义揭示了领导的本质,即影响力。这种影响力能够引导人们的行为。

(2) 领导的定义明确指出了领导是一个过程,是引导人们行为的过程,也是一个艺术过程。领导者面对的是千变万化的组织或群体的内外环境,特别是面对各种各样,有着不同的身份，不同的教育、文化和背景的人，这些人进入组织或群体的目标和需要各不相同，而且其需要、目的等处在动态的变化之中。越是高层的领导行为，其面对因素的复杂性和不确定性越高，领导的艺术成分也就越多。

（3）领导的定义指出了领导的目的。领导是一种目的性非常强的行为过程，其目的在于使人们心甘情愿地而非无奈地、热情地而非勉强地为组织或群体的目标而努力。

2. 领导者

领导者一般指的是能够影响他人并拥有管理权力的人。美国管理学家彼得·德鲁克则认为，领导者的唯一定义就是其后面有追随者。在领导工作中，领导者是领导行为的主体，但领导者和被领导者并不是对立的。领导者和被领导者是互相依存的，领导是一种双向的动态过程，即除了领导者通过指导、激励等影响被领导者之外，被领导者也给领导者反馈信息来修正领导者现在和未来的行动。人们的感受、能力和心态是在不断变化的，领导者与被领导者的关系也在不断修正。

二、领导者与管理者的区别

领导者与管理者是不同的，不能将它们混为一谈。

管理者是被任命的，他们拥有合法的权力进行奖励和处罚，其影响力来自他们所在的职位所赋予的正式权力。相反，领导者则可以是任命的，也可以是从一个群体中产生出来的，领导者可以不运用正式权力来影响他人的活动。

在理想情况下，所有的管理者都应是领导者。但是，并不是所有的领导者必然具备完成其他管理职能的潜能，有效地进行领导的能力是作为一名有效管理者的必要条件之一，一个人能够影响别人这一事实并不表明他同样也能够计划、组织和控制。从事其他一些必不可少的管理工作对于保证一名管理者成为合格的领导者具有重大影响。

三、权力

有效领导的关键成分是权力，领导者运用权力影响其他人的行为，使其他人按照某种方式工作。权力类型有法定权力、奖励权力、强制权力、专家权力和个人影响力。有效的管理者采取措施保证他们的每一种权力都有足够的水平，保证他们所拥有权力的实施对组织有益。

1. 法定权力

法定权力来源于组织中正式的管理职位，是正式授予的。下属将这种权力视为法定的，从而服从管理者的领导。个人的领导风格常常影响管理者实施法定权力。

2. 奖励权力

奖励权力是管理者履行和具有的有形奖励（如报酬增加、发奖金、职级提升等）和无形奖励（如口头表扬、赞许、尊重）的能力。奖励可以激励组织的成员产生高水平的业绩。有效的管理者在使用奖励权力时，应该使下属感到他们得到奖励是由于他们工作得好以及他们的努力得到了别人的欣赏。无效的管理者用一种控制性更强的方式使用奖励，向员工们显示其处于有利的地位。

3. 强制权力

强制权力是管理者惩罚其他人的能力。惩罚可以是口头谴责、报酬减少，甚至解雇。过度依靠强制权力的管理者作为领导者往往是无效的,也是有悖伦理的。

4. 专家权力

专家权力是建立在领导者所具有的特殊知识、技能和专业知识基础上的。专家权力的本质根据领导者在组织中的层次不同而有所不同,一线和中层的管理者通常具有与他们的下属所执行任务相关的专业知识,对下属具有很大的影响力。有效的管理者采取措施保证他们具有一定的职业知识来履行其领导职能。他们可以通过参加教育或培训,跟踪最新的技术发展和变化;通过参与专业协会,了解其所处领域的变化;通过广泛阅读,了解组织任务和一般环境的重大变化。

5. 个人影响力

个人影响力是领导者个人特征作用的结果,他来自下属和同事的尊重、欣赏和忠诚,与其他权力相比是不正式的。受欢迎的领导者和下属希望作为榜样的领导者尤其具有影响力。管理者可采用诸如花点时间熟悉下属、关心他们等办法来提高个人影响力。

四、授权

授权是有效领导的一项重要技巧。授权(empowerment)是指给予组织中所有层次的员工决策自主、对结果负责、提高质量和降低成本的权力的过程。领导者对下属授权后,下属就有了原先属于领导者和管理者的责任和权力。授权作为现代管理的要素,在国内外许多大公司中成为一种趋势。授权能够成功的领导是因为以下几点。

(1) 授权提高了管理者完成工作的能力,因为管理者拥有与工作任务相关的、具备特定知识的下属的支持和帮助;

(2) 授权常常能提高工人的参与、激励和忠诚程度,有助于保证工人朝组织的目标努力;

(3) 授权使管理者有更多的时间集中处理那些紧急的事,因为他们花在日常监督活动上的时间减少了。

本章小结

决策就是决策者为了解决组织面临的问题,实现组织目标,在充分搜集并详细分析相关信息的基础上,提出解决问题和实现目标的各种可行方案,依据评定准则和标准,选定方案并加以实施的过程。

在组织中,决策具有普遍性和多样性。根据不同的分类方法,可以把决策分成多种类型。根据决策的重要性程度,可把决策分为战略决策、战术决策与业务决策。战略决策对组织最重要,通常包括组织目标、方针的确定,组织机构的调整,企业产品的更新换代,技术改造等,这些决策牵涉组织的方方面面,具有长期性和方向性;战术决策又称管理决策,是在组织内贯彻的决策,属于战略决策执行过程中的具体决策;业务决策又称执行性决策,是日常工作中为提高生产效率、工作效率而做出的决策,牵涉范围较窄,只对组织产生局部影响。根据决策发生的重复性,可把决策分为程序化决策与非程序化决策。根据决策所处的条件可控程度,可把决策分为确定型决策、风险型决策与不确定型决策。根据决策的主体不同,可把决策分为集体决策与个人决策。

决策是一个科学的过程，一般包括以下步骤：识别问题或机会，确定目标，拟订备选方案，寻求相关或限制因素，评价备选方案，选择满意方案，方案实施，监督和评估实施结果。

决策的方法多种多样，本书介绍常用的几种方法：一是定性决策方法。常用的定性决策方法有头脑风暴法、德尔菲技术等。二是定量决策方法。根据未来情况的可控程度，把有关活动方案的决策方法分为三大类：确定型决策方法、风险型决策方法和不确定型决策方法。确定型决策方法常用的有线性规划和量本利分析法；风险型决策方法常用的是决策树法；不确定型决策方法常见的有小中取大法、大中取小法、最小最大后悔值法。三是有关活动方向的决策方法。常用的有经营单位组合分析法、政策指导矩阵。

导入案例分析

20 世纪 70 年代初，在迅速到来的市场竞争热潮中，阿迪达斯却满足于吃老本。新兴的美国牌子，如耐克等，迅速抓住阿迪达斯竞争保守的这一弱点，紧跟潮流进行决策。20 世纪 80 年代初，耐克占据了整个市场的 50%，阿迪达斯远远落后于耐克。

毫无疑问，阿迪达斯在做决策时低估了运动鞋市场的发展程度。作为一个在行业经营 40 多年并一直习惯于缓慢稳步发展的老牌企业来说，面对突至的热潮，阿迪达斯没有进行准确的判断，失去了最好的决策时机，直到被耐克等几家公司大幅度超过时，才大梦初醒。

思考与练习

1. 什么是决策？它有哪些基本类型？
2. 决策的步骤主要有哪些？你认为哪一个步骤最重要？为什么？
3. 什么是领导？举例说明领导者和管理者的区别。
4. 举例说明权力的方式有哪些？

第五章

沟通与控制

案例导入

杨瑞是一个典型的北方姑娘,在她身上可以明显地感受到北方人的热情和直率,她喜欢坦诚,有什么说什么,总是愿意把自己的想法说出来和大家一起讨论。正是因为这个特点,她在上学期间很受老师和同学的欢迎。杨瑞从西安某大学的人力资源管理专业毕业,她认为,经过四年的学习自己不但掌握了扎实的人力资源管理专业知识,而且具备了较强的人际沟通技能,因此她对自己的未来期望很高。为了实现自己的梦想,她毅然只身去广州求职。

经过将近一个月的反复投简历和面试,在权衡了多种因素的情况下,杨瑞最终选定了东莞市的一家研究生产食品添加剂的公司。她之所以选择这家公司,是因为该公司规模适中、发展速度很快,最重要的是该公司的人力资源管理工作还处于尝试阶段,如果杨瑞加入,她将是人力资源部的第一个人,因此自己发展的空间很大。

但是到公司实习几个星期后,杨瑞就陷入了困境。

原来,该公司是一个典型的家族企业,企业中的关键职位基本上由老板的亲属担任,充满了各种裙带关系。老板安排了他的大儿子做杨瑞的临时上级,而这个人主要负责公司研发工作,根本没有管理理念,更不用说人力资源管理理念。在他的眼里,只有技术最重要,公司只要能赚钱,其他的一切都无所谓。但是杨瑞认为,越是这样就越有自己发挥能力的空间。因此,在到公司的第五天,杨瑞拿着自己的建议书走向了直接上级的办公室。

"王经理,我到公司已经快一个星期了,我有一些想法想和您谈谈,您有时间吗?"杨瑞走到经理办公桌前说。

"来来来,小杨,本来早就应该和你谈谈了,只是最近一直扎在实验室里,就把这件事忘了。"

"王经理,对于一个企业,尤其是处于上升阶段的企业来说,要持续发展必须在管理上狠下功夫。我来公司已经快一个星期了,据我目前对公司的了解,我认为公司主要的问题在于职责界定不清,雇员的自主权力太小,使他们觉得公司对他们缺乏信任;员工薪酬结构和水平的确定随意性较强,缺乏科学合理的基础,因此薪酬的公平性和激励性都较低。"杨瑞按照自己事先所列的提纲开始逐条向王经理叙述。

王经理微微皱了一下眉头说:"你说的这些问题我们公司确实存在,但是你必须承认一个事实——我们公司在盈利,这就说明我们公司目前实行的体制有它的合理性。""可是,眼前的发展并不等于将来也可以发展,许多家族企业败在管理上。"

"好了,那你有具体方案吗?"

"目前还没有,这些还只是我的一点想法而已,但是如果得到了您的支持,我想方案只是时间问题。"

"那你先回去做方案,把你的材料放这儿,我先看看然后给你答复。"说完王经理的注意力又回到了研究报告上。

杨瑞此时真切地感受到不被认可的失落,她似乎已经预测到自己第一次提建议的结局。果然,杨瑞的建议书如石沉大海,王经理好像完全不记得建议书的事。杨瑞陷入了困惑之中,她不知道自己是应该继续和上级沟通,还是干脆放弃这份工作,另找一个发展平台。

思考:

(1) 良好的沟通需要注意哪些技巧?

(2) 致使杨瑞沟通失败的原因是什么?

管理者每天的工作都离不开沟通。人际间的相互作用,与上司、下属等进行交流,决策、计划、组织、领导和控制等管理职能的执行,都必须通过相互间信息的传递。可见,沟通是个人和组织日常生活中的主要部分,与管理成效密切关联。

第一节 沟通与有效沟通

对管理者来说,有效沟通不容忽视,因为管理者所做的每一件事中都包含着沟通。管理者没有信息就不可能进行决策,而信息只能通过沟通得到。一旦要决策,就要进行沟通。最好的想法、最有创见的建议、最优秀的计划,不通过沟通都无法实施。因此,管理者需要掌握有效的沟通技巧。

一、沟通的概念

沟通包含着意义的传递。如果信息或想法没有被传递到,则意味着沟通没有发生。也就是说,说话者没有听众或写作者没有读者,都不能构成沟通。

沟通(Communication)是信息传递与分享(理解)的过程。也就是说,信息要在发送者与接收者之间传递,信息接收者接收信息并理解信息,产生相应的反应。完美的沟通,应是接收者感知到的信息与发送者发出的信息完全一致。

人际沟通(Interpersonal Communication)是指存在于两人或多人之间的信息的交换与理解,其对象是人而不是物体。

二、沟通过程

沟通发生之前,必须存在一个意图,称为要被传递的信息。它在信息源(发送者)与接收者之间传送。信息首先被转化为信号形式(编码),然后通过媒介物(通道)传送至接收者，由接收者将收到的信号进行转译（解码），这样信息的意义就从一个人传给了另一个人。

沟通过程包括七个部分。

（1）信息源。信息源是指持有信息、意图、观念的人，又叫发送者。作为发送者，最重要的是确立概念，明确自己要传递的信息。被编码的信息受四个条件的影响：技能、态度、知识和社会文化系统。

（2）信息。信息是指某种思想、想法或意图。起着连接沟通过程的各个部分的作用。

（3）编码。编码是指适当的传递符号，如语言、文字、图片、模型、身体姿势、动作表情等。人际沟通的主要编码是语言。

（4）通道。通道是指传递信息的媒介物，即信息传递渠道。如面对面讲话、通电话、召开会议、留下备忘录、发布政策条例等。通道由信息发送者选择，一个具体的信息可以通过不同的通道发送。

（5）解码。解码是指信息接收者的思维过程，包含了对已编码的信息的解释。

（6）接收者。接收者是指接收并解释信息的个人。沟通的接收者会受自身的技能、态度、知识及社会文化系统的限制。同一信息，不同接收者会有不同的理解，即使同一个接收者，由于接收信息时的情绪状态或场合不同，也可能得出不同的解释。信息源应该擅长写或说，接收者则应擅长读或听，且二者均应具备逻辑推理能力。一个人的知识水平不仅影响着他传送信息的能力，同样影响着他的接收能力。

（7）反馈。反馈是指接收者把所接收的信息返还给发送者。经过反馈可使发送者知道信息是否被接收，或及时做出正确的解释，及时修正沟通内容。若无反馈，沟通就是单向的，有了反馈才能成为双向沟通。

在沟通过程中，很容易受到噪声的影响。这里的噪声指的是信息传递过程中的干扰因素。典型的噪声包括难以辨认的字迹、电话中的静电干扰、接收者的疏忽大意，以及生产现场中设备的背景噪声等。也就是说，所有对理解造成干扰的因素，无论是内部的（如说话人或发送者的声音过低），还是外部的（如周围的高声喧哗），都意味着噪声。噪声有可能在沟通过程的任何环节上造成信息的失真。

在沟通过程中，无论使用什么样的支持性装置来传递信息，信息本身都会出现失真现象。我们的信息事实上是经过信息源编码的物理产品。当我们说的时候，说出的话是信息；当我们写的时候，写出的内容是信息；绘画的时候，图画是信息；做手势的时候，胳膊的动作、面部表情是信息。我们用于传递意义的编码和信号群、信息本身的内容，以及信息源对编码和内容的选择与安排所做的决策，都影响着信息，都会造成信息的失真。

三、沟通方式

沟通方式指的是信息传递的形式，即用什么信息媒介把所要表达的信息内容传递出去并使接收者理解。采用不同的信息媒介，就形成了不同的沟通方式。组织中最普遍使用的沟通方式有口头沟通、书面沟通、非言语沟通及电子媒介。

1. 口头沟通

人们之间最常见的交流方式是交谈，也就是口头沟通。常见的口头沟通包括面谈、会议、演说、正式的一对一讨论或小组讨论、非正式的讨论，以及传闻或小道消息的传播。

口头沟通的优点是比较灵活、速度快，双方可以自由讨论、有亲切感。在面对面交换信息的过程中，不仅可以传递信息，而且可以传递感情、态度，特别是可以借助手势、表情等体态语言来增强沟通的效果，可以立即获得对方的反应，具有双向沟通的好处，且富有弹性，可随机应变。

口头沟通的主要缺点是信息失真的潜在可能性很大。在信息的传递过程中，每个人都以自己的方式解释信息，当信息到达终点时，其内容常常与最初大相径庭。同时，口头沟通具有时效性，一过即逝。另外，口头沟通对信息发送者的口头表达能力要求较高，如果信息发送者口齿不清或不能掌握要点、提纲挈领地发表意见，就无法使信息接收者准确把握信息。

2. 书面沟通

书面沟通是指用文字作为信息媒介来传送信息的沟通方式，包括备忘录、报告书、通知、信件、组织内发行的期刊、布告栏及其他任何传递书面文字或符号的手段。

书面沟通的优点很多，首先，书面沟通以文字的形式固化信息，可以使信息长期保存，持久、有形，可以核实。对于复杂或长期的沟通来说，这尤为重要。其次，书面沟通通常有一种关注的意味，往往重要的信息沟通以书面沟通的形式进行，"口说无凭，立字为据"。再次，书面沟通有"白纸黑字"，避免了信息传递过程中的随意性，显得更为严密、逻辑性强、条理清楚。

当然，书面沟通也有缺陷。书面方式更为精确，但耗费了更多的时间。事实上，花费一个小时写出的东西只需 10~15 分钟就能说完。书面沟通的另一个缺点是缺乏反馈。口头沟通能使接收者对其所听到的内容提出自己的看法，而书面沟通则不具备这种内在的反馈机制。其结果是无法确保所发出的信息能被接收到；即使被接收到，也无法保证接收者对信息的解释正好是发送者的本意。

3. 非言语沟通

非言语沟通是相对于言语沟通的一种沟通方式，它包括动作、表情、声调等。一个人所用的办公室和办公桌的大小，一个人的穿着打扮，都向别人传递着某种信息。非言语沟通中最为人知的领域是体态语言和语调。体态语言包括手势、面部表情和其他身体动作。比如，一副咆哮的面孔所表示的信息显然与微笑不同。手部动作、面部表情及其他姿态能够传达诸如攻击、恐惧、腼腆、傲慢、愉快、愤怒等情绪或心情。语调指的是个体对词汇或短语的强调。

假设学生问教师一个问题，教师反问道："你这是什么意思？"反问的声调不同，学生的感受也不同。轻柔、平稳的声调与刺耳尖利、重音放在最后一词所产生的意义完全不同。大多数人会觉得第一种语调表明教师在寻求更清楚的解释；而第二种语调则表明其攻击性或防卫性。

一名研究者发现，在口头交流中，信息的 55% 来自面部表情和身体姿态，38% 来自语调，而仅有 7% 来自真正的词汇。这充分说明了非语言信息所传达的思想和情绪比语言表达更强烈。身体语言通常传递了我们的真实情感。

4. 电子媒介

现在我们依赖于各种各样复杂的电子媒介传递信息。除了极为常见的媒介（电话及公共邮寄系统）之外，我们还拥有闭路电视、计算机、静电复印机、传真机等一系列电子设备。将这些设备与言语和纸张结合起来就产生了更有效的沟通方式。其中发展最快的应该算是电子邮件（E-mail）了。只要计算机之间以适当的软件相连接，个体便可通过计算机迅速传递书面信息。存储在接收者终端的信息可供接收者随时阅读。电子邮件迅速而廉价，并可同时将一份信息传递给多人。它的其他优缺点与书面沟通相同。

5. 网络媒介

网络媒介是提供基于互联网络的客户端进行实时语音、文字传输的工具。从技术上讲，主要分为基于服务器的 IM 工具软件和基于 P2P 技术的 IM 工具软件。实时传讯与电子邮件最大的不同在于不用等候，不需要每隔两分钟就按一次"传送与接收"，只要两个人都同时在线，就能像多媒体电话一样，传送文字、档案、声音、影像给对方；只要有网络，无论对方在天涯海角，无论双方隔得多远，都没有距离。在互联网上受欢迎的即时通信软件包括QQ、Skype、MSN、微信、YY、AOL Instant Messenger、NET Messenger Service 等。

四、沟通渠道

信息沟通犹如水在水渠里流动一样，总是沿着一定的线路，按一定的方向在特定的人群之间流动，这种沟通途径就称为沟通渠道。组织系统中的沟通渠道分为正式渠道和非正式渠道两大类。

1. 正式沟通渠道

正式沟通是指通过正式的组织程序所进行的沟通。它是沟通的主要形式，一般与组织的结构网络和层次一致。主要包括按正式组织系统发布的命令、指示、文件，组织召开的正式会议，组织内部上下级之间或同事之间因工作需要而进行的正式接触。正式沟通渠道传播的消息称为官方消息。

由于正式沟通带有强制性，比较规范，井然有序，约束力强，沟通效果较好。在企业管理中，一般的信息都要通过正式沟通渠道下达及反馈。正式沟通渠道的弱点是：传播线路固定、呆板，沟通速度较慢；中间环节较多，信息易损耗；对人的素质要求较高，信息易失真。

信息在不同人之间以不同方向流动就形成了沟通模式。根据人们的观察及实验室研究，正式沟通渠道主要有五种模式：链型、Y 型、轮型、环型、全通道型，如图 5-1 所示。

（1）链型：代表五个垂直层次的结构，在这种情况下，只能向上或向下逐级传递信息。可发生在一个只有直线型权力关系而没有其他关系的组织中。

（2）Y 型：表示在四个层次的逐级沟通中，两位领导者通过一个人或一个部门进行沟通。若把 Y 型倒过来，则表示在四个层次的逐级沟通中，一位领导得通过一个人或一个部门进行沟通。

（3）轮型：表示一个管理者与四个下级沟通，而四个下级之间没有相互沟通现象。

（4）环型：表示允许其他成员与相邻的成员交流，但不允许其他交流。可以表示管理者对两个下级进行沟通，而两个下级又分别与各自的下级再沟通。

（5）全通道型：允许每一个成员自由地与其他四位成员交流，交流是平等的，并无明显的中心人物。

如果管理者看重解决问题的速度，那么使用 Y 型或全通道型的沟通模式比较好；如果看重信息传递的精确度，那么链型、Y型或轮型的沟通模式比较好；如果看重领导者权威，则需要用轮型沟通模式；如果看重通过信息沟通来增加员工的满足感，则最好使用环型或全通道型沟通模式。

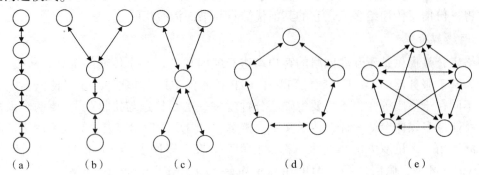

图5-1　正式沟通渠道五种模式

(a) 链型；(b) Y型；(c) 轮型；(d) 环型；(e) 全通道型

2. 非正式沟通渠道

非正式沟通渠道指的是正式制定的规章制度和正式组织程序以外的各种沟通渠道。它以社会关系为基础，带有一定的感情色彩。这种沟通不受组织监督，也没有层次结构上的限制，是由员工自行选择进行的，如员工之间的交谈，议论某人某事，传播小道消息等。非正式沟通渠道传播的信息又称小道消息。

非正式沟通渠道虽不是由组织明文规定建立的，但它不仅能真实地表露或反映人们的思想动机，而且往往提供了正式沟通渠道难以获得的信息。同时，非正式沟通渠道的速度也是正式沟通渠道无法比拟的。如打一个电话向另外一个部门请教一个问题，只需五分钟就可以解决，但若依照正式沟通的程序来进行，则需要层层批准，可能花上一整天的时间。

非正式沟通渠道一般有四种沟通模式：单串型、流言型、随机型、集合型。

(1) 单串型是指通过一长串的人把信息传递给最终的接收者。

(2) 流言型是指某人积极主动地告诉别人。信息由A传递给人，A是非正式渠道中的关键人物。

(3) 随机型是指个人之间随机地相互转告。信息由A随机传递给某些人，这些人再随机传递给另一些人。

(4) 集合型是指一些人有选择地转告他人。信息由A传递给经过选择的人，此人又依次把信息转告其他经过选择的人。在管理人员中，大多数的非正式沟通是按照集合型进行的。

五、有效沟通

我们在沟通过程的讨论中，提到过信息失真的潜在可能性。哪些因素能够导致信息失真？除了沟通过程中所指出的一般类型的失真之外，还有一些其他障碍干扰了有效的沟通，需要运用不同方法加以克服。

1. 有效沟通的障碍

(1) 过滤。过滤指故意操纵信息，使信息显得对接收者更为有利。比如，管理者告诉上司的信息都是上司想听到的东西，这位管理者就是在过滤信息。

过滤的程度与组织结构的层级和组织文化两个因素有关。在组织等级中，纵向层次越多，过滤的机会也越多。组织文化则通过奖励系统或鼓励或抑制这类过滤行为。奖励越注重形式和外表，管理者便越有意识按照对方的品味调整和改变信息。

（2）选择性知觉。在沟通过程中，接收者会根据自己的需要、动机、经验、背景及其他个人特点有选择地去接收信息。解码的时候，接收者还会把自己的兴趣和期望带进信息之中。

（3）情绪。接收者的情绪也会影响到他对信息的解释。不同的情绪感受会使个体对同一信息的解释截然不同。极端的情绪体验，如狂喜或抑郁，都可能阻碍有效的沟通。这种状态常常使人们无法进行客观而理性的思维活动，代之以情绪性的判断。因此最好避免在沮丧的时候决策。

（4）语言。同样的词汇对不同的人来说含义是不一样的。年龄、教育和文化背景是三个最明显的因素，它们影响着一个人的语言风格以及他对词汇的界定。在一个组织中，员工常常有不同的背景。横向的分化使得专业人员发展了各自的行话和技术用语，纵向的差异同样造成了语言问题。比如，"刺激"和"定额"这样的词汇，对不同的管理层有着不同的含义。高层管理者常常把它们视为需要，而下级管理者则把这些词汇理解为操纵和控制，并由此而产生不满。

（5）非言语提示。非言语提示是信息传递的一种重要方法。非言语提示几乎总是与口头沟通相伴，如果二者协调一致，则会彼此强化。比如，上司的语言告诉某个下属他很生气，他的语调和身体动作也表明很愤怒，于是下属推断出他很恼火，这极可能是个正确的判断。但如果非言语提示与口头信息不一致，不但会使接收者感到迷茫，而且信息的清晰度也会受到影响。比如，上司告诉下属，他真心想知道其困难所在，而当下属告诉他情况时，他却在浏览邮件，这便是一个相互冲突的信号。

2. 克服沟通障碍

对于前面提到的这些沟通障碍，管理者如何克服呢？

（1）运用反馈。很多沟通问题是由误解或解释不准确造成的。管理者在沟通过程中使用反馈回路，会减少这些问题的发生。这里的反馈可以是言语的，也可以是非言语的。反馈是沟通体系中的一个重要方面，提供反馈或为接收者提供寻求澄清的机会，有利于增强沟通的有效性。反馈不必一定以言语的方式表达。行动比言语更明确，因为它们往往是接收者潜意识的流露。

（2）重复。重复是改善沟通的一项有效技术。使用不同的字词或语句对信息重复数次，可以有效地使信息被理解和接收。许多广告使用了这种方法。

（3）双向沟通。双向沟通是解决沟通问题的另一有效途径。许多传统组织依靠单向沟通，即在组织内从上到下地传递信息和命令，这样会使下级无法表达自己的感觉、意见和建议。

（4）简化语言。由于语言可能成为沟通障碍，因此管理者应该选择措辞并组织信息，以使信息清楚明确，易于接收者理解。管理者不仅需要简化语言，还要考虑到信息所指向的听众，以使所用的语言适合接收者。有效的沟通不仅需要信息被接收，而且需要信息被理解。通过简化语言并注意使用与听众一致的言语方式，可以有好的理解效果。比如，医院的管理者在沟通时应尽量使用清晰易懂的词汇，并且对医务人员传递信息时所用的语言应和对办公室工作人员的不同。使用所有人都理解其意义的行话会使群体内的沟通十分便利，但在本群体之外使用行话则会造成沟通障碍。

（5）积极倾听。倾听并不是简单地听，这两个词之间存在着很大的差异。倾听是对信息进行积极主动的搜寻，而单纯的听则是被动的。在倾听时，接收者和发送者双方都在思考。倾听的失败表明不感兴趣。我们常常看到在商谈、会议及谈话中，有些人总是倾向于多说少听，这样做或许仅仅是为了给别人留下深刻印象，并不能增强沟通的有效性。

积极倾听常常比说话更容易引起疲劳，因为它要求脑力的投入，要求集中全部注意力。我们说话的速度是平均每分钟150个词汇，而倾听的能力则是每分钟约1 000个词汇。二者之间的差值显然留给了大脑充足的时间，使其有机会思考其他问题。

（6）抑制情绪。情绪能使信息的传递严重受阻或失真。当管理者对某件事十分失望时，很可能会对所接收的信息产生误解，并在表述自己的信息时不够清晰和准确。此时，管理者应该暂停沟通，直至恢复平静。

（7）注意非言语提示。行动比言语更明确，因此要确保行动和语言相匹配并起到强化语言的作用。非言语信息在沟通中占据很大比重，因此，有效的沟通者十分注意自己的非言语提示，保证它们也同样传达所期望的信息。

第二节　控制及过程

在现代管理系统中，人、财、物等要素的组合关系是多种多样的，时空变化和环境影响很大，内部运行和结构有时变化也很大，加上组织关系错综复杂，随机因素很多，处在这样一个十分复杂的系统中，要想实现既定的目标，执行为此而拟订的计划，求得组织在竞争中的生存和发展，不进行控制工作是不可想象的。

一、控制的含义

从一般意义上讲，控制就是使结果与标准相一致的过程。这里的标准可以是规章、制度，也可以是计划、政策、目标，甚至可以抽象为组织的基本宗旨，包括的内容是非常丰富的。所有各类标准的执行，都涉及组织各类要素的配置和运用，因此控制过程应动态地使组织各类要素的实际配置和运用与相关的要求保持一致。

二、控制的重要性

在现代管理系统中，人、财、物等要素的组合关系是多种多样的，受时空变化和环境影响很大，内部运行和结构有时变化大，同时，组织关系复杂，随机因素很多。处在这样一个复杂系统中，组织如果缺少有效的控制就易产生错乱，甚至偏离正轨。对组织来说，控制工作之所以必不可少，主要原因有以下几个方面。

1. 组织环境的迅速变化

组织所处的环境是复杂多变、不稳定的，在组织实现目标和计划的过程中，各种因素都可能发生变化，如顾客消费心理的改变、市场的转移、材料和新产品的出现、新的经济法律法规的公布实施和国内经济形势的改变等，这些环境因素的变化使得组织原来建立的和制订的计划无法执行和实现。环境的变化给组织带来更多的机会和更严峻的挑战,组织必须建立一个控制系统来帮助管理者监察、预测对组织活动有重大影响的变化,从而确定相应对策,并及时反应。

2. 组织的复杂性

当今的组织越来越复杂,规模大,类型多种多样,有着跨地区、跨国家的市场,实行分散化经营等,为使各方面实现有效协调,就应有周密的计划和严格的控制系统。

3. 管理者的失误

组织的各项工作都是由管理者来执行的,管理人员在执行工作的过程中,可能由于个人能力的限制或个人动机、个性等,犯各种各样的错误。因此,需要一个控制系统来减少这些错误,并对已发生的错误和失误及时进行纠正,以避免失误可能带来的严重后果,做到防微杜渐。

4. 授权中责任的体现

组织的各项工作是由各阶层的管理者共同完成的,管理者在授权过程中,其所承担的责任因授权而解除或减轻,因此在授权的过程中应建立一个控制系统以控制工作的进程。要使一个人负责,这个人就必须确切知道他的职责、他的绩效考核方法,以及评估过程中的绩效标准。如果没有一个有效的控制系统,管理者就无法检查工作的进程和结果,就可能失控。

三、控制的过程

控制工作的过程涉及三个基本步骤:第一步,为应完成的任务制定标准;第二步,为衡量实际绩效,来对照这些标准;第三步,如果绩效与标准不相符合,则应采取纠偏行动。这三个步骤必须按上述顺序去实施,否则很难取得控制效果。

1. 制定标准

(1) 标准的含义。所谓标准,即一种作为模式或规范而建立起来的测量单位或具体尺度。对照标准,管理人员可以判断绩效和成果。标准是控制的基础,离开标准对一个人的工作或一个制成品进行评估,是毫无意义的。

(2) 企业中的标准。标准应尽量数字化和定量化,以减少主观性和个人对控制过程的影响。企业中常用的标准有以下几种:①时间标准,指完成一定数量的产品,或做好某项服务工作所限定的时间;②生产率标准,指在规定的时间内完成产品和服务的数量;③消耗标准,指根据生产货品或服务计算出来的有关消耗;④质量标准,指保证产品符合各种质量因素的要求,或是服务方面需达到的工作标准;⑤行为标准,指对职工规定的行为准则。对企业的活动来说,也应建立其业务活动标准。

在服务性行业中,对经理和雇员的仪表、态度一般会有严格的标准,其工作人员必须穿着整洁的工作服,对顾客以礼相待,违反者要受到纪律处分。在快餐业中,麦当劳制定的服务标准包括:一是在顾客到达3分钟之内,95%以上的顾客应受到招呼;二是预热的汉堡在售给顾客前,其烘烤时间不得超过5分钟;三是顾客离开后,所有的空桌须在5分钟内清理完毕等。

(3) 定额的制定与职工参与。企业中生产部门工时定额的制定也是管理中的一项基础工作。制定这类标准时,一线管理人员在该部门工作的实践经验和知识可作为参考依据。如车间中的工长，一般对于其部门中某项工作耗时多长、需要多少原材料、工艺水平的高低是心中有数的。所以，根据以前的预算、过去的产量及其他部门的记录，管理人员对各部门的作业标准是不难制定的。

除了一线管理人员的经验与知识外，国外在建立定量作业标准时，常常借助于作业工程师的专业知识，用动作研究和时间研究来确定标准定额。动作研究是指对一项现行工作的做法进行分析，删除、改变或合并某些步骤，以使该工作能更容易、更快速地完成。通常，先对该工作流程的各个步骤进行观察和记录，然后画出流程图（作业程序图等），再通过对各项动作的分析和调整布置，最后由工业工程师提出一个最佳工作法。一旦最佳工作法设计完毕，接着就进行时间研究，即对所做的工作确定时间标准。这一过程是用较为科学和系统的方式，挑选一个平均水平的雇员加以观察，记录下该工作各部分所用的时间，再加上各种调整因素，如疲劳的休整、个人的需要及不可避免的耽搁等。当所有这些因素被适当地综合时，从事该工作的时间标准就被确定了。

这种方法看上去较为科学，它为建立一个客观的标准提供了基础。此外，它也为基层管理人员更均衡地安排工作、更合理地评估工人的绩效，以及预估所需的人工和费用等提供了帮助。

用工时研究来制定工时定额常常会招到工人的抵制和反对。制定绩效标准是为了建立一个现实的指标，这种指标不仅应是能达到的，也应是合理与公平的。所以工人若能参与这些标准的制定，并认识到它的合理性与公平性，那么就容易接受这些标准。让工人参与制定标准的办法就是由管理人员、技术人员（作业工程师）和工人三者结合，组成一个集体班子，共同负责定额的制定工作。参加班子的工人代表，应是那些一贯表现良好的职工。

此外，管理人员和作业工程师应努力向所有职工解释清楚有关工时研究的实质、内容（包括那些涉及主观判断的地方）。同时，也应允许工人对所制定的定额提出异议。如果被认为不合理，需要时可重新对该工作进行研究。只要管理人员有诚意，只要这些定额是合理的，让工人理解这些标准，并使绝大多数工人接受这些绩效标准是能够做到的。

2. 对照标准检查实际绩效

对照标准检查实际绩效是控制过程的第二步，管理人员通常可采取多种方式来完成这一步骤。

（1）个人观察。在检查职工的绩效时，直接观察和个人接触对一线管理人员来说是最为有效的方法。一线管理者较之高层管理者有更多的机会深入基层进行个人观察。高层管理者由于远离一线，所以常常不得不依靠下属的报告；而一线管理者则有大量的机会进行直接观察，这正是他们所具有的优势。

当管理人员在观察过程中发现标准偏高时，应持分析的态度，而不是去故意找碴或急于提出批评指责。当然，作为管理者并不应该忽视错误，但应对这些错误以谨慎的态度提出问题。例如，作为一线管理者，可以问一问是否有方法帮助其下属更容易、更安全或更有效地去完成工作。当有些标准在叙述中较为笼统时，管理者应寻找一些具体的事例来说明究竟哪些情形不符合标准，诸如产品不对路、工作拖沓或操作方法不标准等。要指出职工的错误并使之信服并不容易，管理人员如能举出具体的事例，则有助于职工认识到所存在的差距。

用个人观察的办法来检查职工的绩效也有其局限性。首先，它十分费时，管理人员必须走出办公室深入基层，才能掌握一手资料；其次，有可能漏看一些重要的活动，这些活动往往发生在关键时刻;最后,职工在被观察时和检查过后的行为可能不相一致。但不管怎样,个人观察仍是检查职工绩效时使用得最为广泛,同时可能也是最佳的办法。

(2) 口头与书面报告。组织中部门较大,工作地点分散在不同地区,或按时间进行分班工作的那些单位,就有必要使用报告制度。例如,纺织厂中实行三班(早、中、晚班)制,那么,管理者要了解评估各班绩效时,常常需要依据下级提交的报告。

管理者应要求报告简明、全面和正确。在可能的情况下,最好把书面报告和口头汇报结合起来,报告中如能提供统计数据加以证明,则更为有效。

下属和职工能否如实地报告准确的情况(不管报告中是否含有负面的结果),往往取决于管理者对报告的反应及上下级之间的人际关系。假如管理者能以建设性的或帮助的态度对待那些反映存在问题的报告,对诚实的错误能表示谅解,而不是简单地定功过,那么即使报告中有涉及不利于自身的内容,下属也能真实地反映情况,提交可靠而又准确的报告。

在检查报告时,管理者通常会发现许多活动是符合标准的,对于这些合乎标准的活动一般可快速带过,而集中于那些大大超过或低于标准的领域。管理人员甚至可要求下属对已合理达到标准的活动不必再加以报告,而只报告那些例外的、低于或高于标准的活动。显然,一旦绩效大大低于标准,就应转入控制的第三步,即进行纠偏;但如果绩效大大超出了原先的标准,管理者也应研究一下原因,知道这种突出的绩效是如何取得的,以便将来能应用这些方式。

(3) 抽样检查。假如有些职工的工作是不适合报告的,管理人员最好应用抽样检查的方法。例如,电话公司中修理部门是每天24小时服务,所以在不同的时间班次中,时时进行抽样检查,确认该部门究竟运作得怎么样。

3. 采取纠偏行动

在衡量绩效后,若没有偏差发生,或偏差发生在规定的容限之内,则该控制过程只需前两个步骤就已完成。但是,如果通过个人观察、报告及抽样检查发现了偏差或不一致,则管理者应考虑采取第三个步骤——采取纠偏行动,使绩效符合标准。

在采取纠偏行动前,管理人员应记住,导致某项工作产生偏离标准的原因是多种多样的,并非所有偏离标准的情况均需要采取纠偏行动,有时需要个人的判断。假如一位工人偶尔迟到15分钟,经理了解到这次迟到是不得已发生的,就原谅了他,这也是完全正常的。

通常产生偏差的原因主要有以下几点。

(1) 因标准本身是基于错误的假设和预测,从而使该标准无法达成。
(2) 从事该项工作的职工不能胜任此项工作,或是由于没有给予适当的指令。
(3) 和该项工作有关的其他工作发生了问题。
(4) 从事该项工作的职工玩忽职守。

因此,采取纠偏行动的第一步是分析事实,以确定产生偏差的原因。只有对问题进行彻底分析后,管理人员才能采取适当的纠偏行动。第二步是管理人员决定采取何种补救措施,以便在将来得到较好的结果。通常纠偏行动可分别采取两种不同的措施,一种为立即执行的临时措施(应急措施),另一种是永久性的根治措施。

对于某些可能快速并直接影响组织正常活动的"急性问题",应立即采取行动。例如,某一特殊规格的部件一周后要交货,否则其他部门会受其影响而停工待料。一旦该部件的加工出现了问题,此时不应考虑追究什么人的责任,而是必须想办法如期完成任务。凭借管理者的权力,一般可采取以下行动:①要求工人加班加点;②增添工人和设备;③派专人负责指导完成;④请求工人努力抓紧,短期"突击";⑤若仍不能解决,只得重新设计程序,变更整个生产流程。

危机克服后,可针对问题产生的原因提出根治措施。这里不仅要分析问题是如何发生的和为什么会发生,为了避免重蹈覆辙,还要分析应采取什么预防措施。不少管理人员在控制工作中常常充当"救火员"的角色,而不认真探究"失火"的原因。例如,有的经理人员常常为职工跳槽而操心,他们到处物色合适的人选,但从不考虑新职工不安心工作、频繁离职的真正原因。这时管理者应该确定原因,采取针对性的纠偏措施。如果产生偏差的原因在于标准本身,那么管理者必须相应地修改标准;如果是因职工不称职导致的绩效问题,那么加强培训和督导工作可能是解决问题的办法;如果问题出在管理者本身,如没有给予下级适当的指令,那么管理者必须自我检查并改进指令的方式;如果问题纯粹是由下属的过失引起的,则可考虑和下属面对面地讨论,或给予口头批评;如果问题性质严重,有时还可采取纪律措施,包括降职、减薪、调离甚至开除等。

第三节 预算控制

预算是政府部门及企业使用得最广泛的控制手段。预算就是用数字来编制一定时期的计划,也就是用财务数字(如在投资预算和财务预算中)或非财务数字(如在生产预算中)来表明预期的结果,如政府部门通过金额来反映政府财政收支计划,企业通过金额和数量反映企业的各项计划。

一个组织可以有整个组织的预算,也可建立部门、单位及个人的预算。从预算的时间来说,虽然也可能有月度和季度的预算,但一般来说,财务上的预算多为一年期。另外,虽然预算一般是用货币单位,如收入、支出和投资预算等,但是,有时也有用产品单位或时间单位来表示,如直接工时或产量等方面的预算。

预算控制是通过编制预算,然后以编制的预算为基础,来执行和控制企业经营的各项活动,并比较预算与实际的差异,分析差异的原因,然后对差异进行处理。预算的编制与控制过程是密切联系的。通过编制预算,可以明确组织及其各部门的目标,协调各部门的工作,评定各个部门的工作业绩,控制企业日常的经营活动。

一、预算的种类及全面预算体系

预算一般划分为业务预算、财务预算和专门预算三大类。各类预算还可以进一步细分,不同行业的预算具体内容有所差别。下面以制造业为例描述各种预算的内容。

1. 业务预算

业务预算是指企业日常发生的各项具有实质性活动的预算,它主要包括销售预算、生产预算、直接材料采购预算、直接人工预算、制造费用预算、单位生产成本预算、销售及管理费用预算等。

销售预算是编制全面预算的基础。企业首先应根据市场预测的情况和企业生产能力确定销售目标,编制年度及季度、月度的销售数量、销售单价、销售金额及销售货款收入情况。

生产预算是根据销售预算所确定的销售数量,按产品名称、数量分别编制生产预算。生产预算必须考虑合理的存货量。存货量＝预计生产量−预计销售量+预计期末库存量−预计期初库存量。生产预算编制好后，为了保证均衡生产，一般还必须编制生产进度日程表，以便控制生产进度。

直接材料采购预算是根据生产预算所确定的生产量以及各种产品所消耗材料的品种、数量、单价，根据生产进度确定材料采购数量及现金支付情况。

直接人工预算是根据生产所需的工时，确定各工种总工时和工资率及直接人工成本。

制造费用预算是根据销售量和生产量水平确定各种费用总额，包括制造部门的间接人工、间接材料、维修费及厂房折旧费等。

单位生产成本预算是根据直接材料、直接人工及制造费用预算确定单位产品生产成本。

销售及管理费用预算是根据销售预算情况及各种费用项目确定销售及行政管理人员薪水、保险费、折旧费、办公费及交际应酬费等。

2. 财务预算

财务预算是企业在计划期内反映现金收支、经营成果及财务状况的预算，它主要包括现金预算、预计损益表、预计资产负债表、预计财务状况变动表。

现金预算是反映计划期内现金收入、现金支出、现金余额及融资情况的预算。企业可通过现金预算反映计划内企业现金流动的情况，控制现金的收支，做到合理理财。

预计损益表是根据现金预算而编制的，反映了企业在预算期间内的经营成果。企业可通过预计损益表了解自身的预期盈利情况。

预计资产负债表反映企业在预算期内的资产、负债及收益情况，还可以反映企业预算期内的财务状况及偿债能力。

预计财务状况变动表是根据前面的预算编制的，用于反映企业在预算期内资金来源和资本运用及其变化的情况，以及企业理财的情况。

3. 专门预算

专门预算是指企业不经常发生的、一次性的预算，如资本支出预算、专项拨款预算等。

4. 全面预算体系

全面预算是企业全部计划的数字说明，它包括业务预算、财务预算和专门预算，各种预算相互联系，构成全面预算体系。

二、编制预算的新方法

以上介绍的预算一般是以预测的销售量为基础，在一定业务量水平下编制的，称为静态预算。但是，企业的环境不断变化，使得企业所预测的销售量比实际的销售量可能更高或更低，原来编制的预算就无法使用。针对这种情况，可采用下面的三种新方法来编制预算。

1. 弹性预算

弹性预算就是在编制费用预算时，考虑到计划期业务量可能发生的变动，编制一套能适应多种业务量的费用预算，以便分别反映各业务量所对应的费用水平。由于这种预算是随着业务量的变化随机调整的，本身具有弹性，故又称弹性预算。

编制弹性预算时，应把所有的费用分为固定费用和变动费用两部分。固定费用在一定范围内不随业务量变动而变动，变动费用随业务量变动而变动。因此，在编制弹性预算时，只需要按业务量的变动调整费用总额即可，无须重新编制整个预算。

2. 滚动预算

滚动预算，或称永续预算，其特点是预算在其执行中自动延伸，当原预算中有一个季度的预算已经执行，只剩下三个季度的预算时，就把下一个季度的预算补上，以保持一年的预算期；或者是每完成一个月的预算，就再增加一个月的预算，使预算期永远保持 12 个月。

编制滚动预算的优点是：根据预算的执行情况，调整下一个阶段的预算，使预算更加切合实际和可行；使预算期保持一年，使企业保持一个稳定的短期目标，以免等预算执行完再编制新的预算。

根据滚动预算的编制原理，企业可以把长期规划与短期目标结合起来，并根据短期目标的完成情况来调整长期规划，使企业的各项活动能够及时反馈，及时发现差异，及时处理。

3. 零基预算

零基预算是以零为基础编制的预算，其原理是：对任何一个预算（计划）期，任何一种费用项目的开支，都不是从原有的基础出发，即根本不考虑各项目原有的费用开支情况，而是一切以零为基础，从零开始考虑各费用项目的必要性及其预算的规模。

零基预算具体做法是：组织下属各部门结合计划期内的目标和任务，提出所需费用项目及具体方案、目的和费用数额；对每一项目方案进行成本-效益分析，对各个费用方案进行评价与比较，确定轻重缓急，排出先后顺序；按照所确定的顺序，结合计划期间可动用的资金来源，分配资金，落实预算。

采用零基预算法，一切以零为起点，重新评价和计算，编制预算的工作量非常大。但零基预算考虑每项费用的效益，可以精打细算，减少不必要的开支，是事前控制的一种好办法。

第四节　审计控制

审计是对反映企业资金运动过程及其结果的会计记录及财务报表进行审核、鉴定，以判断其真实性和可靠性，从而为控制和决策提供依据。根据审查主体和内容的不同，可将审计分为三种主要类型：①由外部审计机构的审计人员进行的外部审计；②由内部专职人员对企业财务控制系统进行全面评估的内部审计；③由外部或内部的审计人员对管理政策及其绩效进行评估的管理审计。

一、外部审计

外部审计是由外部机构（如会计师事务所）选派的审计人员对企业财务报表及其反映的财务状况进行独立的评估。为了检查财务报表及其反映的资产与负债的账面情况与企业真实情况是否相符，外部审计人员需要抽查企业的基本财务记录，以验证其真实性和准确性，并分析这些记录是否符合公认的会计准则和记账程序。

外部审计实际上是对企业内部虚假、欺骗行为的一个重要而系统的检查，因此起着鼓励诚信的作用。由于知道外部审计不可避免地要进行，企业会努力避免做那些在审计时可能会被发现的带有欺骗行为的事。

外部审计的优点是审计人员与管理当局不存在行政上的依附关系，无须看企业经理的眼色行事，只需对国家、社会和法律负责，因而可以保证审计的独立性和公正性。但是，由于外来的审计人员不了解内部的组织结构、生产流程和经营特点，在对具体业务的审计过程中可能产生困难。此外，处于被审计地位的内部组织成员可能产生抵触情绪，不愿积极配合，这也可能增加审计工作的难度。

二、内部审计

内部审计是由企业内部的机构或由财务部门的专职人员来独立进行的审计。内部审计兼有许多外部审计的特点，它不仅要像外部审计那样核实财务报表的真实性和准确性，还要分析企业的财务结构是否合理；不仅要评估财务资源的利用效率，而且要检查和分析企业控制系统的有效性；不仅要检查目前的经营状况，而且要提供改变这种状况的建议。

三、管理审计

相比外部审计和内部审计，管理审计的对象和范围更广，它是一种对企业所有管理工作及其绩效进行全面系统的评价和鉴定的方法。管理审计虽然也可由组织内部的有关部门进行，但为了保证某些敏感领域得到客观的评价，企业通常聘请外部的专家进行。

管理审计的方法是利用公开记录的信息，从反映企业管理绩效及其影响因素的若干方面，将企业与同行业其他企业或其他行业的著名企业进行比较，以判断企业经营与管理的健康程度。

管理审计在实践中遇到了许多批评，其中比较重要的意见认为，这种审计过多地评价了组织过去的努力和结果，而不是根据现存销售量和生产效率水平确定各种费用总额，包括制造部门的间接人工、间接材料、维修费及厂房折旧费等。管理审计致力于预测和指导未来的工作，以致有些企业在获得了管理审计的极好评价后不久就遇到严重的财政困难。

尽管如此，管理审计不是在一两个容易测量的活动领域进行比较，而是对整个组织的管理绩效进行评价，因此可以为指导企业在未来改进管理系统的结构、工作程序等提供有益的建议。

第五节　质量控制

质量是企业的生命，质量控制历来是各个企业管理控制的重要手段。质量控制的发展过程经历了事后检验、统计抽样检验、全面质量管理等阶段。

事后检验是在产品已经完成后进行终端检查，只能防止不合格品出厂，对已经造成的损失已无法挽回，而且还可能有"漏网之鱼"，对一些需要做破坏性检验的产品更是束手无策。

统计抽样检验将质量控制的重点从生产过程的终端移到生产过程的每道工序，通过随机抽样检验，将其数据用统计分析方法制作成各种控制图，由此来分析判断各道工序的工作质量，从而防止大批不合格产品的产生，减少了大量损失。但是其质量控制的重点仍然停留在具体的产品生产过程上。

全面质量管理（Total Quality Management，TQM）由美国质量管理专家戴明（W. Edwards

Deming)首先提出,后来在日本开花结果,并风靡全世界。全面质量管理的特点就在全面上。所谓全面,有以下四方面的含义。

1. 全面质量的管理

所谓全面质量就是指产品质量、过程质量和工作质量。全面质量管理不同于以前质量管理的一个特征,就是其工作对象是全面质量,而不仅仅局限于产品质量。全面质量管理认为,应从抓好产品质量入手,用优质的工作质量来保证产品质量,这样能有效地改善影响产品质量的因素,达到事半功倍的效果。

2. 全过程质量的管理

所谓的全过程是相对于制造过程而言的,就是要求把质量管理活动贯穿产品质量产生、形成和实现的全过程,全面落实预防为主的方针,逐步形成一个包括市场调研、开发设计直至销售服务全过程所有环节的质量保证体系,把不合格品消灭在质量形成过程中,做到防患于未然。

3. 全员参加的质量管理

产品质量取决于企业全体人员的工作质量水平,提高产品质量必须依靠企业全体人员的努力。企业中任何人的工作都会在一定范围和一定程度上影响产品的质量。显然,过去那种依靠少数人进行质量管理的做法是很不得力的。因此,全面质量管理要求不论是哪个部门的人员,也不论是厂长还是普通职工,都要具备质量意识,都要承担具体的质量职能,积极关心产品质量。

4. 全面科学的质量管理方法

全面质量管理使用的方法是科学全面的,它以统计分析方法为基础,综合应用各种质量管理方法。全面质量管理提出了"一切为了顾客,一切以预防为主,一切凭数据说话,一切按计划—执行—检查—处理循环(即 PDCA 循环)办事"。这里所说的"顾客",不仅仅指产品或服务的购买者,还包括"公共顾客",即与企业有关的周边环境、社会公众、企业的各类中间商、生产过程中的下道工序等。"一切凭数据说话"即使用老质量管理七种工具(统计分析表、分层图、排列图、因果图、直方图、控制图、散布图)和新质量管理七种工具(关联图法、K 线法、系统图法、矩阵图法、矩阵数据解析法、PDPC 法、箭头图法)作为控制技术,进行数理统计分析,并由此了解质量状态。

从质量管理的发展进程可以看出,质量控制从事后检查产品或服务,转变为控制工作质量,即从间接控制发展为直接控制,变事后控制为事先控制及现场控制,控制重点越来越靠前,控制方法越来越科学,控制范围越来越全面,而且形成了完整系统的质量保证体系,即包括实施质量管理所需的组织结构、程序、过程和资源。

随着科学技术的进步和社会生产力的发展,产品品种越来越多,导致越来越多的使用者无法判断产品的质量和性能。另外,国际贸易迅速发展,采购方要求得到质量保证的渴望也越来越强烈,大家都希望在质量管理方面有共同的语言、统一的标准和共同的规范。与此同时,由于质量管理的发展,特别是全面质量管理的广泛应用,世界各国都积累了丰富的经验,因此,国际标准化组织在全面分析、研究和总结的基础上,制定发布了 ISO 9000 系列标准。随后,国际标准化组织又对该系列标准进行了多次修订。目前,该系列标准成为影响最大的质量管理方面的国际标准。

第五章 沟通与控制

本章小结

沟通是意义的传递与理解。沟通过程始于有信息需要传递的沟通信息源（发送者）。信息被转化为信号形式（编码），并经过通道传递给接收者，接收者再将信息解码。为了保证信息的准确性，接收者应向发送者提供反馈以检查自己是否理解了所接受的信息。沟通方式有口头沟通、书面沟通、非言语沟通、电子媒介、网络媒介。组织内的沟通渠道有正式沟通渠道和非正式沟通渠道。克服沟通障碍的技术包括运用反馈、重复、双向沟通、简化语言、积极倾听、抑制情绪以及注意非言语提示。

有关控制职能的具体内容，分别从控制的含义，控制的过程，控制的类型，预算控制、审计控制、质量控制，以及管理信息系统等多个方面对控制工作的重要性和必要性加以论述。通过对控制职能的多方面论述，使读者更清楚地认识到：处于管理职能的控制环节是至关重要的，它既是管理中计划职能得以实现的必要手段，又是随时动态调整管理中其他职能综合和合理运用的关键路径。

导入案例分析

影响信息沟通的因素包括：①信息发送者的技能、态度、知识和价值观；②接收者的技能、态度、知识和价值观；③沟通渠道的选择。良好的沟通应该注意到所有影响沟通的因素。

本案例中杨瑞作为信息的发布者在选择沟通的时间和方式上有欠缺，同时民营企业的管理者作为信息的接收者，受其态度、技能和价值观的影响，对于信息的接收本身存在着障碍。这些都是导致杨瑞沟通失败的原因。

思考与练习

1. 为什么有效的沟通不是达成协议的代名词？
2. 在组织中，哪些沟通方法是人们最常使用的？
3. 什么是预防控制？什么是反馈控制？它们的异同点是什么？
4. 企业外部审计和内部审计的作用分别是什么？

下 篇
ERP沙盘模拟企业经营实训篇

下篇

第六章

ERP 沙盘模拟企业经营

> 在使用手工沙盘和电子沙盘之前,学员应做好充分的准备。在了解企业模拟经营沙盘意义的基础上,组建自己的模拟企业,确定目标,明确职责。

一、任务目标

(1) 了解企业模拟沙盘的由来。
(2) 掌握企业模拟经营沙盘的基本情况和意义。
(3) 组建模拟企业,设定目标和建立企业文化。
(4) 明确自己的职责。

二、任务提出

企业模拟经营沙盘分为手工沙盘和电子沙盘两种,在真正操作沙盘之前,学员要对沙盘有一定的了解。在了解的基础之上,组建模拟企业,并设定企业的发展目标和建立本企业的企业文化。每个学员都要明确自己在模拟企业中的职责,做到各司其职,并且能够与其他成员团结协作,共同为企业贡献力量。

第一节 了解沙盘

一、企业模拟经营沙盘的由来

"沙盘"一词源于军事,它采用各种模型来模拟战场的地形及武器装备的部署情况,结合战略与战术的变化来进行推演。这种方法在军事上获得了极大的成功。自从 1978 年被瑞典皇家工学院的克拉斯·梅兰(Klas Mellan)开发之后,ERP 沙盘模拟演练迅速风靡全球。现在国际上许多知名的商学院(例如哈佛商学院、瑞典皇家工学院等)和一些管理咨询机构都在用 ERP 沙

初识 ERP 沙盘

盘模拟演练，对职业经理人、MBA、经济管理类学生进行培训，以期提高他们在实际经营环境中决策和运作的能力。

20世纪80年代初期，该课程被引入我国，率先在企业的中高层管理者培训中使用并快速发展。21世纪初，用友、金蝶等软件公司相继开发了ERP沙盘模拟演练的教学版，将其推广到高等院校。现在，越来越多的高等院校为学生开设了"ERP沙盘模拟"课程，并且取得了很好的效果。这本教材中所介绍的是用友公司推出的ERP沙盘模拟演练系统。

目前，沙盘推演已经得到普遍推广，ERP沙盘模拟就是其中之一，也就是通常所说的企业模拟经营沙盘实训。

二、企业模拟经营沙盘的概况和意义

企业的目标就是在有限的资源情况下，追求最大的产出。从外延上看，是追求利润；本质则是资源的合理利用。企业模拟经营沙盘实训就是通过对抗的方式来进行相关培训。企业模拟经营沙盘融角色扮演、案例分析和专家诊断于一体，最大的特点是在参与中学习。学员的学习过程接近企业现状，在训练中会遇到企业经营时经常出现的各种典型问题。

企业模拟经营手工沙盘的基础背景，一般设定为一家已经经营了2年的生产型企业。此课程一般会把参加训练的学员分成4～6组，一般每组5～6人，每组各代表不同的虚拟公司。在这个训练中，每个小组的成员分别担任公司中的重要职位如总经理、财务总监、营销总监、生产总监和采购总监等。每队要亲自经营一家拥有上亿元资产、销售良好、资金充裕的企业，连续从事6～8个会计年度的经营活动。

而企业模拟经营电子沙盘对抗更加激烈，可以把训练的学员分成6～22个组，每组成员5～6人组建虚拟公司。学员从股东那里得到初始资金（资金数额由指导教师决定），自己决定生产什么样的产品。在经营过程中要面临同行竞争、产品老化、市场单一等情况，公司如何保持成功及不断成长，是每位成员面临的重大挑战。

企业模拟经营沙盘实训涉及整体战略、产品研发、设备投资改造、生产能力规划与排程、物料需求计划、资金需求规划、市场与销售、财务经济指标分析、团队沟通与建设等多个方面的内容。企业模拟经营沙盘实训过程如图6-1所示。

图6-1 企业模拟经营沙盘实训过程

通过企业模拟经营沙盘对抗，学员要在模拟的经营中，在客户、市场、资源及利润等方面进行一番较量。这种模拟有助于学员形成宏观规划、战略布局的思维模式。通过这一模拟，学员可以对生产企业各环节的业务达成一致的理性及感性认识，形成共通的思维模式，形成共同语言。企业模拟经营沙盘对抗可帮助学员站在高层领导的角度认清企业运营状况，建立企业运营的战略视角，了解企业中物流、资金流、信息流如何做到协同统一，认识到ERP系统对于提升公司管理的价值；可以帮助学员站在中层经理的角度了解整个公司的运作流程，提高全局和长远策略意识，了解各部门决策对企业业绩的影响，同时理解如何用ERP系统处理各项业务和由此带来的决策的准确性；可以帮助学员站在一线主管的角度认识企业资源的有限性和企业一线生产研发等部门之间的紧密联系，从而提升其策略性思考的能力，提高与下属沟通的技巧；可以帮助学员站在企业员工的角度，根据市场、财务、业务、工作流等相关情况深入理解企业运营。

第二节　建立模拟企业

一、组建高效的团队

在企业模拟经营沙盘对抗实训中，要将所有的学员分成若干个团队。而在每个团队中，各学员分别担任重要职位，在经营过程中，团队的合作是必不可少的。要想打造一支高效的团队，应注意以下几点。

1. 有明确的共同目标

团队必须共同发展，并且要共同完成一个目标，这个目标可以使团队的成员朝相同的方向努力，能够激发每个团队成员的积极性，并且使队员行动一致。团队要将总体的目标分解为具体的、可度量的、可行的行动目标。这些具体的目标和总体目标要紧密结合，并且要根据情况随时进行相应的修正。比如，团队确立了六年发展的总目标，还要确定每一年和每一季度具体如何运营。

2. 确保团队成员有互补的能力

团队必须要建立一个完善的能力组合，比如，担任财务总监的成员要比较细心，对财务的相关知识有一定的了解；而担任总经理职务的人就应该具备比较强的协调能力和组织能力等。

3. 有一位团队型领导

在经营过程中需要进行各种决策，这就需要总经理统领全局，协调各部门之间的关系，充分调动每个学员的积极性，还要能正确决策。团队领导应避免被团队内部虚伪的和谐气氛所误导，并采取种种措施，努力引导和鼓励适当的、有建设性的良性冲突。将被掩盖的问题和不同意见摆到桌面上，通过讨论和合理决策加以解决。

4. 履行各自的责任

各学员应该按照自己的职位职责进行经营活动，而且应该把自己的工作做好。比如，采购总监就应该负责原材料的采购，如果出现差错，会直接影响到以后的生产，而生产的产品数量又影响到交单的情况。所以，一个小环节的疏漏，可能会导致满盘皆输。

此外，作为团队中的一员，首先要尊重别人，谁都在自觉不自觉地维护着自己的形象和尊严，我们要给予对方充分的尊重。其次要能够接受批评，从批评中寻找积极成分。如果团队成员对你的错误大加抨击，即使带有强烈的感情色彩，也不要与之争论不休，而是从积极方面来理解他的抨击，避免语言敌对场面的出现。最后要善于交流。虽然同在一个团队，但因为个体之间存在差异,知识、能力、经历不同,在对待和处理问题时,会产生不同的想法。交流是协调的开始,把自己的想法说出来,听对方的想法,不断沟通、交流。

二、职能定位

在模拟企业中主要设置五个基本职能部门(可根据学员人数适当调整),其主要职责如表6-1所示。

各组学员可以根据自己的专长选择不同的职能部门,当人数较多时,可设置各助理职位。确定好职能后,应按图6-2所示的位置重新确认座位。

表6-1 各职位职责明细

总经理	财务总监	营销总监	生产总监	采购总监
发展战略制定;	日常财务记账和登账;	市场调查分析;	产品研发管理;	采购计划编制;
竞争格局分析;	向税务部门报税;	市场进入策略;	管理体系认证;	供应商谈判;
经营指标确定;	提供财务报表;	品种发展策略;	固定资产投资;	采购合同签订;
业务策略制定;	日常现金管理;	广告宣传策略;	生产计划编制;	采购过程监控;
全面预算管理;	企业融资策略制定;	销售计划制订;	生产能力平衡;	仓储管理;
团队协同管理;	成本费用控制;	争取订单与谈判;	生产车间管理;	采购支付抉择;
企业绩效分析;	资金调度与风险管理;	按时交货;	成品库存管理;	与财务部协调;
管理授权与总结	财务分析与协助决策	销售绩效分析	产品外协管理	与生产部协调

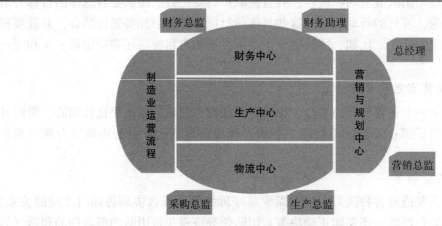

图6-2 各职能部门座位示意

三、公司成立及总经理就职演讲

1. 公司命名

在公司成立之后,每个小组要召开第一次员工大会,大会由总经理主持。在这次会议中,要为自己组建的公司命名。公司名称对一个企业的发展而言至关重要,因为公司名称不仅关系企业在行业内的影响力,还关系企业所经营的产品投放市场后,消费者对本企业的认可度。品牌名称或公司名称如果符合行业特点、有深层次的文化底蕴、是广大消费者熟知的,企业的竞争力就明显区别于行业内的其他企业,为打造知名品牌奠定了基础。因此,各小组要集思广益,为自己的企业起一个响亮的名字。

2. 确定企业使命

企业使命是在企业远景的基础上，具体地定义企业在全社会经济领域中所经营的活动范围和层次，具体地表述企业在社会经济活动中的身份或角色。它包括企业的经营哲学、宗旨和形象。在第一次员工大会上，学员要集体讨论确定企业的宗旨和企业形象等问题。

3. 总经理就职演讲

小组讨论结束后，由总经理代表自己的公司进行就职演讲，阐述公司使命与目标等，为下一步的具体经营管理打下良好的基础。

ERP 沙盘模拟企业创立

第七章

手工沙盘

> 沙盘模拟将企业的主要部门和工作对象制作成类似的实物模型，将企业运行过程设计为运作规则，进而模拟企业的经营过程。

一、任务目标

（1）了解沙盘企业初始经营状态。
（2）熟练掌握沙盘模拟运营规则。
（3）熟悉沙盘模拟运营流程。

二、任务提出

在手工沙盘训练中，每个小组的成员将分别担任公司中的重要职位，如总经理、财务总监、采购总监、生产总监、营销总监等。他们从先前的管理团队中接手企业，在与其他企业（其他学员小组）的激烈竞争中，将本企业向前推进、发展。学员根据获得的信息对企业外部环境进行详细的分析、研究，预测消费者的需求状况，再根据自身的经营状况来制定本企业的发展战略，借助生动仿真的教学模具进行沙盘推演，实现由研发、生产到销售的全部经营过程。期末用资产负债表和预算表等财务数据记录经营结果，计算经营效率，结算经营业绩。

第一节　认识企业模拟经营手工沙盘

一、模拟企业介绍

1. 企业的经营状况

此处模拟的是一个生产制造企业，为了避免学员将该模拟企业与他们所熟悉的行业产生关联，因此生产制造的产品是一个虚拟的产品，即 P 系列产品：P1、P2、P3 和 P4。

该企业长期以来一直专注于 P 行业 P 系列产品的生产与经营，目前生产的 P1 产品在本地市场知名度很高，客户也很满意。同时企业拥有自己的厂房，生产设施齐备，状态良好。最近，一家权威机构对该行业的发展前景进行了预测，认为 P 系列产品将会从目前的相对低技术水平发展为一个高技术产品。为了适应技术发展的需要，公司董事会及全体股东决定将企业交给一批优秀的新人去发展（模拟经营者），他们希望新的管理层能完成以下工作。

(1) 投资新产品的开发，使公司的市场地位进一步得到提升。
(2) 开发本地市场以外的其他新市场，进一步拓展市场领域。
(3) 扩大生产规模，采用现代化生产手段，努力提高生产效率。
(4) 研究在信息时代如何借助先进的管理工具提高企业管理水平。
(5) 增强企业凝聚力，形成鲜明的企业文化。
(6) 加强团队建设，提高组织效率。

简而言之，随着 P 系列产品从一个相对低水平产品发展为高技术水平产品，新的管理团队必须创新经营、专注经营，才能完成公司董事会及全体股东的期望，实现良好的经营业绩。

2. 企业的经营环境

目前，国家经济状况良好，消费者收入稳步提高，P 行业将迅速发展。然而该企业生产制造的产品几乎全部在本地销售，董事会和股东认为在本地以外以及国外市场上的机会有待发展，董事会希望新的管理层去开发这些市场。同时，产品 P1 在本地市场知名度很高，客户很满意，然而要保持市场地位，特别是进一步提升市场地位，企业必须要投资新产品开发，目前已存在一些处于研发中的新产品。在生产设施方面，目前的生产设施状态良好，但是在发展目标的驱使下，预计必须投资额外的生产设施，具体方法是建新厂房或将现有的生产设施现代化。

在行业发展状况方面，P1 产品由于技术水平低，虽然近几年需求较旺，但未来将会逐渐下降。P2 产品是 P1 的技术改进版，虽然技术优势会带来一定增长，但随着新技术的出现，需求最终会下降。P3、P4 为全新技术产品，发展潜力很大。根据一家权威的市场调研机构对未来 6 年里市场需求的预测（这一预测有着很高的可信度），P1 产品是目前市场上的主流技术；P2 作为对 P1 的技术改良产品，也比较容易获得大众的认同；P3 和 P4 产品作为 P 系列产品里的高端技术，市场对它们的认同度不尽相同，需求量与价格也有较大的差异。下面根据不同的目标市场进行详细分析。

(1) 本地市场分析。如图 7-1 所示（左图纵坐标表示数量，横坐标表示年份；右图纵坐标表示价格，横坐标表示年份），本地市场将会持续发展，客户对低端产品的需求可能要下滑。随着需求的减少，低端产品的价格很有可能会逐步走低。接下来随着高端产品的成熟，市场对 P3、P4 产品的需求将会逐渐增大。同时，随着时间的推移，客户的质量意识将不断提高，可能会对厂商是否通过了 ISO 9000 认证和 ISO 14000 认证有更多的要求。

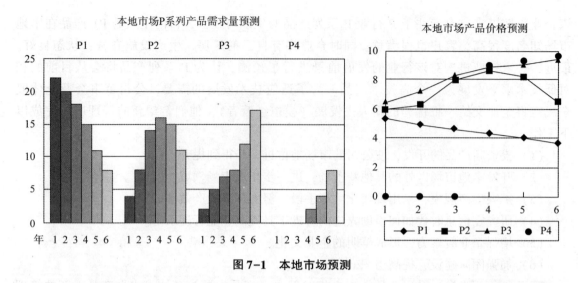

图 7-1 本地市场预测

(2) 区域市场分析。如图 7-2 所示,区域市场的客户对 P 系列产品的喜好相对稳定,因此,市场需求量的波动很有可能会比较平稳。因其紧邻本地市场,所以产品需求量的走势可能与本地市场相似,价格趋势也应大致一样。该市场的客户比较乐于接受新的事物,因此对高端产品也会比较有兴趣。但受地域的限制,该市场的需求总量非常有限,并且这个市场上的客户比较挑剔,因此,在以后几年,客户会对厂商是否通过了 ISO 9000 认证和 ISO 14000 认证有较高的要求。

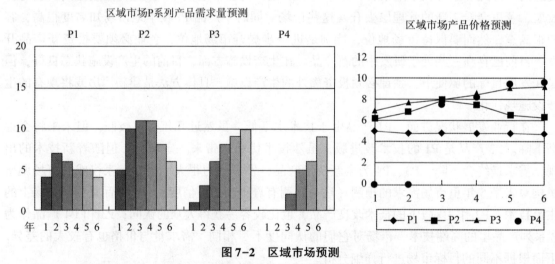

图 7-2 区域市场预测

(3) 国内市场分析。如图 7-3 所示,因为 P1 产品带有较浓的地域色彩,估计国内市场对 P1 产品不会有持久的需求。P2 产品因为更适合于国内市场,所以估计需求会一直比较平稳。随着对 P 系列产品新技术的逐渐认同,估计对 P3 产品的需求会发展较快,但这个市场上的客户对 P4 产品却并不是那么认同。当然,对于高端产品来说,客户一定会更注重产品的质量保证。

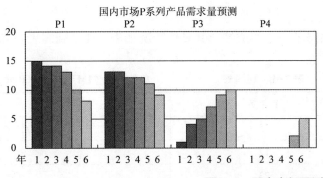 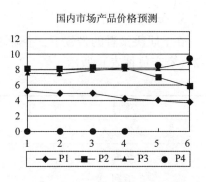

图 7-3　国内市场预测

(4) 亚洲市场分析。如图 7-4 所示，这个市场上的客户喜好一向波动较大，不易把握，所以对 P1 产品的需求可能起伏较大，估计 P2 产品的需求走势也会与 P1 相似。但该市场对新产品很敏感，因此估计对 P3、P4 产品的需求会发展较快，价格也可能不菲。另外，这个市场的消费者很注重产品的质量，所以在以后几年里，如果厂商没有通过 ISO 9000 和 ISO 14000 的认证，其产品可能很难销售。

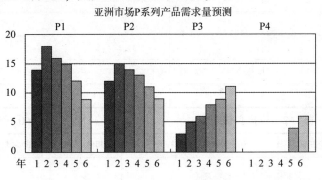 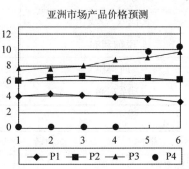

图 7-4　亚洲市场预测

(5) 国际市场分析。如图 7-5 所示，企业进入国际市场可能需要一个较长的时期。有迹象表明，目前这一市场上的客户对 P1 产品已经有所认同，需求会比较旺盛。对于 P2 产品，客户将会谨慎地接受，但仍需要一段时间才能被市场所认同。对于新兴的技术，这一市场上的客户将会以观望为主，因此对 P3 产品和 P4 产品的需求将会发展极慢。因为产品需求主要集中在低端产品，所以客户对于 ISO 国际认证的要求并不如其他几个市场那么高，但也不排除在后期会有这方面的需求。

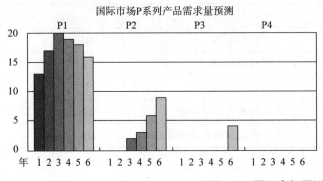 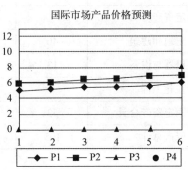

图 7-5　国际市场预测

3. 企业的财务状况

在上届决策者的带领下，企业取得了一定的成绩，其具体情况如表 7-1（利润表）和表 7-2（资产负债表）所示。

表 7-1 利润表　　　　　　　　单位：M（1M＝1 000 000 元）

项目	上年数	本年数
销售收入	35	
直接成本	12	
毛利	23	
综合费用	11	
折旧前利润	12	
折旧	4	
支付利息前利润	8	
财务收入/支出	4	
其他收入/支出		
税前利润	4	
所得税	1	
净利润	3	

表 7-2 资产负债表　　　　　　单位：M（1M＝1 000 000 元）

资产	期初数	期末数	负债和所有者权益	期初数	期末数
流动资产：			负债：		
现金	20		长期负债	40	
应收款	15		短期负债		
在制品	8		应付账款		
成品	6		应交税金	1	
原料	3		一年内到期的长期负债		
流动资产合计	52		负债合计	41	
固定资产：			所有者权益：		
土地和建筑	40		股东资本	50	
机器与设备	13		利润留存	11	
在建工程			年度净利	3	
固定资产合计	53		所有者权益合计	64	
资产总计	105		负债和所有者权益总计	105	

二、沙盘初始状况设置

虽然已经从基本情况描述中获得了企业运营的基本信息,但还需要把这些枯燥的数字再现到沙盘盘面上,为下一步的企业运营做好铺垫。通过初始状态设定,学员能够深刻地感受到财务数据与企业业务的直接相关性,理解财务数据是对企业运营情况的总结提炼,为今后"透过财务看经营"做好观念上的准备。下面按照步骤来设置企业初始状态。

ERP 沙盘模拟企业
经营背景情况

1. 流动资产

流动资产是企业在一年或一个营业周期内变现或者耗用的资产,它主要包括货币资金、短期投资、应收款项和存货等。在我们模拟的这个企业,流动资产分布如下。

(1) 现金。沙盘上有现金一桶,共计 20M(1M=1 000 000 元,全书同)。

(2) 应收款。沙盘上有应收款,共计 15M,账期为 3 账期(3Q,Q 表示季度)。

(3) 在制品。沙盘上有 4 条生产线,分别有在不同生产周期的 P1 在制品 1 个,每个价值 2M,共计 8M。

(4) 成品。沙盘上企业成品库有 3 个 P1 产品已完工,每个价值 2M,共计 6M。

(5) 原料。沙盘上企业原料库有 3 个 Rl 原料,每个价值 1M,共计 3M。

综合以上,企业流动资产共计 52M。

2. 固定资产

固定资产是指使用期限较长、单位价值较高,并且在使用过程中保持原有实物形态的资产,包括房屋、建筑物、机器设备和运输设备等。在我们模拟的这个企业,固定资产分布如下。

(1) 土地和建筑。目前,沙盘上企业拥有一个大厂房,价值计 40M。

(2) 机器与设备。目前,沙盘上企业拥有手工生产线 3 条,每条原值 5M,净值为 3M;半自动生产线 1 条,原值 8M,净值 4M,因此机器与设备价值共计 13M。

(3) 在建工程。目前,企业没有在建工程,也就是说没有新生产线的投入或改建。

综合以上,企业固定资产共计 53M。

3. 负债

企业负债可分为短期负债和长期负债。所谓短期负债是指在一年内或超过一年的一个营业周期内需要用流动资产或其他流动负债进行清偿的债务,而长期负债是指偿还期限在一年或一个营业周期以上的债务。在我们模拟的这个企业,负债分布如下。

(1) 长期负债。目前,企业经营盘面上,有四年到期的长期负债 20M,五年到期的长期负债 20M,放置 2 个空桶来表示。因此,企业长期负债共计 40M。

(2) 短期负债。目前,企业没有短期负债。

(3) 应付账款。目前,企业没有应付账款。

(4) 应交税金。根据纳税规则,目前企业有应交税金 1M。

综合以上,企业负债共计 41M。

4. 所有者权益

所有者权益是指企业投资者对企业资产的所有权,在数量上表现为企业资产减去负债后的差额。所有者权益表明企业的所有权关系，即企业归谁所有。在我们模拟的这个企业，所有者权益分布如下。

（1）股东资本。目前，企业股东资本为50M。

（2）利润留存。目前，企业利润留存为11M。

（3）年度净利。本年度，企业净利润为3M。

综合以上，企业所有者权益共计64M。

经过所有初始状态的设置后，沙盘盘面如图7-6所示。盘面包括内容：大厂房，价值40M；生产线4条，价值13M；成品库3个P1，价值6M；生产线4个P1，价值8M；原料库3个R1，价值3M；现金，价值20M；应收款3Q，价值15M；长期负债4年，价值20M，长期负债5年，价值20M。

ERP沙盘模拟企业经营初始状态设定

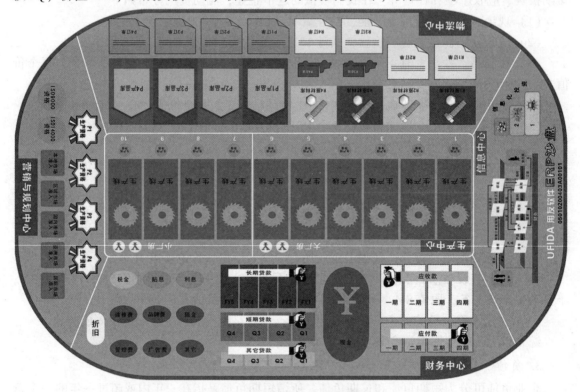

图7-6 沙盘盘面（初始状态）

三、模拟企业运营规则

企业的正常运营涉及筹资、投资、生产、营销、研发、物流等各个方面，受到来自各个方面条件的制约，企业要不断地提升自我，赢得竞争，就必须熟练地掌握市场规则，并将其熟练地运用。所以在模拟经营决策之前，应该熟练掌握以下运营规则。

1. 市场开拓投资

（1）市场准入投资。市场划分与市场准入规则如表7-3所示。

ERP物理（手工）沙盘台面摆盘演示

表 7-3　市场划分与市场准入规则

市场	开拓费用/M	持续时间/年
区域	1	1
国内	2	2
亚洲	3	3
国际	4	4

注：企业目前在本地市场经营，新市场包括区域、国内、亚洲、国际市场，不同市场投入的费用及时间不同，只有市场投入完成后方可在该市场投入广告选单，市场资格获准后仍需每年最少投入 1M 的市场维护费，否则视为放弃了该市场。

（2）ISO 认证投资。ISO 认证规则如表 7-4 所示。

表 7-4　ISO 认证规则

管理体系	ISO 9000	ISO 14000
建立时间	≥2 年	≥3 年
所需投资	1M/年	1M/年

注：①市场开发：市场开发投资按年度支付，允许同时开发多个市场，但每个市场每年最多投资 1M，不允许加速投资，但允许中断；市场开发完成后持开发费用到指导教师处领取市场准入证，之后才允许进入该市场选单。

② ISO 认证：两项认证投资可同时进行或延期，相应投资完成后领取 ISO 资格，研发投资与认证投资计入当年综合费用。

ERP 物理（手工）沙盘模拟企业运营市场规则

2. 生产线投资

生产线相关规则，如购买、转产与维护、出售规则等，如表 7-5 所示。

表 7-5　生产线相关规则

生产线	买价	安装周期	生产周期	转产周期	转产费用	维护费用	出售残值
手工线	5M	无	3Q	无	无	1M/年	1M
半自动	8M	2Q	2Q	1Q	1M	1M/年	2M
全自动	16M	4Q	1Q	2Q	4M	1M/年	4M
柔性线	24M	4Q	1Q	无	无	1M/年	8M

注：①所有生产线都能生产所有产品，所需支付的人工费均为 1M。

②购买：投资新生产线时按安装周期平均支付投资，全部投资到位的下一季度领取产品标识，开始生产。

③转产：现有生产线转产新产品时可能需要一定转产周期并支付一定的转产费用，最后一笔支付到期一个季度后方可更换产品标识。

④维护：当年在建的生产线和当年出售的生产线不用交维护费。

⑤出售：出售生产线时，如果生产线净值小于残值，将净值转换为现金；如果生产

物理（手工）沙盘模拟企业运营生产线投资规则

线净值大于残值,将相当于残值的部分转换为现金,将差额部分作为费用处理,计入综合费用——其他。

⑥折旧:每年按生产线净值的1/3取整计算折旧;当年建成的生产线不提折旧,当生产线净值小于3M时,每年提1M折旧。

ERP 物理(手工)沙盘模拟企业运营厂房投资规则

3. 厂房投资

厂房相关规则,如购买、租赁与出售规则等,如表7-6所示。

表7-6 厂房规则

厂房	买价	租金	售价	容量
大厂房	40M	5M/年	40M(4Q)	6条生产线
小厂房	30M	3M/年	30M(4Q)	4条生产线

注:年底决定厂房是购买还是租赁;出售厂房计入4Q应收款,购买后将购买价放在厂房价值处;厂房不提折旧。

4. 产品研发投资

产品研发相关规则如表7-7所示。

表7-7 产品研发相关规则

产品	P2	P3	P4
研发时间	6Q	6Q	6Q
研发投资	6M	12M	18M

注:新产品研发投资可以同时进行,按季度平均支付或延期,资金短缺时可以中断,但必须完成投资后方可接单生产。研发投资计入综合费用,研发投资完成后持全部投资换取产品生产资格证。

5. 原料采购投资

产品成本构成规则如表7-8所示。

表7-8 产品成本构成规则

产品	成本构成				总成本
P1	1M人工	1R1			2M
P2	1M人工	1R1	1R2		3M
P3	1M人工	2R2	1R3		4M
P4	1M人工	1R2	1R3	2R4	5M

注:①R1为红币,R2为橙币,R3为蓝币,R4为绿币,均为原材料(假设成本价格与人工相同,均为1M)。

②1M即为100万,以灰币代表。

③R1、R2提前一期下订单,R3、R4提前二期下订单,到期方可取料。

6. 资金筹集

资金规则如表7-9所示。

ERP 物理(手工)沙盘模拟企业运营原材料采购规则

表 7-9 资金规则

贷款类型	办理时间	最大额度	利息率	还本付息时间	贷/息
长贷 5 年	年末	权益 2 倍	10%	年底付息，到期还本	20M/2M
短贷 1 年	季初	上年权益 2 倍	5%	到期还本付息	20M/1M
高利贷	随时		20%	到期还本付息	
资金贴现	随时	视应收款额	1∶6	变现付息	1/6 现值

注：①长期贷款每年必须归还利息，到期还本，本利双清后，如果还有额度时，才允许重新申请贷款。即：如果有贷款需要归还，同时还拥有贷款额度时，必须先归还到期的贷款，才能申请新贷款。不能以新贷还旧贷（续贷）。短期贷款也按本规定执行。

②结束年时，不要求归还没有到期的各类贷款。

③长期贷款最多可贷 5 年。

④所有的贷款不允许提前还款。

7. 广告竞单

（1）订货会年初召开，一年只召开一次。例如，如果在该年年初的订货会上只拿到 2 张订单，那么在当年的经营过程中，再也没有获得其他订单的机会。

（2）广告费分市场、分产品投放，订单按市场、按产品发放。例如，企业拥有 P1、P2 的生产资格，在年初国内市场的订货会上只在 P1 上投入了广告费用，那么在竞单时，不能在国内市场上获得 P2 的订单。又如，订单发放时，先发放本地市场的订单，按 P1、P2、P3、P4 产品次序发放；再发放区域市场的订单，再按 P1、P2、P3、P4 产品次序发放。

（3）广告费每投入 1M，可获得一次拿单的机会，另外，要获得下一张订单的机会，还需要再投入 2M，以此类推，每多投入 2M 就拥有多拿一张订单的机会。广告费用计算组合为 $(1+2n)$ M（其中 n 为整数）。例如，在本地市场上投入 7M 广告费，表示在本地市场上有 4 次拿单的机会，最多可以拿 4 张订单。但是，最终能拿到几张订单要取决于当年的市场需求和竞争状况。

（4）销售排名及市场老大规则。每年竞单完成后，根据某个市场的总订单销售额进行销售排名；排名第一的为市场老大，下年可以不参加该市场的选单排名而优先选单；其余的公司仍按选单排名方式确定选单顺序。

例如，P3 广告亚洲市场投放单如表 7-10 所示。

表 7-10　P3 广告亚洲市场投放单

公司	P3 广告费	ISO 9000	ISO 14000	广告费总和	上年销售额排名
A	1M			1M	1
B	2M	1M	1M	4M	2
C	2M	1M		3M	4
D	5M			5M	3

亚洲市场 P3 选单的顺序如下。

第一，由 A 公司选单。虽然 A 公司投入 P3 产品的广告费低于其余 3 家公司，但其上年在亚洲市场上的销售额排名第一，因此不以其投入广告费的多少来选单，而直接优先选单。

第二，由 D 公司选单。D 公司投入 P3 的广告费最高，为 5M。

第三，由 B 公司选单。虽然 B 公司在 P3 产品的广告费上与 C 公司相同，但投入在亚洲市场上的总广告费用为 4M，而 C 公司投入国际市场上的总广告费用为 3M，因此，B 公司先于 C 公司选单。

第四，由 C 公司选单。虽然 C 公司投入 P3 产品的广告费用与 B 公司相同，但在亚洲市场上的总广告费投入低于 B 公司，因此后于 B 公司选单。

（5）选单排名顺序和流程。第一次以投入某个产品广告费用的多少产生该产品的选单顺序；如果该产品投入一样，按本次市场的广告总投入量（包括 ISO 的投入）进行排名；如果市场广告总投入量一样，按上年的该市场排名顺序排名；如果上年排名相同，采用竞标式选单，即把某一订单的销售价、账期去掉，按竞标公司所出的销售价和账期确定谁获得该订单（按出价低、账期长的顺序发单）。按选单顺序先选第一轮，每公司一轮，只能有一次机会，选择 1 张订单。第二轮按顺序再选，选单机会用完的公司则退出选单。例如，P1 国际市场广告投放单如表 7-11 所示，P2 国际市场广告投放单如表 7-12 所示。

表 7-11　P1 国际市场广告投放单

公司	P1 广告费	ISO 9000	ISO 14000	广告费总和	上年销售额排名
A	3M			3M	2
B	1M	1M		4M	3
C	1M	1M		3M	5
D					4
E					1

表 7-12　P2 国际市场广告投放单

公司	P2 广告费	ISO 9000	ISO 14000	广告费总和	上年销售额排名
A				3M	2
B	1M			4M	5
C	1M			3M	4
D	1M	1M	1M	3M	3
E					1

国际市场 P1 选单的顺序如下。

第一，由 A 公司选单。在国际市场上，市场老大 E 公司没有投入 P1 产品的广告费，而 A 公司投入 P1 的广告费最高，为 3M。

第二，由 B 公司选单。虽然 B 公司在 P1 的产品广告费上与 C 公司相同，但投入在国际市场上的总广告费用为 4M，而 C 公司投入国际市场上的总广告费用为 3M，因此，B 公司先于 C 公司选单。

第三，由 C 公司选单。虽然 C 公司投入 P1 产品的广告费用与 B 公司相同，但在国际市场上的总广告费投入低于 B 公司，因此后于 B 公司选单。

第四，由 A 公司再选单。A 公司投入 P1 产品的广告费组合为（1+2）M，因此多获得一次选单机会。

国际市场 P2 选单的顺序如下。

第一，由 B 公司选单。在国际市场上，市场老大 E 公司没有投入 P2 产品的广告费，虽然 B、C、D 公司在 P2 产品上投入的广告费用相同，但在国际市场上的总广告费投入 B 公司最高，因此最先选单。

第二，由 D 公司选单。虽然 D 公司在 P2 的产品广告费上与 C 公司相同，且在国际市场上的总广告费也与 C 公司相同，但在上年的经营过程中，D 公司排名第三，C 公司排名第四，因此，D 公司先于 C 公司选单。

第三，由 C 公司选单。虽然 C 公司在 P2 的产品广告费上与 D 公司相同，且在国际市场上的总广告费也与 D 公司相同，但在上年的经营过程中，D 公司排名第三，C 公司排名第四，因此，后于 D 公司选单。

物理（手工）沙盘
广告竞单规则

（6）订单种类。第一类为普通订单，在一年之内任何交货期均可交货，订单上的账期表示客户收货时货款的交付方式。例如，0 账期，表示采用现金付款；4 账期，表示客户付给企业的是 4 个季度的应收账款。订单样图如图 7-7 所示。

第三年	本地市场	P2-1/4
产品数量：	2P2	
产品单价：	8.5M/个	
总金额：	17M	
账期：	4Q	
普通（加急或ISO）		

图 7-7 订单样图

第二类为加急订单，第一季度必须交货，若不按期交货，会受到相应的处罚。

第三类为 ISO 9000 或 ISO 14000 订单，要求具有 ISO 9000 或 ISO 14000 资格，并且在市场广告上投放了 ISO 9000 或 ISO 14000 广告费的公司，才可以拿单，且对该市场上的所有产品有效。

（7）交货规则。必须按照订单规定的数量整单交货。

（8）违约处罚规则。所有订单必须在规定的期限内完成（按订单上的产品数量交货），即加急订单必须在第一季度交货，普通订单必须在本年度交货等。如果订单没有完成，按下列条款进行处罚。①下年市场地位下降一级，如果是市场第一的，则该市场第一空缺，所有公司均没有优先选单的资格。②交货时扣除订单额的 25%（取整）作为违约金。

例如，A 公司在第二年时为本地市场的老大，且在本地市场上有一张订单总额为 20M，但由于产能计算失误，在第二年不能交货，则在参加第三年本地市场订货会时丧失市场老大的订单选择优先权，并且在第三年该订单必须首先交货，交货时需要扣除 5M（20M×25%）的违约金，只能获得 15M 的货款。

8. 破产规则

任一经营期内，当所有者权益小于零（资不抵债）和现金断流时为破产。破产后，企业仍可以继续经营，但必须严格按照产能争取订单（每次竞单前需要向裁判提交产能报告），严格按照明确的规定进行资金注入，破产的对抗参赛队伍不参加最后的成绩排名。

四、模拟企业运营流程

以用友 ERP 沙盘模拟课程为例，根据经营的先后顺序，可把整个模拟经营过程分为以下几个阶段。

1. 模拟公司

首先，学员将以小组为单位建立模拟公司，注册公司名称，组建管理团队，参与模拟竞争。小组要根据每个成员的不同特点进行职能的分工，选举产生模拟企业的第一届总经理，确立组织愿景和使命目标。

2. 经营会议

当学员对模拟企业所处的宏观经济环境和所在行业特性有基本了解之后，各公司总经理组织召开经营会议，依据公司战略安排，进行本期经营决策，制订各项经营计划，包括融资计划、生产计划、固定资产投资计划、采购计划、市场开发计划、市场营销方案等。

3. 环境分析

任何企业的战略，都是依据一定的环境条件确定的。沙盘模拟训练课程为模拟企业设置了全维的外部经营环境、内部运营参数和市场竞争规则。进行环境分析的目的就是要从近期所发生的重大事件里，找出对企业生存、发展前景具有较大影响的潜在因素，然后科学地预测其发展趋势，发现环境中蕴藏着的有利机会和主要威胁。

4. 竞争战略

各公司根据自己对未来市场的预测和市场调研，本着长期利润最大化的原则，确定并调整企业战略，战略内容包括公司战略（大战略框架）、新产品开发战略、投资战略、新市场进入战略、竞争战略。

5. 经理发言

各职能部门经理通过对经营的实质性参与，加深了对经营的理解，体会经营短视的危害，树立为未来负责的发展观，从思想深处构建战略管理意识。管理的有效性得到显著提高。

6. 沟通交流

通过密集的团队沟通，充分体验交流式反馈的魅力，系统了解企业内部价值链的关系，认识到打破狭隘的部门分割、增强管理者全局意识的重要意义。深刻认识建设积极向上的组织文化的重要性。

7. 财务结算

一期经营结束之后，学员自己动手填报财务报表，盘点经营业绩，进行财务分析。通过数字化管理，提高经营管理的科学性和准确性，理解经营结果和经营行为的逻辑关系。

8. 业绩汇报

各公司在盘点经营业绩之后，围绕经营结果召开期末总结会议，由总经理进行工作述职，认真反思本期各个经营环节的管理工作和策略安排，以及团队协作和计划执行的情况。总结经验，吸取教训，改进管理，提高学员对市场竞争的把握和对企业系统运营的认识。

9. 分析点评

根据各公司期末经营状况，老师对各公司经营中的成败因素进行深入剖析，提出指导性的改进意见，并针对本期存在的共性问题，进行案例分析与讲解。最后，老师按照逐层递进的课程安排，引领学员进行重要知识内容的学习，使以往存在的管理误区得以暴露，管理理念得到梳理与更新，提高学员洞察市场、理性决策的能力。

总之，沙盘模拟培训是全新的授课方式，学员是主体，老师是客体。学员通过运用学习到的管理知识亲自掌控模拟企业的经营决策，改进管理绩效，推动培训进程。老师根据需要对学员进行必要的引导，适时启发学员思考，当学员陷入经营困境时提出建议，并对培训中的核心问题进行解析。学员通过对模拟经营的自主完整体验，以及对模拟企业管理成败的反思与总结，感受企业运营规律，感悟经营管理真谛。

第二节　模拟企业运营实录

在初次接触沙盘时，往往不知道该怎样操作，常常出现手忙脚乱的情况。本节就结合企业运营规则，了解营运过程中的操作问题。首先介绍沙盘企业在运营过程中，年初应当做什么以及怎样做；然后，按流程分别介绍在运营过程中如何进行规范的操作，防止出现操作失误影响结果的情况；最后，介绍年末应当做的各项工作。

一、年初工作

在一年之初，企业应当谋划全年的经营，预测可能出现的问题和情况，分析可能面临的问题和困难，寻找解决问题的途径和办法，使企业未来的经营活动处于掌控之中。为此，企业首先应当召集各业务主管召开新年度规划会议，初步制定企业本年度的投资规划；接着，营销总监参加一年一度的产品订货会，竞争本年度的销售订单；然后，根据销售订单情况，调整企业本年度的投资规划，制订本年度的工作计划，开始本年度的各项工作。

1. 新年度规划会议

常言道："预则立，不预则废。"在开始新的一年经营之前，总经理应当召集各位业务主管召开新年度规划会议，根据各位主管掌握的信息和企业的实际情况，初步提出企业在新一年的各项投资规划，包括市场和认证开发、产品研发、设备投资、生产经营等规划。同时，为了能准确地在一年一度的产品订货会上争取销售订单，还应当根据规划精确地计算出企业在该年的产品完工数量，确定企业的可接订单数量。

（1）新年度全面规划。新年度规划涉及企业在新的一年如何开展各项工作的问题。制定新年度规划，可以使各位业务主管做到在经营过程中胸有成竹，知道自己在什么时候该干什么，可以有效预防经营过程中决策的随意性和盲目性，减少经营失误；同时，在制定新年度规划时，各业务主管已经就各项投资决策达成了共识，可以使各项经营活动有条不紊地进行，有效提高团队的合作精神，鼓舞士气，提高团队的战斗力和向心力，使团队成员之间更加团结、协调、和谐。

新年度全面规划的内容涉及企业的发展战略规划、投资规划、生产规划和资金筹集规划等。要进行科学合理的规划，企业应当考量目前和未来的市场需求、竞争对手可能采取的策略以及本企业的实际情况。在进行规划时，企业首先应当对市场进行准确的预测，包括预测各个市场产品的需求状况和价格水平，预测竞争对手可能的目标市场和产能情况，预测各个竞争对手在新的一年的资金状况，在此基础上，各业务主管提出新年度规划的初步设想，大家就此进行论证。最后，在权衡各方利弊得失后，制定企业新年度的初步规划。企业在进行新年度规划时，可以从以下方面展开。

①市场开拓规划。企业只有开拓了市场才能在该市场销售产品。企业拥有的市场决定了企业产品的销售渠道。开拓市场投入的资金会导致企业当期现金的流出，增加企业当期的开拓费用，减少当期的利润。所以，企业在制定市场开拓规划时，应当考虑当期的资金情况和所有者权益情况。只有在资金有保证，减少的利润不会对企业造成严重后果（比如，由于开拓市场增加费用，利润减少，企业所有者权益为负数）时才能进行。在进行市场开拓规划时，企业主要应当明确三个问题。一是企业的销售策略是什么？企业可能会考虑哪个市场产品价格高就进入哪个市场，也可能是哪个市场需求大就进入哪个市场，也可能两个因素都会考虑。企业应当根据销售策略明确需要开拓什么市场、开拓几个市场。二是企业的目标市场是什么？企业应当根据销售策略和各个市场的产品需求状况、产品价格水平、竞争对手的情况等明确企业的目标市场。三是什么时候开拓目标市场？在明确企业的目标市场后，还要解决什么时候进入目标市场的问题，企业应当结合资金状况和产品生产情况明确目标市场的开拓时间。

②ISO认证开发规划。企业只有取得ISO认证资格，才能在竞单时取得标有ISO条件的订单。不同的市场、不同的产品、不同的时期，对ISO认证的要求是不同的，不是所有的市场在任何时候对任何产品都有ISO认证要求。所以，企业应当对是否进行ISO认证开发进行决策。同样，要进行ISO认证，需要投入资金。如果企业决定进行ISO认证开发，应当考虑对资金和所有者权益的影响。由于ISO认证开发是分期投入的，为此，在进行开发规划时，应当考虑以下几个问题。一是开发何种认证？ISO认证包括ISO 9000认证和ISO 14000认证。企业可以只开发其中的一种，也可以两者都开发。到底开发哪种，取决于企业的目标市场对ISO认证的要求，取决于企业的资金状况。二是什么时候开发？认证开发可以配合市场对认证要求的时间来进行。企业可以从有关市场预测的资料中了解市场对认证的要求。一般而言，时间越靠后，市场对认证的要求会越高。企业如果决定进行认证开发，在资金和所有者权益许可的情况下，可以适当提前开发。

③产品研发投资规划。企业在经营前期，产品品种单一，销售收入增长缓慢。企业如果要增加收入，就必须多销售产品。而要多销售产品，除了销售市场要足够多之外，还必须要有多样化的产品，因为每个市场对单一产品的需求总是有限的。为此，企业需要决策是否进行新产品研发。企业如果要进行新产品的研发，就需要投入资金，同样会影响当期现金流量和所有者权益。所以，企业在进行产品研发投资规划时，应当注意以下几个问题。一是企业的产品策略是什么？由于企业可以研发的产品品种多样，企业需要做出研发哪几种产品的决策。出于资金、产能等原因，企业一般不同时研发所有的产品，而是根据市场的需求和竞争对手的情况，选择其中的一种或两种进行研发。二是企业从什么时候开始研发哪些产品？企业决定要研发产品的品种后，需要考虑什么时候开始研发以及研发什么产品的问题。不同的产品可以同时研发，也可以分别研发。企业可以根据市场、资金、产能、竞争对手的情况等来确定研发的产品。

④设备投资规划。企业生产设备的数量和质量影响产品的生产能力。企业要提高生产能力，就必须对落后的生产设备进行更新，补充现代化的生产设备。要更新设备，需要用现金支付设备款，支付的设备款记入当期的在建工程，设备安装完成后，增加固定资产。所以，

设备投资支付的现金不影响当期的所有者权益，但会影响当期的现金流量。正是因为设备投资会影响现金流量，所以，在设备投资时，应当重点考虑资金的问题，防止出现由于资金问题而使投资中断，或者投资完成后由于没有资金而不得不停工待料等情况。企业在进行设备投资规划时，应当考虑以下几个问题。一是新的一年，企业是否要进行设备投资？应当说，每个企业都希望扩大产能、扩充新生产线、改造落后的生产线，但是，要扩充或更新生产线涉及时机的问题。一般而言，企业如果资金充裕，未来市场容量大，就应当考虑进行设备投资，扩大产能。反之，就应当暂缓或不进行设备投资。二是扩建或更新什么生产线？由于生产线有手工、半自动、全自动和柔性四种，扩充生产线时会面临选择什么生产线的问题。一般情况下，企业应当根据资金状况和生产线是否需要转产等做出决策。三是扩建或更新几条生产线？如果企业决定扩建或更新生产线，还涉及具体的数量问题。扩建或更新生产线的数量，一般根据企业的资金状况、厂房内生产线位置的空置数量、新研发产品的完工时间等来确定。四是什么时候扩建或更新生产线？如果不考虑其他因素，应该说生产线可以在流程规定的每个季度进行扩建或更新，但是，在实际运作时，企业不得不考虑当时的资金状况、生产线完工后上线的产品品种、新产品研发完工的时间等因素。一般而言，如果企业有新产品研发，生产线建成的时间最好与其一致（柔性和手工线除外），这样可以减少转产和空置的时间。从折旧的角度看，生产线的完工时间最好在某年的第一季度，这样可以相对减少折旧费用。

（2）确定可接订单的数量。在新年度规划会议以后，企业要参加一年一度的产品订货会。企业只有参加产品订货会，才能争取到当年的产品销售订单。在产品订货会上，企业要准确拿单，就必须准确计算出当年的产品完工数量，据此确定企业当年甚至每一个季度的可接订单数量。企业某年某产品可接订单数量的计算公式为：

某年某产品可接订单数量＝年初该产品的库存量+本年该产品的完工数量

式中，年初该产品的库存量可以从沙盘盘面的仓库中找到，也可以从营销总监的营运记录单中找到（实际工作中从有关账簿找到）。这里，最关键的是确定本年该产品的完工数量。

产品的完工数量是生产部门通过排产来确定的。在沙盘企业中，生产总监根据企业现有生产线的生产能力，结合企业当期的资金状况确定产品上线时间，再根据产品的生产周期推算产品的下线时间，从而确定每个季度、每条生产线产品的完工情况。为了准确测算产品的完工时间和数量，沙盘企业可以编制产品生产计划。当然，企业也可以根据产品上线情况与原材料的需求数量，两者结合确定产品的完工时间和完工数量，同时确定每个季度原材料的需求量。

现举例介绍该计划的编制方法。企业某年年初有手工生产线、半自动生产线和全自动生产线各一条（全部空置），预计从第一季度开始在手工生产线上投产 P1 产品，在半自动和全自动生产线上投产 P2 产品（假设产品均已开发完成，可以上线生产；原材料能满足生产需要）。我们可以根据各生产线的生产周期编制产品生产及材料需求计划，企业从第一季度开始连续投产加工产品，第一年第一季度没有完工产品，第二季度完工 1 个 P2 产品，第三季度完工 2 个 P2 产品，第四季度完工 1 个 P1 产品和 1 个 P2 产品。同时，我们还可以看出企业在每个季度原材料的需求数量。根据该生产计划提供的信息，营销总监可以确定可接订单数量，采购总监可以为企业采购材料。

需要注意的是，在编制产品生产及材料需求计划时，企业首先应明确产品在各条生产线上的投产时间，然后根据各生产线的生产周期推算每条生产线投产产品的完工时间，最后将各条生产线完工产品的数量加总，得出企业在某一时期每种产品的完工数量。同样，依据生产与用料的关系，企业根据产品的投产数量可以推算出各种产品投产时需要投入的原材料数量，然后将各条生产线上需要的原材料数量加总，得到企业在每个季度所需要的原材料数量。采购总监可以根据该信息确定企业需要采购什么、什么时间采购、采购多少等。

2. 参加订货会、登记销售订单

销售产品必须要有销售渠道。对于沙盘企业而言，销售产品的唯一途径就是参加产品订货会，争取销售订单。参加产品订货会需要在目标市场投放广告费，因为只有投放了广告费，企业才有资格在该市场争取订单。

在参加订货会之前，企业需要分市场、分产品在竞单表上登记投放的广告费金额。竞单表是企业争取订单的唯一依据，也是企业当期支付广告费的依据，应当采取科学的态度，认真对待。

一般情况下，营销总监代表企业参加订货会，争取销售订单。但为了从容应对竞单过程中可能出现的各种复杂情况，企业也可由营销总监与总经理或采购总监一起参加订货会。竞单时，应当根据企业的可接订单数量，尽可能按企业的产能争取订单，使企业生产的产品在当年全部销售。应当注意的是，企业争取的订单一定不能突破企业的最大产能，否则，如果不能按期交单，将会给企业带来巨大的损失。

沙盘企业中，广告费一般在参加订货会后一次性支付。所以，企业在投放广告时，应当充分考虑企业的支付能力。也就是说，投放的广告费一般不能突破企业年初未经营前现金库中的现金余额。

为了准确掌握销售情况，科学制订本年度工作计划，企业应将参加订货会争取的销售订单进行登记。拿回订单后，财务总监和营销总监分别在任务清单的订单登记表中逐一对订单进行登记。为了将已经销售和尚未销售的订单进行区分，营销总监在登记订单时，只登记订单号、销售数量、账期，暂时不登记销售额、成本和毛利，当产品销售后，再进行登记。

3. 制订新年度计划

企业参加订货会取得销售订单后，就明确了当年的销售任务。企业应当根据销售订单对前期制定的新年度规划进行调整，制订新年度工作计划。新年度工作计划是企业在新的一年为了开展各项经营活动而事先进行的工作安排，它是企业执行各项任务的基本依据。新年度工作计划一般包括投资计划、生产计划、销售计划、采购计划、资金筹集计划等。沙盘企业中，企业在取得销售订单后，销售任务基本明确，已经不需要确定销售计划了。这样，企业的新年度计划主要围绕生产计划、采购计划和资金的筹集计划来进行。

为了使新年度计划更具针对性和科学性，计划一般围绕预算来确定。预算可以将企业的经营目标分解为一系列具体的经济指标，使生产经营目标进一步具体化，并落实到企业的各个部门，这样，企业的全体员工就有了共同努力的方向。沙盘企业中，通过编制预算，特别是现金预算，可以在企业经营之前预见经营过程中可能出现的现金短缺或盈余，便于企业安排资金的筹集和使用；同时，通过预算，可以对企业的规划及时进行调整，防止出现由于资金断流而破产的情况。

现金预算，首先需要预计现金收入和现金支出。在实际工作中，现金收入和支出只能合理地进行预计,很难准确地进行测算。沙盘企业中,现金收入相对比较单一,主要是销售产品收到的现金,可以根据企业的销售订单和预计交单时间准确地估算。现金支出主要包括投资支出、生产支出、采购材料支出、综合费用支出和日常管理费用支出等。这些支出可以进一步分为固定支出和变动支出两部分。固定支出主要是投资支出、综合费用支出、管理费用支出等,企业可以根据规则和企业的规划准确计算。变动支出是随产品生产数量的变化而变化的支出,主要是生产支出和材料采购支出。企业可以根据当年的生产线和销售订单情况安排生产,在此基础上通过编制产品生产及材料需求计划,准确地测算出每个季度投产所需要的加工费。同时,根据材料需求计划确定材料采购计划,准确确定企业在每个季度采购材料所需要的采购费用。这样,通过预计现金收入和现金支出,可以比较准确地预计企业现金的短缺或盈余。如果现金短缺,就应当想办法筹集资金,如果不能筹集资金,就必须调整规划或计划,减少现金支出。反之,如果现金有较多盈余,可以调整规划或计划,增加长期资产的投资,增强企业的后续发展实力。

在实际工作中,企业要准确编制预算,首先应预计预算期产品的销售量,在此基础上编制销售预算,预计现金收入。之后,编制生产预算和费用预算,预计预算期的现金支出,最后编制现金预算。沙盘企业中,预算编制的程序与实际工作基本相同,但由于业务简化,可以采用简化的程序,即根据销售订单,先编制产品生产计划,再编制材料采购计划,最后编制现金预算。

(1) 生产计划。沙盘企业编制生产计划的主要目的是确定产品投产的时间和投产的品种,当然也可以预计产品完工的时间,从而预计产品投产需要的加工费和原材料。生产计划主要包括产品生产及材料需求计划、开工计划、原材料需求计划等。

前面已经介绍过,企业在参加订货会之前,为了准确计算新年产品的完工数量,会根据自己的生产线情况编制产品生产及材料需求计划。但是,由于取得的销售订单可能与预计有差异,企业需要根据取得的销售订单对产品生产计划进行调整,为此,就需要重新编制该计划。然后,企业根据新的产品生产及材料需求计划,编制开工计划和材料需求计划。

开工计划将各条生产线产品投产数量按产品加总,将分散的信息集中在一起,可以直观地看出企业在每个季度投产了哪些产品、分别有多少。同时,根据产品的投产数量,准确确定每个季度投产产品所需要的加工费。财务总监将该计划提供的加工费信息,作为编制现金预算的依据之一。

如果企业在第一季度投产1个P1、2个P2,共计投产3个产品。根据规则,每个产品上线需投入加工费1M,第一季度投产3个产品,需要3M的加工费。同样,企业根据产品投产数量可以推算出第二、三、四季度需要的加工费。

(2) 材料采购计划。生产产品必须要有原材料,没有原材料,企业就无法进行产品生产。企业要保证材料的供应,就必须事先知道企业在什么时候需要什么材料、需要多少。企业可以根据产品生产及材料需求计划编制材料需求计划,确定企业在每个季度所需要的材料。材料需求计划可以直观反映企业在某一季度所需要的原材料数量,采购总监可以据此订购所需要的原材料,保证原材料的供应。

企业要保证材料的供应,必须提前订购材料。在实际工作中,采购材料可能是现款采购,也可能是赊购。沙盘企业中,一般采用现款采购的规则。也就是说,订购的材料到达企业时,企业必须支付现金。

材料采购计划相当于实际工作中企业编制的直接材料预算。在编制材料采购计划时，应当注意三个问题。

①订购的数量。订购材料的目的是保证生产的需要，如果订购过多，占用了资金，会造成资金使用效率的下降；订购过少，又不能满足生产的需要。所以，材料的订购数量应当以既能满足生产需要，又不造成资金的积压为原则，尽可能做到材料零库存。为此，应当根据原材料的需要量和原材料的库存数量来确定原材料的订购数量。

②订购的时间。一般情况下，企业订购的材料当季度不能入库，要在下一季度或下两季度才能到达企业，为此，企业在订购材料时，应当考虑材料运输途中的时间。

③采购材料付款的时间和金额。采购的材料一般在入库时付款，付款的金额就是材料入库应支付的金额，如果订购了材料，就必须按期购买。当期订购的材料不需要支付现金。

根据材料采购计划，企业可以明确订购材料的时间。采购总监可以根据该计划订购材料，防止多订、少订、漏订材料，保证生产的需要。同时，财务总监根据该计划可以了解企业采购材料的资金需要情况，及时纳入现金预算，保证资金的供应。

假如从材料需求计划中可以看出，企业在每个季度都需要一定数量的 R1 和 R2 原材料，根据规则，R1 和 R2 材料的提前订货期均为一个季度，也就是说，企业需要提前一个季度订购原材料。比如，企业在本年第一季度需要 3 个 R1 和 2 个 R2，则必须在上年的第四季度订购。当上年第四季度订购的材料在本年第一季度入库时，需要支付材料款 5M。同样，企业可以推算在每个季度需要订购的原材料以及付款的金额。

（3）现金预算。企业在经营过程中，常常出现现金短缺的情况，现金短缺的发生不外乎两方面的原因：第一，企业没有正确编制预算，导致预算与实际严重脱节；第二，企业没有严格按计划进行经营，导致实际严重脱离预算。为了合理安排和筹集资金，企业在经营之前应当根据新年度计划编制现金预算。

现金预算是有关预算的汇总，由现金收入、现金支出、现金多余或不足、资金的筹集和运用四个部分组成。现金收入部分包括期初现金余额和预算期现金收入两部分构成。现金支出部分包括预算的各项现金支出。现金多余或不足是现金收入合计与现金支出合计的差额。差额为正，说明收入大于支出，现金有多余，可用于偿还借款或用于投资；差额为负，说明支出大于收入，现金不足，需要筹集资金或调整规划或计划，减少现金支出。资金的筹集和运用部分是当企业现金不足或富裕时，筹集或使用的资金。

沙盘企业中，企业在取得销售订单后，现金收入基本确定。当企业当年的投资和主产计划确定后，企业的现金支出也基本确定，所以，企业应该能够通过编制现金预算准确预计企业经营期的现金状况，可以有效预防意外情况的发生。如果企业通过编制现金预算发现资金短缺，而且通过筹资仍不能解决，则应当修订企业当年的投资和经营计划，最终使企业的资金满足需要。

现金预算表的格式有多种，可以根据实际需要自己设计。此处介绍根据沙盘企业的运营规则设计的现金预算表。

假设某企业有关现金预算资料如下：年初现金为 18M；上年应交税金为 0；支付广告费为 8M；应收款到期为第一季度 15M，第二季度 8M，第三季度 8M，第四季度 18M；年末偿还长期贷款利息为 4M；年末支付设备维护费为 2M。

投资规划为从第一季度开始连续开发 P2 和 P3 产品，开发国内和亚洲市场，同时进行 ISO 9000 和 ISO 14000 认证，从第三季度开始购买安装两条全自动生产线；产品生产及材料采购需要的资金与前文的开工计划和材料采购计划相同。我们可以根据该规划，并结合生产和材料采购计划，编制该企业的现金预算表，如 7-13 所示。

表 7-13 现金预算表　　　　　　　　　　　　单位：M

项目	第一季度	第二季度	第三季度	第四季度
期初库存现金	18	13	14	4
支付上年应交税				
市场广告投入	8			
支付短期贷款利息				
支付到期短期贷款本金				
支付到期的应付款				
支付原材料采购现金	5	2	4	3
支付生产线投资			8	8
支付转产费用				
支付产品加工费用	3	1	2	2
收到现金前的所有支出	16	3	14	13
应收款到期收到现金	15	8	8	18
支付产品研发投资	3	3	3	3
支付管理费	1	1	1	1
支付长期贷款利息				4
偿还到期的长期贷款				
支付设备维护费用				2
支付租金				
支付购买厂房费用				
支付市场开拓费用				2
支付 ISO 认证费				2
其他				
现金收入合计	15	8	8	18
现金支出合计	20	7	18	27
现金多余或不足	13	14	4	−5
向银行贷款				20
贴现收到现金				
期末现金余额	13	14	4	15

从编制的现金预算表可以看出，企业在第一、二、三季度收到现金前的支付都小于或等于期初的现金，而且期末现金都大于零，说明现金能满足需要。第三季度末，企业现金余额为4M，也就是说，第四季度期初库存现金为4M，但是，第四季度在收到现金前的现金支出为13M，小于可使用的资金，这样，企业必须在第三或第四季度初筹集资金。因为企业可以在每季度初借入短期借款，所以，企业应当在第四季度初贷入20M的短期贷款。

综上，企业为了合理组织和安排生产，在年初首先应当编制产品生产及材料需求计划，明确企业在计划期内根据产能所能生产的产品数量；营销总监根据年初库存的产品数量和计划年度的完工产品数量确定可接订单数量，并根据确定的可接订单数量参加产品订货会。订货会结束后，企业根据确定的计划年度产品销售数量安排生产。为了保证材料的供应，生产总监需要根据确定的生产计划编制材料需求计划，采购总监需要根据生产总监编制的材料需求计划来编制材料采购计划。财务总监需要根据企业规划确定的费用预算、生产预算和材料需求预算编制资金预算，明确企业在计划期内资金的使用和筹集。

4. 支付应付税

依法纳税是每个公民应尽的义务。企业在年初应支付上年应交的税金。企业按照上年资产负债表中"应交税金"项目的数值缴纳税金。缴纳税金时，财务总监从现金库中拿出相应现金放在沙盘"综合费用"的"税金"处，并在运营任务清单对应的方格内记录现金的减少数。

二、沙盘模拟日常运营

企业制订新年度计划后，就可以按照运营规则和工作计划进行经营了。沙盘企业日常运营应当按照一定的流程来进行，这个流程就是任务清单。任务清单反映了企业在运行过程中的先后顺序，必须按照这个顺序进行。

为了对沙盘企业的日常运营有一个详细的了解，这里按照任务清单的顺序，对日常运营过程中的操作要点进行介绍。企业运营任务清单如表7-14所示。

表7-14 企业运营任务清单（1~6年）

企业经营流程 请按顺序执行下列各项操作	每执行完一项操作，CEO请在相应的方格内打"√" 财务总监（助理）在方格中填写现金收支情况					
新年度规划会议						
参加订货会/登记销售订单						
制订新年度计划						
支付应付税						
季初现金盘点（请填余额）						
更新短期贷款/还本付息/申请短期贷款（高利贷）						
更新应付款/归还应付款						
原材料入库/更新原料订单						
下原料订单						
更新生产/完工入库						

续表

投资新生产线/变卖生产线/生产线转产				
向其他企业购买原材料/出售原材料				
开始下一批生产				
更新应收款/应收款收现				
出售厂房				
向其他企业购买成品/出售成品				
按订单交货				
产品研发投资				
支付行政管理费				
其他现金收支情况登记				
支付长贷利息/更新长期贷款/申请长期贷款				
支付设备维护费				
支付租金/购买厂房				
计提折旧				( )
新市场开拓/ISO 资格认证投资				
结账				
现金收入合计				
现金支出合计				
期末现金对账（请填余额）				

1. 季初现金盘点

为了保证账实相符，企业应当定期对企业的资产进行盘点。沙盘企业中，企业的资产主要包括现金、应收账款、原材料、在产品、产成品等流动资产，以及在建工程、生产线、厂房等固定资产。盘点的方法主要采用实地盘点法，就是对沙盘盘面的资产逐一清点，确定实有数，然后将其与任务清单上记录的余额进行核对，最终确定出余额。

ERP 物理（手工）沙盘模拟企业运营流程

盘点时，总经理指挥、监督团队成员各司其职，认真进行。如果盘点的余额与账面数一致，各成员就将结果准确无误地填写在任务清单的对应位置。季初余额等于上一季度末余额，由于上一季度末刚盘点完毕，所以可以直接根据上季度的季末余额填入。

季初现金盘点的操作要点如下。

（1）财务总监：根据上季度末的现金余额填写本季度初的现金余额。第一季度现金账面余额的计算公式为：

年初现金余额 = 上年末库存现金 – 支付的本年广告费 – 支付上年应交的税金 + 其他收到的现金

（2）采购总监：根据上季度末库存原材料数填写本季度初库存原材料。

（3）生产总监：根据上季度末库存在产品数量填写本季度初在产品数量。

（4）营销总监：根据上季度末产成品数量填写本季度初产成品数量。

(5) 总经理：在监督各成员正确完成以上操作后，在任务清单对应的方格内打"√"。

2. 更新短期贷款/还本付息/申请短期贷款（高利贷）

企业要发展，资金是保证。在经营过程中，如果缺乏资金，正常的经营可能都无法进行，更谈不上扩大生产和进行无形资产投资了。如果企业的经营活动正常，从长远发展的角度来看，应适度举债。

沙盘企业筹集资金的方式主要是长期贷款和短期贷款。长期贷款主要用于长期资产投资，比如购买生产线、产品研发等，短期贷款主要解决流动资金不足的问题，两者应结合起来使用。短期贷款的借入、利息的支付和本金的归还都是在每个季度初进行的。其余时间要筹集资金，只能采取其他的方式，不能贷入短期贷款。

更新短期贷款/还本付息/申请短期贷款（高利贷）的操作要点如下。

(1) 财务总监。更新短期贷款：将短期借款往现金库方向推进一格，表示短期贷款离还款时间更近；如果短期借款已经推进现金库，则表示该贷款到期，应还本付息。还本付息：财务总监从现金库中拿出利息放在沙盘"综合费用"的"利息"处；拿出相当于应归还借款本金的现金到交易处偿还短期借款。申请短期贷款：如果企业需要借入短期借款，则财务总监填写"公司贷款申请表"到交易处借款；短期借款借入后，放置一个空桶在短期借款的第四账期处，在空桶内放置一张借入该短期借款信息的纸条，并将现金放在现金库中。记录：在公司贷款登记表上登记归还的本金金额；在任务清单对应的方格内记录偿还的本金、支付利息的现金减少数；登记借入短期借款增加的现金数。

(2) 总经理。在监督财务总监正确完成以上操作后，在任务清单对应的方格内打"√"。

3. 更新应付款/归还应付款

企业如果采用赊购方式购买原材料，就涉及应付账款。如果应付账款到期，就必须支付货款。企业应在每个季度对应付款进行更新。

更新应付款/归还应付款操作要点如下。

(1) 财务总监。更新应付款：将应付款向现金库方向推进一格，当应付款到达现金库时，表示应付款到期，必须用现金偿还，不能延期。归还应付款：从现金库中取出现金付清应付款。记录：在任务清单对应的方格内登记现金的减少数。

(2) 总经理。在监督财务总监正确完成以上操作后，在任务清单对应的方格内打"√"。本次实训的规则中不涉及应付款，不进行操作，所以直接在任务清单对应的方格内打"×"。

4. 原材料入库/更新原料订单

企业只有在前期订购了原材料，在交易处登记了原材料采购数量的，才能购买原材料。每个季度，企业应将沙盘中的"原材料订单"向原材料仓库推进一格，表示更新原材料订单。如果原材料订单本期已经推到原材料库，表示原材料已经到达企业，企业应验收入库原材料，并支付相应的材料款。

原材料入库/更新原料订单操作要点如下。

(1) 采购总监。购买原材料：持现金和采购登记表在交易处买回原材料后，放在沙盘对应的原材料库中。记录：在采购登记表中登记购买的原材料数量，同时在任务清单对应的方格内登记入库的原材料数量。如果企业订购的原材料尚未到期,则采购总监在任务清单对应的方格内打"√"。

(2)财务总监。付材料款:从现金库中拿出购买原材料需要的现金交给采购总监。记录:在任务清单对应的方格内填上现金的减少数。

(3)总经理。在监督财务总监和采购总监正确完成以上操作后,在任务清单对应的方格内打"√"。

5. 下原料订单

企业购买原材料必须提前在交易处下原料订单,没有下订单不能购买。下原料订单不需要支付现金。

下原料订单操作要点如下。

(1)采购总监。下原料订单:在采购登记表上登记订购的原材料品种和数量,在交易处办理订货手续;将从交易处取得的原材料采购订单放在沙盘的"原材料订单"处。记录:在任务清单对应的方格内记录订购的原材料数量。

(2)总经理。在监督采购总监正确完成以上操作后,在任务清单对应的方格内打"√"。

6. 更新生产/完工入库

一般情况下,产品加工时间越长,完工程度越高。企业应在每个季度更新生产。产品完工后,应及时下线入库。

更新生产/完工入库操作要点如下。

(1)生产总监。更新生产:将生产线上的在制品向前推一格;如果产品已经推到生产线以外,表示产品完工下线,将该产品放在产成品库对应的位置。记录:在任务清单对应的方格内记录完工产品的数量;如果产品没有完工,则在运营任务清单对应的方格内打"√"。

(2)总经理。在监督生产总监正确完成以上操作后,在任务清单对应的方格内打"√"。

7. 投资新生产线/变卖生产线/生产线转产

企业要提高产能,必须对生产线进行改造,包括新购、变卖和转产等。新购的生产线安置在厂房空置的生产线位置;如果没有空置的位置,必须先变卖生产线。变卖生产线主要是出于战略的考虑,比如将手工线换成全自动生产线等。如果生产线要转产,应当考虑转产周期和转产费。

投资新生产线/变卖生产线/生产线转产操作要点如下。

(1)投资新生产线。

①生产总监。领取标识:在交易处申请新生产线标识,将标识翻转放置在某厂房空置的生产线位置,并在标识上面放置与该生产线安装周期期数相同的空桶,代表安装周期。支付安装费:每个季度向财务总监申请建设资金,放置在其中的一个空桶内;每个空桶内都放置了建设资金,表明费用全部支付完毕,生产线在下一季度建设完成;在全部投资完成后的下一季度,将生产线标识翻转过来,领取产品标识,可以投入使用。

②财务总监。支付生产线建设费:从现金库取出现金交给生产总监,用于生产线的投

资。记录：在任务清单对应的方格内填上现金的减少数。

（2）变卖生产线。

①生产总监。变卖：生产线只能按残值变卖；变卖时，将生产线及其产品生产标识交还给交易处，并将生产线的净值从"价值"处取出，将等同于变卖的生产线的残值部分交给财务总监，相当于变卖收到的现金。净值与残值差额的处理：如果生产线净值大于残值，则将净值大于残值的差额部分放在"综合费用"的"其他"处，表示出售生产线的净损失。

②财务总监。收现金：将变卖生产线收到的现金放入现金库。记录：在任务清单对应的方格内记录现金的增加数。

（3）生产线转产。

①生产总监。更换标识：持原产品标识在交易处更换新的产品生产标识，并将新的产品生产标识反扣在生产线的"产品标识"处，待该生产线转产期满可以生产产品时，再将该产品标识正面放置在"产品标识"处。支付转产费：如果转产需要支付转产费，还应向财务总监申请转产费，将转产费放在"综合费用"的"转产费"处。记录：正确完成以上全部操作后，在任务清单对应的方格内打"√"；如果不进行上面的操作，则在任务清单对应的方格内打"×"。

②财务总监。支付转产费：如果转产需要转产费，将现金交给生产总监。记录：在任务清单对应的方格内登记支付转产费而导致的现金减少数。

③总经理。在监督生产总监和财务总监正确完成以上操作后，在任务清单对应的方内打"√"；如果不进行上面的操作，则在任务清单对应的方格内打"×"。

8. 向其他企业购买原材料/出售原材料

企业如果没有下原料订单，就不能购买材料。如果企业生产急需材料，又不能从交易处购买，就只能从其他企业购买。当然，如果企业暂时有多余的材料，也可以向其他企业出售，收回现金。

向其他企业购买原材料/出售原材料操作要点如下。

（1）向其他企业购买原材料。

①采购总监。谈判：在进行组间的原材料买卖时，双方首先要谈妥材料的交易价格，并采取一手交钱一手交货的方式进行交易。购买原材料：本企业从其他企业处购买原材料，首先从财务总监处申请取得购买材料需要的现金，买进材料后，将材料放进原材料库；材料的成本是企业从其他企业购买材料支付的价款，在计算产品成本时应按该成本作为领用材料的成本。记录：在任务清单对应的方格内填上购入的原材料数量，并记录材料的实际成本。

②财务总监。付款：将购买材料需要的现金交给采购总监。记录：将购买原材料支付的现金数记录在任务清单对应的方格内。

（2）向其他企业出售原材料。

①采购总监。出售原材料：首先从原材料库取出原材料，收到对方支付的现金后将原材料交给购买方，并将现金交给财务总监。记录：在任务清单对应的方格内填上因出售而减少的原材料数量。

②财务总监。收现金：将因出售材料收到的现金放进现金库。交易收益的处理：如果出售原材料收到的现金超过购进原材料的成本，表示企业取得了交易收益，财务总监应当将该收益记录在利润表的"其他收入/支出"栏（为正数）。记录：将出售原材料收到的现金数

记录在任务清单对应的方格内。

③总经理。在监督采购总监和财务总监正确完成以上操作后，在任务清单对应的方格内打"√"；如果不进行上面的操作，则在任务清单对应的方格内打"×"。

9. 开始下一批生产

企业如果有闲置的生产线，应尽量安排生产，因为闲置的生产线仍然需要支付设备维护费、计提折旧。企业只有生产产品，并将这些产品销售出去，这些固定费用才能得到弥补。

开始下一批生产操作要点如下。

(1) 生产总监。领用原材料：从采购总监处申请领取生产产品需要的原材料。加工费：从财务总监处申请生产产品需要的加工费。上线生产：将生产产品所需的原材料和加工费放置在空桶中（一个空桶代表一个产品），然后将这些空桶放置在空置的生产线上，表示开始投入产品生产。记录：在任务清单对应的方格内登记投产产品的数量。

(2) 财务总监。支付现金：审核生产总监提出的产品加工费申请后，将现金交给生产总监。记录：在任务清单对应的方格内登记现金的减少数。

(3) 采购总监。发放原材料：根据生产总监的申请，发放生产产品所需的原材料。记录：在任务清单对应的方格内登记生产领用原材料导致原材料的减少数。

(4) 总经理。监督生产总监、财务总监和采购总监正确完成以上操作后，在任务清单对应的方格内打"√"。

10. 更新应收款/应收款收现

沙盘企业中，企业销售产品一般收到的是"欠条"——应收款。每个季度，企业应将应收款向现金库方向推进一格，表示应收款账期的减少。当应收款被推进现金库时，表示应收款到期，企业应持应收款凭条到交易处领取现金。

更新应收款/应收款收现操作要点如下。

(1) 财务总监。更新应收款：将应收款往现金库方向推进一格；当应收款推进现金库时，表示应收款到期。应收款收现：如果应收款到期，持应收账款登记表、任务清单和应收款凭条到交易处领回相应现金。记录：在任务清单对应的方格内登记应收款到期收到的现金数。

(2) 总经理。监督财务总监正确完成以上操作后，在任务清单对应的方格内打"√"。

11. 出售厂房

企业如果需要筹集资金，可以出售厂房。厂房按原值出售。出售厂房当期不能收到现金，只能收到一张4账期的应收款凭条。如果没有厂房，当期必须支付租金。

出售厂房操作要点如下。

(1) 生产总监。出售厂房：企业出售厂房时，将厂房价值拿到交易处，领回40M的应收款凭条，交给财务总监。记录：在任务清单对应的方格内打"√"。

(2) 财务总监。收到应收款凭条，将收到的应收款凭条放置在沙盘应收款的4Q处。记录：在应收账款登记表上登记收到的应收款金额和账期，在任务清单对应的方格内打"√"。

(3) 总经理。监督生产总监和财务总监正确完成以上操作后，在任务清单对应的方格内打"√"。

12. 向其他企业购买成品/出售成品

企业参加产品订货会时,如果取得的销售订单超过了企业最大生产能力,当年不能按订单交货,则构成违约,按规则将受到严厉的惩罚。为此,企业可以从其他企业购买产品来交单。当然,如果企业有库存积压的产品,也可以向其他企业出售。

向其他企业购买成品/出售成品操作要点如下。

(1) 向其他企业购买成品。

①营销总监。谈判:在进行组间的产品买卖时,首先双方要谈妥产品的交易价格,并采取一手交钱一手交货的方式进行交易。购买:从财务总监处申请取得购买产品所需的现金,买进产品后,将产品放置在对应的产品库。注意,购进的产品成本应当是购进时支付的价款,在计算产品销售成本时应当按该成本计算。记录:在任务清单对应的方格内记录购入的产品数量。

②财务总监。付款:根据营销总监的申请,审核后,支付购买材料需要的现金。记录:将购买产品支付的现金数记录在任务清单对应的方格内。

(2) 向其他企业出售成品。

①营销总监。出售:从产品库取出产品,从对方处取得现金后将产品交给购买方,并将现金交给财务总监。记录:由于出售导致产品的减少,所以,营销总监应在任务清单对应的方格内填上因出售而减少的产品数量。

②财务总监。收到现金:将因出售产品而收到的现金放进现金库。出售收益的处理:如果出售产品多收到了现金,即交易出售产品的价格高于购进产品的成本,表示企业取得了交易收益,应当在编制利润表时将该收益记录在利润表的"其他收入/支出"栏(为正数)。记录:将出售产品收到的现金数记录在任务清单对应的方格内。

③总经理。监督营销总监和财务总监正确完成以上操作后,在任务清单对应的方格内打"√";如果不进行上面的操作,则在任务清单对应的方格内打"×"。

13. 按订单交货

企业只有将产品销售出去才能实现收入,才能收回垫支的成本。产品生产出来后,企业应按销售订单交货。

按订单交货操作要点如下。

(1) 营销总监。销售:销售产品前,首先在订单登记表中登记销售订单的销售额,计算出销售成本和毛利,之后将销售订单和相应数量的产品拿到交易处销售;销售后,将收到的应收款凭条或现金交给财务总监。记录:在完成上述操作后,在任务清单对应的方格内打"√";如果不进行上面的操作,则在任务清单对应的方格内打"×"。

(2) 财务总监。收到销货款:如果销售取得的是应收款凭条,则将凭条放在应收款相应的账期处;如果取得的是现金,则将现金放进现金库。记录:如果销售产品收到的是应收款凭条,在"应收账款登记表"上登记应收款的金额;如果收到现金,则在任务清单对应的方格内登记现金的增加数。

(3) 总经理。监督营销总监和财务总监正确完成以上操作后,在任务清单对应的方格内打"√";如果不进行上面的操作,则在任务清单对应的方格内打"×"。

14. 产品研发投资

企业要研发新产品，必须投入研发费用。每季度的研发费用在季末一次性支付。当新产品研发完成，企业在下一季度可以投入生产。

产品研发投资操作要点如下。

（1）营销总监。研发投资：企业如果需要研发新产品，则从财务总监处申请取得研发所需要的现金，放置在产品研发对应位置的空桶内；如果产品研发投资完成，则从交易处领取相应产品的生产资格证放置在"生产资格"处；企业取得生产资格证后，从下一季度开始，可以生产该产品。记录：在任务清单对应的方格内打"√"。

（2）财务总监。支付研发费：根据营销总监提出的申请，审核后，用现金支付。记录：如果支付了研发费，则在任务清单对应的方格内登记现金的减少数。

（3）总经理。监督营销总监和财务总监完成以上操作后，在任务清单对应的方格内打"√"；如果不进行上面的操作，则在任务清单对应的方格内打"×"。

15. 支付行政管理费

企业在生产经营过程中会产生诸如办公费、人员工资等管理费用。沙盘企业中，企业无论经营情况好坏、业务量多少，行政管理费都是在每季度末一次性支付1M，是固定不变的，这与实际工作有差异。

支付行政管理费操作要点如下。

（1）财务总监。支付管理费：每季度从现金库中取出1M现金放置在"综合费用"的"管理费"处。记录：在任务清单对应的方格内登记现金的减少数。

（2）总经理。监督财务总监完成以上操作后，在任务清单对应的方格内打"√"。

16. 其他现金收支情况登记

企业在经营过程中可能会发生除上述外的其他现金收入或支出，企业应将这些现金收入或支出进行记录。

其他现金收支情况登记操作要点如下。

（1）财务总监。企业如果有其他现金增加或减少的情况，则在任务清单对应的方格内登记现金的增加数或减少数。

（2）总经理。监督财务总监完成以上操作后，在任务清单对应的方格内打"√"；如果不进行上面的操作，则在任务清单对应的方格内打"×"。

17. 季末盘点

每季度末，企业应对现金、原材料、在产品和产成品进行盘点，并将盘点的数额与账面结存数进行核对，如果账实相符，则将该数额填写在任务清单对应的方格内；如果账实不符，则找出原因后再按照实际数填写。

余额的计算公式为：

$$现金余额 = 季初余额 + 现金增加额 - 现金减少额$$
$$原材料库存余额 = 季初原材料库存数量 + 本期原材料增加数量 - 本期原材料减少数量$$
$$在产品余额 = 季初在产品数量 + 本期在产品投产数量 - 本期完工产品数量$$
$$产成品余额 = 季初产成品数量 + 本期产成品完工数量 - 本期产成品销售数量$$

三、沙盘企业年末工作

企业日常经营活动结束后,年末应进行各种账项的计算和结转,编制各种报表,计算当年的经营成果,反映当前的财务状况,并对当年的经营情况进行分析总结。

ERP 物理(手工)沙盘模拟企业运营第一年第一季演示

1. 支付长贷利息/更新长期贷款/申请长期贷款

企业为了发展,可能需要借入长期贷款。长期贷款主要用于长期资产投资,比如购买生产线、产品研发等。沙盘企业中,长期贷款只能在每年年末进行,贷款期限在一年以上,每年年末付息一次,到期还本。本年借入的长期借款下年末支付利息。

支付长贷利息/更新长期贷款/申请长期贷款操作要点如下。

(1) 财务总监。支付长贷利息:根据企业已经借入的长期借款计算本年应支付的利息,之后,从现金库中取出相应的利息放置在"综合费用"的"利息"处。更新长期贷款:将长期借款往现金库推进一格,表示偿还期的缩短;如果长期借款已经被推至现金库中,表示长期借款到期,应持相应的现金和贷款登记表到交易处归还该借款。申请长期贷款:持上年报表和贷款申请表到交易处,经交易处审核后发放贷款;收到贷款后,将现金放进现金库中;同时,放一个空桶在长期贷款对应的账期处,空桶内写一张注明贷款金额、账期和贷款时间的长期贷款凭条;如果长期贷款续贷,财务总监持上年报表和贷款申请表到交易处办理续贷手续;之后,同样放一个空桶在长期贷款对应的账期处,空桶内写一张注明贷款金额、账期和贷款时间的凭条。记录:在任务清单对应的方格内登记因支付利息、归还本金导致的现金减少数,以及借入长期借款增加的现金数。

(2) 总经理。监督财务总监完成以上操作后,在任务清单对应的方格内打"√";如果不进行上面的操作,则在任务清单对应的方格内打"×"。

2. 支付设备维护费

设备在使用过程中会发生磨损,要保证设备正常运转,就需要进行维护。设备维护会产生诸如材料费、人工费等维护费用。沙盘企业中,只有生产线需要支付维护费。年末,只要有生产线,无论是否生产,都应支付维护费。尚未安装完工的生产线不支付维护费。设备维护费每年年末用现金一次性集中支付。

支付设备维护费操作要点如下。

(1) 财务总监。支付维护费。根据期末现有完工的生产线支付设备维护费;支付设备维护费时,从现金库中取出现金放在"综合费用"的"维护费"处。记录:在任务清单对应的方格内登记现金的减少数。

(2) 总经理。监督财务总监完成以上操作后,在任务清单对应的方格内打"√"。

3. 支付租金/购买厂房

企业要生产产品,必须要有厂房。厂房可以购买,也可以租用。年末,企业如果在使用没有购买的厂房,则必须支付租金;如果不支付租金,则必须购买。

支付租金/购买厂房操作要点如下。

(1) 财务总监。支付租金:从现金库中取出现金放在"综合费用"的"租金"处。购买厂房：从现金库中取出购买厂房的现金放在厂房的"价值"处。记录：在任务清单对应的方格内登记支付租金或购买厂房减少的现金数。

（2）总经理。监督财务总监完成以上操作后，在任务清单对应的方格内打"√"；如果不进行上面的操作，则在任务清单对应的方格内打"×"。

4. 计提折旧

固定资产在使用过程中会发生损耗，导致价值降低，应对固定资产计提折旧。沙盘企业中，固定资产计提折旧的时间、范围和方法可以与实际工作一致，也可以采用简化的方法。本教材沙盘规则采用了简化的处理方法，与实际工作有一定差异。这些差异主要表现在：折旧在每年年末计提一次，计提折旧的范围仅仅限于生产线，折旧的方法采用直线法取整计算。在会计处理上，折旧费全部作为当期的期间费用，没有计入产品成本。

计提折旧操作要点如下。

（1）财务总监。计提折旧：根据规则对生产线计提折旧，折旧规则是按生产线净值的1/3向下取整计算。比如，生产线的净值为10，折旧为3；净值为8，折旧为2；计提折旧时，根据计算的折旧额从生产线的"价值"处取出相应的金额放置在"综合费用"旁的"折旧"处。记录：在任务清单对应的方格内登记折旧的金额，在计算现金支出时，折旧不能计算在内，因为折旧并没有减少现金。

（2）总经理。监督财务总监完成以上操作后，在任务清单对应的方格内打"√"。

5. 新市场开拓/ISO 资格认证投资

企业要扩大产品的销路，必须开发新市场。不同的市场开拓所需的时间和费用是不相同的。同时，有的市场对产品有 ISO 资格认证要求，企业需要进行 ISO 资格认证投资。沙盘企业中，每年开拓市场和 ISO 资格认证的费用在年末一次性支付，计入当期的综合费用。

新市场开拓/ISO 资格认证投资操作要点如下。

（1）营销总监。新市场开拓：从财务总监处申请开拓市场所需的现金，放置在沙盘所开拓市场对应的位置；当市场开拓完成，年末持开拓市场的费用到交易处领取"市场准入"标识，放置在对应市场的位置上。ISO 资格认证投资：从财务总监处申请 ISO 资格认证所需的现金，放置在 ISO 资格认证对应的位置；认证完成后，年末持认证投资的费用到交易处领取"ISO 资格认证"标识，放置在沙盘对应的位置。记录：进行市场开拓或 ISO 认证投资后，在任务清单对应的方格内打"√"；否则，打"×"。

（2）财务总监。支付费用：根据营销总监的申请，审核后，将市场开拓和 ISO 资格认证所需要的现金支付给营销总监。记录：在任务清单对应的方格内记录现金的减少数。

（3）总经理。监督营销总监和财务总监完成以上操作后，在任务清单对应的方格内打"√"。

6. 编制报表

沙盘企业每年的经营结束后，应当编制相关会计报表，及时反映当年的财务和经营情况。在沙盘企业中，主要编制产品核算统计表、综合费用计算表、利润表和资产负债表。

（1）产品核算统计表。产品核算统计表格式如表 7-15 所示，它是核算企业在经营期间销售各种产品情况的报表，可以反映企业在某一经营期间的产品销售数量、销售收入、产品销售成本和毛利情况，是编制利润表的依据之一。

产品核算统计表是企业根据实际销售情况编制的,其数据来源于订单登记表,订单登记表格式如表 7-16 所示。企业在取得销售订单后,营销总监应及时登记订单情况;当产品实现销售后,营销总监应及时登记产品销售的销售额、销售成本,并计算该产品的毛利。年末,企业经营结束后,营销总监根据订单登记表,分产品汇总各种产品的销售数量、销售额、销售成本和毛利,并将汇总结果填列在产品核算统计表中。

之后,营销总监将产品核算统计表交给财务总监,财务总监根据产品核算统计表中汇总的数据,登记利润表中的"销售收入""直接成本"和"毛利"栏。

表 7-15 产品核算统计表

项目	P1	P2	P3	P4	合计
数量					
销售额					
成本					
毛利					

表 7-16 订单登记表

订单号							合计
市场							
产品							
数量							
账期							
销售额							
成本							
毛利							
未售							

(2)综合费用计算表。综合费用计算表格式如表 7-17 所示,它是综合反映在经营期间发生的各种除产品生产成本、财务费用外的其他费用的表格。根据沙盘上"综合费用"处的支出进行填写。

综合费用计算表的填制方法如下。

① "管理费"项目根据企业当年支付的行政管理费填列。企业每季度支付 1M 的行政管理费,全年共支付行政管理费 4M。

② "广告费"项目根据企业当年年初的广告登记表中填列的广告费填列。

③ "保养费"项目根据企业实际支付的生产线保养费填列。根据规则,只要生产线建设完工,无论是否生产,都应当支付保养费。

④ "租金"项目根据企业支付的厂房租金填列。

⑤ "转产费"项目根据企业生产线转产支付的转产费填列。

⑥ "市场准入开拓"项目根据企业本年开发市场支付的开发费填列。为了明确开拓的市场,需要在"备注"栏本年开拓的市场前打"√"。

⑦ "ISO 资格认证"项目根据企业本年 ISO 认证开发支付的开发费填列。为了明确认证的种类,需要在"备注"栏本年认证的名称前打"√"。

⑧ "产品研发"项目根据本年企业研发产品支付的研发费填列。为了明确产品研发的品种,应在"备注"栏产品的名称前打"√"。

⑨ "其他"项目主要根据企业发生的其他支出填列,比如,出售生产线净值大于残值的部分等。

表 7-17 综合费用明细表 单位:M

项目	金额	备注
管理费		
广告费		
保养费		
租金		
转产费		
市场准入开拓		□区域 □国内 □亚洲 □国际
ISO 资格认证		□ISO 9000 □ISO 14000
产品研发		P2( ) P3( ) P4( )
其他		
合计		

(3) 利润表。利润表格式如表 7-18 所示,它是反映企业一定期间经营状况的会计报表。利润表把一定期间的营业收入与其同一期间相关的成本费用相配比,从而计算出企业一定时期的利润。利润表可以反映企业生产经营的收益情况、成本耗费情况,表明企业生产经营成果。同时,利润表提供不同时期的比较数字,可以分析企业利润的发展趋势和获利能力。

利润表的编制方法如下。

①利润表中的"上年数"栏反映各项目上年的实际发生数,根据上年利润表的"本年数"填列;利润表中的"本年数"栏反映各项目本年的实际发生数,根据本年实际发生额的合计填列。

②"销售收入"项目反映企业销售产品取得的收入总额,应根据产品核算统计表填列。

③"直接成本"项目反映企业本年已经销售产品的实际成本,应根据产品核算统计表填列。

④"毛利"项目反映企业销售产品实现的毛利,根据销售收入减去直接成本后的余额填列。

⑤"综合费用"项目反映企业本年发生的综合费用,根据综合费用计算表的合计数填列。

⑥"折旧前利润"项目反映企业在计提折旧前的利润,根据毛利减去综合费用后的余额填列。

⑦"折旧"反映企业当年计提的折旧额,根据当期计提的折旧额填列。

⑧ "支付利息前利润"项目反映企业支付利息前实现的利润,根据折旧前利润减去折旧后的余额填列。

⑨ "财务收入/支出"项目反映企业本年发生的财务收入或者财务支出,比如借款利息、贴息等,根据沙盘上的"利息"填列。

⑩ "其他收入/支出"项目反映企业其他业务形成的收入或者支出,比如出租厂房取得的收入等,根据沙盘上的"其他"数额填列。

⑪ "税前利润"项目反映企业本年实现的利润总额,根据支付利息前的利润加财务收入减去财务支出,再加上其他收入减去其他支出后的余额填列。

⑫ "所得税"项目反映企业本年应交纳的所得税费用,根据税前利润除以3取整后的数额填列。

⑬ "净利润"项目反映企业本年实现的净利润,根据税前利润减去所得税后的余额填列。

表 7-18　利润表　　　　　　　　　　　　　　　　　　　　　单位:M

项目	上年数	本年数
销售收入		
直接成本		
毛利		
综合费用		
折旧前利润		
折旧		
支付利息前利润		
财务收入/支出		
其他收入/支出		
税前利润		
所得税		
净利润		

(4) 资产负债表。资产负债表格式如表 7-19 所示,它是反映企业某一特定日期财务状况的会计报表,根据"资产=负债+所有者权益"的会计等式编制。

从资产负债表的结构可以看出,资产负债表由期初数和期末数两个栏目组成。资产负债表的"期初数"栏各项目数字应根据上年末资产负债表"期末数"栏内所列数字填列。

资产负债表的"期末数"栏各项目主要是根据有关项目期末余额资料编制,其数据主要通过以下几种方式取得。

① 资产类项目主要根据沙盘盘面的资产通过盘点后的实际金额填列。

② 负债类项目中的"长期负债"和"短期负债"根据沙盘上的长期借款和短期借款数额填列,如果有将于一年内到期的长期负债,应单独反映。

③ "应交税金"项目根据企业本年"利润表"中的"所得税"项目的金额填列。

④ "所有者权益类"中的"股东资本"项目,如果本年股东没有增资,应直接根据上

年末资产负债表中的"股东资本"项目填列；如果发生了增资，则为上年末的"股东资本"加上本年增资的资本。

⑤"利润留存"项目根据上年资产负债表中的"利润留存"和"年度净利"两个项目的合计数填列。

⑥"年度净利"项目根据利润表中的"净利润"项目的金额填列。

表7-19 资产负债表

资产	期初数	期末数	负债和所有者权益	期初数	期末数
流动资产：			负债：		
现金			长期负债		
应收款			短期负债		
在制品			应付账款		
成品			应交税金		
原料			一年内到期的长期负债		
流动资产合计			负债合计		
固定资产：			所有者权益：		
土地和建筑			股东资本		
机器与设备			利润留存		
在建工程			年度净利		
固定资产合计			所有者权益合计		
资产总计			负债和所有者权益总计		

7. 结账

一年经营结束，年终要进行一次盘点，编制综合管理费用明细表、资产负债表和利润表。一经结账，本年度的经营也就结束了，本年度所有的经营数据不能随意更改。结账后，在任务清单对应的方格内打"√"。

8. 反思与总结

经营结束后，总经理应召集团队成员对当年的经营情况进行分析，分析决策的成功与失误，分析经营的得与失，分析实际与计划的偏差及其原因等。要用心总结，用笔记录。沙盘模拟是训练思维的过程，同时也是锻炼动手能力的过程。

ERP物理（手工）沙盘模拟企业运营第一年第四季度演示

ERP物理（手工）沙盘模拟运营

第八章

企业模拟经营电子沙盘

> 企业模拟经营电子沙盘是由组员分组组建公司,承担不同角色,进行各种经营决策的系统。通过使用企业模拟经营软件,各组面对共同的市场进行竞争,模拟以季度为基本单位,每年总结,多年运营。

一、任务目标

(1) 掌握企业模拟经营电子沙盘的运营规则。
(2) 熟练操作企业模拟经营电子沙盘。
(3) 不同职位的组员各司其职,并能协调好和其他职位组员之间的关系。
(4) 通过电子沙盘的演练对企业的运营流程有一定的认识。

二、任务提出

电子沙盘演练可以让各组员了解企业各部门的运营情形,让组员更加清晰地明白一个企业的生产经营中现金流、物流、信息流是如何相互影响、相互促进的。五个人在短时间内要经营六年,定策略、改方案、走流程,还要进行报表处理等,沙盘培训不仅让大家更加熟悉企业经营,让自己的策略在短时间内得到验证,同时也培养了大家分工协作、相互合作的能力。

第一节 认识企业模拟经营电子沙盘

一、模拟企业的运营流程及操作指南

1. 创业者企业模拟经营电子沙盘系统简介

创业者企业模拟经营电子沙盘的实训不同于 ERP 手工沙盘实训。ERP 手工沙盘模拟运营已经经营至第三年年初的企业,此企业已经具备一定的生产能力和生产资格,但该企业设

备陈旧，产品、市场单一，面临困境。鉴于此，需引进一批优秀的新人对企业进行改革，以带领企业进入全新的发展空间。而创业者企业模拟经营电子沙盘是给予一定现金，由组员创建一个企业，从第一年开始经营。经营路线由小组共同决定，符合大学生创业的发展思路。操作电子沙盘前应对手工沙盘的操作流程有所了解，但其运营规则同手工沙盘有所不同，应加以比较。本章以用友的创业者企业模拟经营系统 V4.0 为例。

（1）首次登录。首次登录系统时由选定的操盘手注册模拟企业的相关信息，模拟企业注册界面如图 8-1 所示。

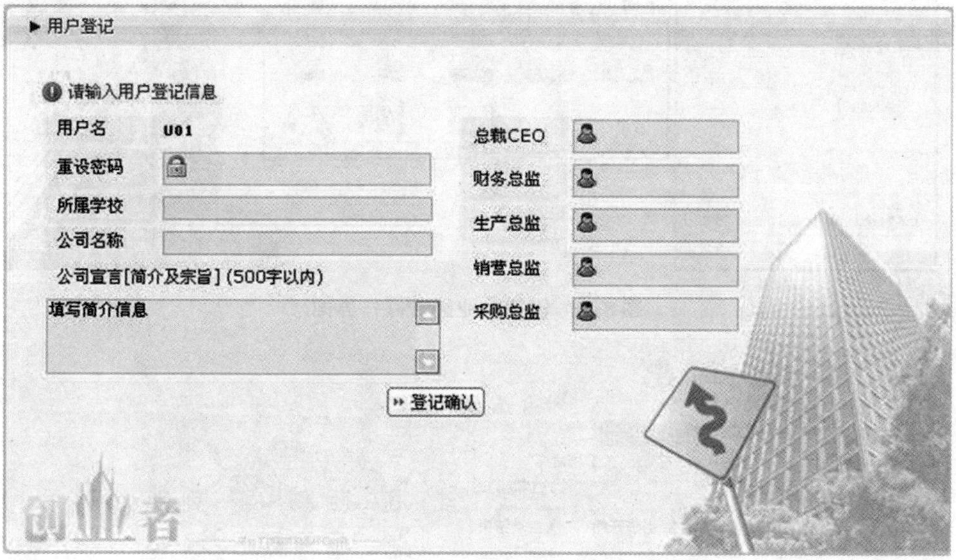

图 8-1　模拟企业注册界面

（2）操作界面介绍。模拟企业经营操作界面如图 8-2 所示，该界面共分为四部分。

①用户信息和信息栏（如图 8-2 中左边方框内所示）：通过用户信息部分可以了解到用户所在组别、公司资料、企业组织结构、企业信息（单击"组织结构"按钮右侧的"企业信息"按钮，会出现如图 8-3 所示的界面）、用户状态、用户现金、当前时间、市场开拓、ISO 认证、生产资格等情况，还可以通过信息栏与裁判取得联系。

②年初操作部分（如图 8-2 中右边上方框内所示）：包括投放广告、参加订货会和申请长贷。此部分只有在每年年初才可以操作，在单击"当季开始"后，当年便不能再进行操作。

③第一季度至第四季度操作部分（如图 8-2 中右边中方框内所示）：包括申请短贷、更新原料库、下原料订单、购置厂房、新建生产线、在建生产线、生产线转产、变卖生产线、下一批生产、应收款更新、按订单交货、产品研发、厂房处理、市场开拓和 ISO 投资。其中，市场开拓和 ISO 投资两部分只有在每年的第四季度才可以操作。

④随时可操作部分（如图 8-2 中右边下方框内所示）：包括厂房贴现、紧急采购、出售库存、贴现、间谍、查看广告、订单信息、关于我们、规则说明和市场预测。以上几项除查看广告外，在第一年第一季开始以后，可以随时进行操作；查看广告只有在每年年初投放完广告后才可以操作，全部用户投放完广告后才会出现其他用户的广告投放情况，订货会结束后便不能再进行操作。

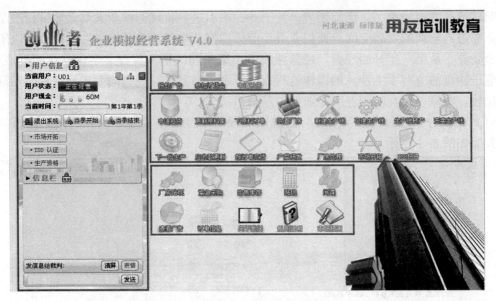

图8-2 模拟企业经营操作界面

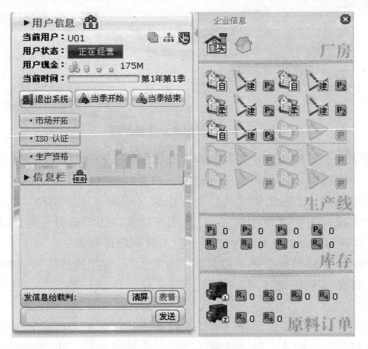

图8-3 "企业信息"界面

2. 操作流程及指南

（1）年初。

①新年度规划会议：每年年初企业中高层应召开新年度规划会议，根据以往每年的数据确定新年度的方案。

②参加订货会/登记销售订单：营销总监根据企业的市场地位、产品策略、市场策略、市场需求和竞争态势投放广告。"投放广告"对话框如图8-4所示。

图 8-4 "投放广告"对话框

电子沙盘广告投放规则与手工沙盘类似,详情参见第七章的相关选单规则。

在电子沙盘系统中将某市场某产品的选单过程称为回合,每回合选单可能有若干轮,每轮选单中,各队按照排定的顺序,依次选单,但只能选一张订单。当所有队都选完一次后,若再有订单,开始进行第二轮选单,以此类推,直到所有订单被选完或所有队退出选单为止,本回合结束。"参加订货会"选单界面如图 8-5 所示。

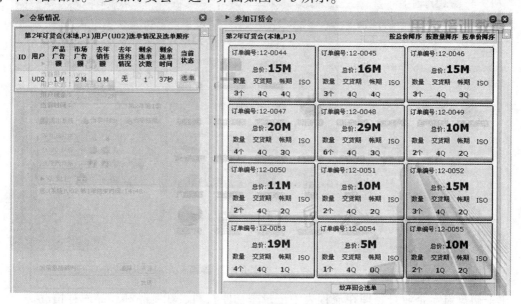

图 8-5 "参加订货会"选单界面

③制订新年度计划:财务总监根据新年度规划会议讨论结果填写对应年度的现金预算表,以确定本年度内现金是否能够维持企业的正常运转。

④支付应付税:只计算所得税,交税的标准为弥补完以前年度的亏损总和后,再按盈余利润 25%提取税金,如出现小数,则向下取整。此步骤不需要在电子沙盘中操作,系统会自动在年初扣除相应税金。

⑤支付长贷利息:长贷年利率为 10%。此步骤不需要在电子沙盘中操作,系统会在年初自动扣除。

⑥更新长期贷款/长期贷款还款:此步骤不需要在电子沙盘中操作,系统会自动更新长期贷款及应还长贷本金。需要注意的是,系统不允许提前偿还长贷。

⑦申请长期贷款：如图8-6所示，系统提示最大贷款额度，用户可以自行选择贷款年限，最长期限为5年，填写贷款金额。具体规则参见电子沙盘中企业运营规则的融资部分。

图8-6 "申请长期贷款"对话框

（2）第一季度至第四季度。年初操作结束后，应单击系统界面左边"当季开始"按钮，系统会自动完成还本付息、更新短期贷款、更新生产、完工入库、生产线完工和转产完工步骤。"当季开始"界面如图8-7所示。

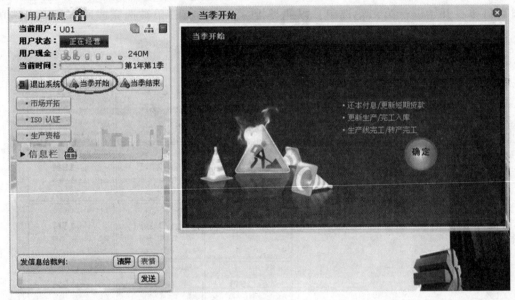

图8-7 "当季开始"界面

①季初盘点：企业总经理在流程表中记录季初原材料、在制品和产品库存情况。

②更新短期贷款/短期贷款还本付息：此步骤不需要在电子沙盘中操作，但总经理应在流程表中记录相应数据。

③申请短期贷款：企业财务总监根据现金预算表所显示数据决定是否申请短期贷款；如果申请，应由总经理记录在流程表中。

④原材料入库/更新原料订单：单击"更新原料库"按钮，确定后系统自动扣除所需现金。操作完此步骤以后，才可以进行以后步骤的操作，而前面的步骤将不能再次在本季度内进行操作。

⑤下原料订单：采购总监计算出企业所需采购原材料数量，由操盘手填写到"下原料订单"对话框中。"下原料订单"对话框如图8-8所示。

图 8-8 "下原料订单"对话框

⑥购买/租用厂房：租用或购买厂房可以在任何季度进行；如果决定租用厂房或者厂房买转租，租金在开始租用的季度交付；厂房租入后，一年后可作租转买、退租等处理，续租系统自动处理；要建生产线，必须购买或租用厂房，没有租用或购买厂房不能新建生产线；如果厂房中没有生产线，可以选择退租，系统将删除该厂房。

⑦更新生产/完工入库：系统自动完成。

⑧新建/在建/转产/变卖生产线：在系统中新建生产线，须先选择厂房，然后再选择生产线的类型，要注意确定生产产品的类型；生产产品一经确定，本生产线所生产的产品便不能更换，如需更换，须在建成后，进行转产处理；每次操作可建一条生产线，同一季度可重复操作多次，直至生产线位置全部铺满；新建生产线一经确认，即刻进入第一期在建，当季便自动扣除现金。

如有在建生产线，需要每个季度都进行操作，如图 8-9 所示。将在本季度需要投资的生产线前面的"选择项"打上"√"后，单击"确认投资"按钮。在建生产线投资在每个季度只能操作一次。生产线转产及变卖均可多次操作。

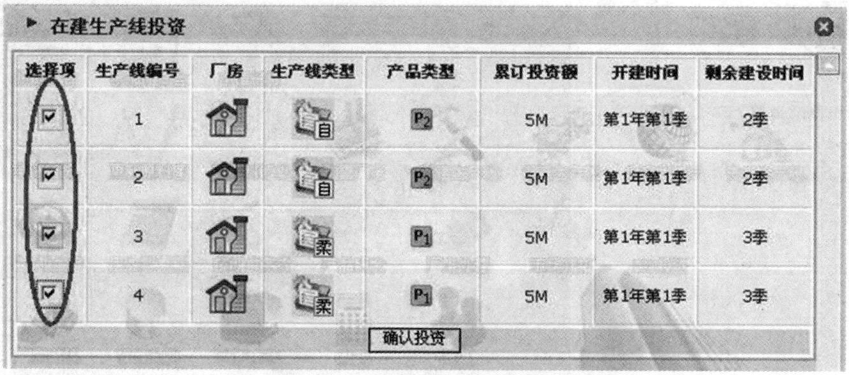

图 8-9 "在建生产线投资"对话框

⑨紧急采购原料：付款即到货，原材料价格为直接成本的 2 倍，成品价格为直接成本的 3 倍。紧急采购原材料和产品时，直接扣除现金。上报报表时，成本仍然按照标准成本记录，紧急采购多付出的成本计入费用表损失项。此项可随时进行。

⑩开始下一批生产：在电子沙盘中单击"下一批生产"图标即可；如果原材料不足，则不能进行生产。

⑪更新应收款/应收款收现：此步骤需要财务总监提供数据，操盘手将在本季度到期的应收款数额填写到相应位置；如果填写的数额比实际的大，则需要重新填写；如果写的数额比实际的小，则损失的应收款可在后期收回；当企业更新完应收款后才可以进行以后的操作，但是应收款前面的操作在本季度将无法再次进行操作。"应收款更新"对话框如图 8-10 所示。

图 8-10 "应收款更新"对话框

⑫按订单交货：营销总监根据库存及订单情况选择按哪张订单交货，每个季度都可以交货，应收账期从实际交货季开始算起。

⑬产品研发投资：营销总监根据企业发展战略选择不同产品的研发。

⑭厂房出售（买转租）/退租/租转买：厂房出售得到 4 个账期的应收款，紧急情况下可厂房贴现（4 季贴现），直接得到现金，如厂房中有生产线，同时要扣租金。厂房出售后，运营一年以后方可再次购买。

⑮新市场开拓/ISO 资格投资：营销总监根据企业的发展战略选择不同市场的开拓及 ISO 资格的投资。此操作只有在每年的第四季度才可以操作。

⑯支付管理费/更新厂房租金：在单击"当季结束"按钮后，系统会自动扣除管理费和厂房租金。"当季结束"界面如图 8-11 所示。

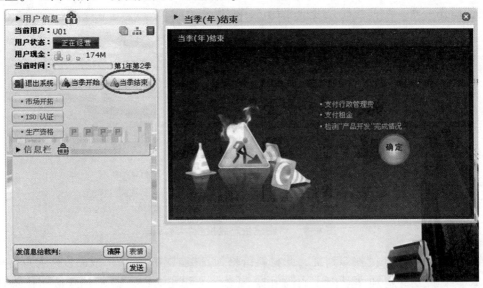

图 8-11 "当季结束"界面

⑰出售库存：当企业急需现金时，可以出售库存。原材料按八折计算，成品按成本计算；如果出现分数，则向下取整。此操作可随时进行。

⑱厂房贴现：直接得到4期厂房数额贴现以后的现金。此操作可随时进行。

⑲应收款贴现：变现时贴息，可对1、2期应收款联合贴现（3、4期同理）。1、2期应收款按1∶9（10M应收款交1M贴现费，小于10M的贴现均收取1M贴现费）的比例贴现，3、4期应收款按1∶7（8M应收款交1M贴现费，小于8M的贴现也收取1M贴现费）的比例贴现。

（3）年末。以下三项在电子沙盘中单击"当年结束"按钮后，系统均自动处理。"当年结束"界面如图8-12所示。

①缴纳违约订单罚款：所有订单要求在本年度完成（按订单上的产品数量和交货期交货）。如果订单没有完成，则视为违约订单，按订单销售总额的20%（销售总额除以5后向下取整）计算违约金，并在当季扣除，违约金记入"损失"；交货可以提前，但不可以推后，违约收回订单并扣违约金，应收账期从实际交货季开始算起。

②支付设备维护费。必须交纳维护费的情况：生产线安装完成，不论是否开工生产，都必须在当年交纳维护费；正在进行转产的生产线也必须交纳维护费。免交维护费的情况：凡已出售的生产线和新购正在安装的生产线，不交纳维护费。

③计提折旧。当年建成生产线不计提折旧，当净值等于残值时生产线不再计提折旧，但可以继续使用。详情参见电子沙盘中企业运营规则的折旧部分。

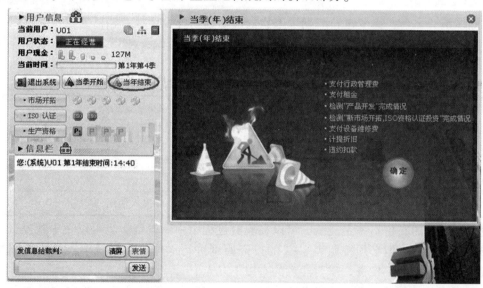

图8-12 "当年结束"界面

二、电子沙盘中企业运营的规则

1. 生产线

同手工沙盘一样，可供企业选择的生产线有手工线、半自动线、全自动线和柔性线四种，但是规则与手工沙盘有所不同，相关信息如表8-1所示。

表 8-1　各生产线相关信息

生产线	购置费	安装周期	生产周期	总转产费	转产周期	维修费	残值
手工线	5M	无	3Q	0M	无	1M/年	1M
半自动	10M	2Q	2Q	1M	1Q	1M/年	2M
自动线	15M	3Q	1Q	2M	1Q	1M/年	3M
柔性线	20M	4Q	1Q	0M	无	1M/年	4M

（1）在系统中新建生产线，需先选择厂房，然后再选择生产线的类型，要注意确定生产产品的类型；生产产品一经确定，本生产线所生产的产品便不能更换，如需更换，须在建成后，进行转产处理。

（2）每次操作可建一条生产线，同一季度可重复操作多次，直至生产线位置全部铺满。

（3）新建生产线一经确认，即刻进入第一期在建，当季便自动扣除现金。

（4）不论何时出售生产线，从生产线净值中取出相当于残值的部分计入现金，净值与残值之差计入损失。

（5）只有空的并且已经建成的生产线方可转产。

2．在建生产线

生产线购买之后，需要进行二期以上投资的均为在建生产线。当需要进行二期以上的投资时，生产线的操作须按照该生产线安装周期分期投资并安装，如全自动线安装操作可按表 8-2 所示进行。

表 8-2　全自动生产线的安装

操作	投资额	安装
1Q	5M	启动 1 期安装
2Q	5M	完成 1 期安装，启动 2 期安装
3Q	5M	完成 2 期安装，启动 3 期安装
4Q	0	完成 3 期安装，生产线建成，可投入使用

投资生产线的支付不一定连续，可以在投资过程中中断投资，也可以在中断投资之后的任何季度继续投资，但必须按照表 8-2 的投资原则进行操作。在系统中，可以不选择生产线投资，即表示本期不投资。需要注意的有以下几点。

（1）一条生产线待最后一期投资到位后，必须到下一季度才算安装完成，才允许投入使用。

（2）生产线安装完成后，必须将投资额放在设备价值处，以证明生产线安装完成。

（3）各用户之间不允许相互购买生产线。

3．折旧（平均年限法）

每条生产线单独计提折旧，折旧采用平均年限法，折旧年限为 4 年。各种生产线完成规定年份的折旧后，该生产线不再提折旧，剩余的残值可以保留，直到该生产线变卖为止。各类型生产线折旧数额如表 8-3 所示。在系统中，生产线折旧为年末自动处理。当年建成生产线不计提折旧，当净值等于残值时生产线不再计提折旧，但可以继续使用。

表8-3 各类型生产线的折旧数额

生产线	购置费	残值	建成第一年	建成第二年	建成第三年	建成第四年	建成第五年
手工线	5M	1M	0	1M	1M	1M	1M
半自动	10M	2M	0	2M	2M	2M	2M
自动线	15M	3M	0	3M	3M	3M	3M
柔性线	20M	4M	0	4M	4M	4M	4M

4. 转产或变卖生产线

（1）生产线转产。先选择转产的生产线，然后确定转产的产品，确认处理即可，系统将按相应的转产费用扣除现金，并将该生产线置于转产状态。只有空生产线方可转产。

（2）生产线变卖。不论何时变卖生产线，将变卖的生产线按残值放入现金区，净值与残值之差放入"其他"费用，计入当年"综合费用"中的"损失"。在系统中，选择要变卖的生产线，然后单击"确认变卖"按钮。

5. 融资

在电子沙盘中的融资额度不同于手工沙盘，贷款时间也有所不同，具体规则如表8-4所示。

表8-4 融资规则

贷款类型	贷款时间	贷款额度	年息	还款方式
长期贷款	每年年初	所有长贷和短贷之和不能超过上年权益的3倍	10%	年初付息，到期还本；每次贷款为10的倍数
短期贷款	每季度初		5%	到期一次还本付息；每次贷款为20的倍数
资金贴现	任何时间	视应收款额	10%（1季，2季）12.5%（3季，4季）	变现时贴息，可对1、2期应收款联合贴现（3、4期同理）。1、2期应收款按1∶9（10M应收款交1M贴现费，小于10M的贴现均收取1M贴现费）的比例贴现，3、4期应收款按1∶7（8M应收款交1M贴现费，小于8M的贴现也收取1M贴现费）的比例贴现
库存拍卖	原材料八折，成品按成本价			

规则说明：

（1）长期贷款和短期贷款信用额度。长其贷款和短期贷款的总额度为上年权益总计的3倍，长期贷款必须按10M的倍数申请，短期贷款必须按20M的倍数申请。

(2) 贷款规则。

①长期贷款每年必须归还利息，到期还本，本利双清后，如果还有额度时，才允许重新申请贷款。即：如果有贷款需要归还，同时还拥有贷款额度，必须先归还到期的贷款，才能申请新贷款，不能以新贷还旧贷（续贷）。短期贷款也按本规定执行。

②结束年时，不要求归还没有到期的各类贷款。

③长期贷款最多可贷 5 年。

④所有的贷款不允许提前还款。

⑤只允许企业向银行贷款，企业间不允许私自融资；银行不提供高利贷。

6．厂房

厂房是企业放置生产线的地方，厂房为一大（6 条生产线）或一小（4 条生产线）。如果厂房已满，则系统不允许购置生产线。具体规则如表 8-5 所示。

表 8-5　厂房购买、租赁和出售规则

厂房	买价	租金	售价	容量	
大厂房	40M	5M/年	40M	6 条	厂房出售得到 4 个账期的应收款，紧急情况下可厂房贴现（4 季贴现），直接得到现金，如厂房中有生产线，同时要扣租金
小厂房	30M	3M/年	30M	4 条	

7．市场准入

在电子沙盘中，本地市场也是需要企业开发的。各市场的开发可以同时进行，中途停止开发或使用，也可继续开发或在以后年份使用。市场资格无须交维护费，一经开发，永久使用。市场开发费用及时间如表 8-6 所示。

表 8-6　市场开发费用及时间

市场	开发费	时间	
本地	1M/年	1 年	开发费用按开发时间在年末平均支付，不允许加速投资；市场开发完成后，领取相应的市场准入证
区域	1M/年	1 年	
国内	1M/年	2 年	
亚洲	1M/年	3 年	
国际	1M/年	4 年	

8．资格认证

随着竞争的加剧，客户对产品的质量以及环保的要求越来越高，企业是否具备 ISO 9000 质量认证及 ISO 14000 环境认证都是影响选单的因素。各认证的开发可以同时进行，中途停止开发或使用，也可继续开发或在以后年份使用。国际认证资格无须交维护费，一经开发，永久使用。国际认证投入时间及费用如表 8-7 所示。

表 8-7　国际认证投入时间及费用

认证	ISO 9000	ISO 14000	
时间	2 年	2 年	平均支付，认证完成后可以领取相应的 ISO 资格证；可中断投资
费用	1M/年	2M/年	

9. 产品

要想生产某种产品，先要获得该产品的生产许可证。而要获得生产许可证，则必须经过产品研发。P1、P2、P3、P4 产品都需要研发后才能获得生产许可。研发需要分期投入研发费用。产品研发可以中断或终止，但不允许超前或集中投入。已投资的研发费不能回收。如果开发没有完成，系统不允许开工生产。产品研发规则如表8-8所示。

表 8-8 产品研发规则

名称	开发费用	开发周期	加工费	直接成本	产品组成
P1	1M/季	2 季	1M/个	2M/个	R1
P2	1M/季	4 季	1M/个	3M/个	R2+R3
P3	1M/季	6 季	1M/个	4M/个	R1+R2+R3
P4	2M/季	6 季	1M/个	5M/个	R2+R3+2R4

10. 原料

采购原材料须经过下原料订单和采购入库两个步骤，这两个步骤之间的时间差称为订单提前期。原材料购买及采购周期如表8-9所示。

表 8-9 原材料购买及采购周期

名称	购买价格	提前期	每季向供应商提供原材料订单的具体品种及数量；在盘面上应摆放相应的空桶，表示拟采购的数量，一个空桶表示 1M 的原料订单；在系统中，双击"下原料订单"图标，并输入各原料的数量，确定订购即可
R1	1M/个	1 季	
R2	1M/个	1 季	
R3	1M/个	2 季	
R4	1M/个	2 季	

（1）没有下订单的原材料不能采购入库。
（2）所有下订单的原材料到期必须采购入库。
（3）原材料采购入库时必须支付现金。
（4）系统中每季只能操作一次。

11. 选单规则

（1）市场预测。各公司可以根据市场的预测安排经营。

（2）广告费。投入广告费有两个作用，一是获得拿订单的机会，二是判断选单顺序。投入 1M 产品广告费，可以获得一次拿取订单的机会（如果不投产品广告没有选单机会），一次机会允许取得一张订单；如果要获得更多的拿单机会，每增加一个机会需要多投入 2M 产品广告，比如，投入 3M 产品广告表示有两次获得订单的机会，投入 5M 产品广告则表示有三次获得订单的机会，以此类推。

①无须对 ISO 单独投放广告，系统自动判定公司是否具备 ISO 资格，确认其能否选有 ISO 要求的订单。

②市场老大有优先选单权（有若干队销售并列第一，则老大随机或可能无老大），其次

以本市场本产品广告额投放大小顺序依次选单；如果两队的本市场本产品广告额相同，则看本市场广告投放总额；如果本市场广告总额也相同，则看上年市场销售排名；如仍无法决定，先投广告者先选单。

12. 订单

客户的需求以订单的形式表示，如图 8-13、图 8-14 所示。订单上标注了订单编号、总价、数量、交货期、账期（注：系统中为"帐期"）及 ISO 资格认证的要求。如果订单需要 ISO 资格认证，则在订单中出现 [9K] 和 [14K] 标识，如图 8-13 所示；反之，在 ISO 位置则不会出现标识，如图 8-14 所示。

ERP 电子沙盘模拟企业运营规则说明 3

图 8-13 订单 1　　　　图 8-14 订单 2

13. 取整规则

违约金扣除向下取整；库存拍卖所得现金向下取整；贴现费用向上取整；扣税向下取整。

14. 费用项目

税金：只计算所得税，交税的标准为，弥补完以前年度的亏损总和后，再按盈余利润 25% 提取税金。

特殊费用：库存折价拍卖、生产线变卖、紧急采购、订单违约、增减资（增资计损失为负）操作计入其他损失。

15. 罚分

（1）运行超时扣分。运行超时有两种情况：一是指不能在规定时间内完成广告投放；二是指不能在规定时间内完成当年经营（以单击系统中"当年结束"按钮并确认为准）。

处罚：按总分 1 分/分钟（含 1 分钟内）计算罚分，最多不能超过 10 分钟。

ERP 电子沙盘模拟企业运营规则说明 4

（2）报表错误扣分。必须按指导教师规定时间上报报表，且必须账实相符。如果上交的报表与创业者自动生成的报表对照有误，在总得分中扣罚 2 分/次，并以创业者提供的报表为准修订。

注意，必须对上交报表时间进行规定，延误交报表即视为错误一次。由运营超时引发延误交报表视同报表错误并扣分。

16. 竞赛排名

完成预先规定的经营年限，将根据各队的最后分数进行评分，分数高者为优胜。

总成绩 = 所有者权益 × (1 + 企业综合发展潜力/100) − 罚分

企业综合发展潜力如表 8-10 所示。

表 8-10 企业综合发展潜力

项目	综合发展潜力系数
手工生产线	+5/条
半自动生产线	+7/条
全自动/柔性线	+10/条
区域市场开发	+10
国内市场开发	+10
亚洲市场开发	+10
国际市场开发	+10
ISO 9000	+10
ISO 14000	+10
P1 产品开发	+10
P2 产品开发	+10
P3 产品开发	+10
P4 产品开发	+10

17. 破产处理

当参赛队权益为负或现金断流时（权益和现金可以为零），企业破产。参赛队破产后，由裁判视情况适当增资后继续经营。破产队不参加有效排名。为了确保破产队不致过多影响比赛的正常进行，破产队每年投放的广告总数不能超过 6M。

18. 其他说明

在企业模拟经营中，各企业之间不允许进行任何交易，包括现金及应收款的流通，原材料、产成品的买卖等。

ERP 电子沙盘
模拟企业运营
规则说明 5

第二节 模拟企业运营实录

在企业模拟经营电子沙盘中，由总经理领导组内成员按照企业经营的流程进行操作，其中每年度的企业经营流程表由总经理填写。在每项工作完成后，由总经理在相应的方格内打"√"确认，以示完成。如果涉及现金收支业务，则应在财务总监的协助下将现金收支的数额填写在相应方格内。企业经营流程表如表 8-11 所示。

表 8-11 企业经营流程表

用户　　　　　　　　　　　　　　　　　　　　　　　　　第　　年经营

操作顺序	请按顺序执行下列各项操作。各总监在方格中填写原材料采购/在制品/产品出库及入库情况。其中：入库数量为"+"，出库数量为"-"。季末入库合计为"+"数据相加，季末出库合计为"-"数据相加。																
年初	新年度规划会议																
	参加订货会/登记销售订单																
	制订新年度计划																
	支付应付税																
	支付长贷利息																
	更新长期贷款/长期贷款还款																
	申请长期贷款																
	原材料/在制品/产品库存台账	一季度				二季度				三季度				四季度			
1	季初盘点（请填数量）																
2	更新短期贷款/短期贷款还本付息																
3	申请短期贷款																
4	原材料入库/更新原料订单																
5	下原料订单																
6	购买/租用厂房																
7	更新生产/完工入库																
8	新建/在建/转产/变卖生产线																
9	紧急采购原料（随时进行）																
10	开始下一批生产																
11	更新应收款/应收款收现																
12	按订单交货																
13	产品研发投资																
14	厂房出售（买转租）/退租/租转买																
15	新市场开拓/ISO资格投资																
16	支付管理费/更新厂房租金																
17	出售库存																
18	厂房贴现																
19	应收款贴现																
20	季末入库合计																

续表

21	季末出库合计											
22	季末数额对账（1项+20项+21项）											
年末	缴纳违约订单罚款											
	支付设备维护费											
	计提折旧											
	新市场/ISO资格换证											
	结账											

在每年的新年度规划会议中，企业各管理人员提出自己的想法，财务总监进行现金预算，填写如表8-12所示的现金预算表，预算这一年中资金是否可以保证不断流，以便确定如何投资、交货的先后顺序等。最后根据预算现金状况，总经理联同小组成员确定最终运营方案。

表8-12 现金预算表   单位：M

项目	1	2	3	4
期初库存现金				
市场广告投入				
支付应付税				
支付长贷利息				
支付短贷利息/到期短贷				
原材料采购支付现金				
购买/租用厂房支付现金				
生产线投资				
转产费用				
工人工资				
收到现金前的所有支出				
应收款到期				
产品研发现金支出				
新市场开拓/ISO资格投资				
支付设备维护费				
计提折旧				
新市场/ISO资格换证				
其他				
库存现金余额				

要点记录：

第一季度：

第二季度：_____
第三季度：_____
第四季度：_____
年度总结：_____

订单登记表用于记录本年取得的客户订单。参加完每年的订单会后，营销总监负责填写如表8-13所示的订单登记表，以便于生产、查询及财务总监记录。

表8-13 订单登记表

订单号									合计
市场									
产品									
数量									
账期									
销售额									
成本									
毛利									
违约金									

综合管理费用明细表用于记录企业日常运营过程中发生的各项费用。年末，财务总监须编制利润表，以便核算企业当年的经营成果。综合费用明细表如表8-14所示，利润表如表8-15所示。

表8-14 综合管理费用明细表

项目	金额/M
管理费	
广告费	
设备维护费	
损失	
转产费	
厂房租金	
新市场开拓	
ISO资格认证	
产品研发	
信息费	
合计	

表 8-15　利润表

项目	金额/M
销售收入	
直接成本	
毛利	
综合费用	
折旧前利润	
折旧	
支付利息前利润	
财务费用	
税前利润	
所得税	
年度净利润	

根据利润表，财务总监还要编制资产负债表，如表 8-16 所示。

表 8-16　资产负债表

项目	金额/M	项目	金额/M
现金		长期负债	
应收款		短期负债	
在制品		应交所得税	
产成品			
原材料			
流动资产合计		负债合计	
厂房		股东资本	
生产线		利润留存	
在建工程		年度净利	
固定资产合计		所有者权益合计	
资产总计		负债和所有者权益总计	

第三节　实训成绩的评定

实训结束后，每个小组都会得到一个实训成绩。虽然是按照总成绩的排名来确定实训成果，但是实训成绩并不能充分反映学生的真实学习情况。比如，有的组虽然破产了，但是在运营过程中，小组成员一直积极参与，从实训过程中领悟到很多经营的真谛。所以，下面给出一种较为科学的成绩评定方式，以供参考。

实训课成绩 = 实训成果(70%) + 学生表现(10%) + 总结(20%)

一、实训成果

根据实训企业的所有者权益、综合发展系数等对各个企业进行综合排名,得出实训成果。

$$实训成果 = 所有者权益 \times (1 + 企业综合发展潜力 / 100) - 罚分$$

企业的综合发展系数计算方法参见电子沙盘中企业运营规则的竞赛排名规则。

二、学生表现

各企业中的岗位分工、团队合作程度、每个成员的参与程度和出勤率,以及各种表格(如运营表、综合费用表、利润表、资产负债表、现金预算表、采购计划表等)的填写,都可以纳入学生表现的评价范围。每个企业内部评选出最佳员工,最佳员工可以在学生表现这一项进行加分。

三、总结

总结包括个人总结和团队总结。个人总结是实训结束后每个同学上交一份实训报告,总结自己的表现、体会,自己在电子沙盘企业运营中所起的作用,以及通过企业模拟经营的运作对哪些理论知识有了进一步的体会。

团队总结是以团队的形式上交一份PPT,在全班总结时由团队代表利用多媒体进行讲解和分享,主要分享的内容包括本企业的企业文化、成员构成、整体战略、广告策略、市场定位、企业运营得失等。

ERP综合训练课程评价

第九章

ERP 沙盘模拟经营新商战版

> 新商战沙盘系统是一款针对高等院校财经商贸类专业教学而设计的企业经营管理综合模拟实训系统。在训练过程中，5~6 名学员组成一个团队，合作完成一个制造型企业从建厂到投入生产再到正常运营的六年模拟企业运营任务。

一、任务目标

（1）掌握企业模拟经营电子沙盘（新商战版）的运营规则。
（2）熟练操作企业模拟经营电子沙盘（新商战版）。
（3）各职位的组员各司其职，并能协调好和其他职位组员之间的关系。
（4）通过电子沙盘（新商战版）的演练，对企业的运营流程有一定的认识。

二、任务提出

新商战沙盘是根据财经商贸类专业人才培养方案确定的人才培养目标，进行辅助专业课程学习或专业技能训练。

新商战沙盘针对总经理、财务总监、市场总监、生产总监、采购总监等岗位，以生产制造型企业运营全过程的管理作为训练内容，通过模拟六年的企业运营全过程，训练学生在生产管理、采购管理、营销管理、财务管理、战略管理等方面的能力，使学生充分了解企业的运营流程和业务流程，掌握企业经营过程中不同领域的基本管理能力。

第一节 新商战沙盘教师系统

一、系统安装

1. 产品程序安装

双击点开产品安装光盘，双击"新道新商战沙盘系统安装程序"，弹出"安装-新道新商战沙盘系统"（欢迎使用新道新商战沙盘系统安装向导）对话框，如图9-1所示。

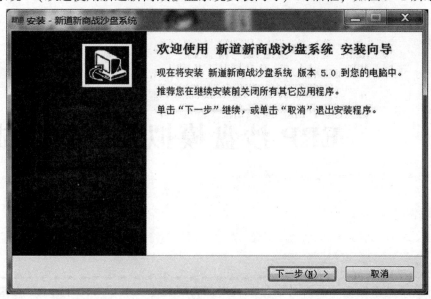

图9-1 "安装-新道新商战沙盘系统"对话框（欢迎使用新道新商战沙盘系统安装向导）

单击"下一步"按钮，在出现的"安装-新道新商战沙盘系统"（许可协议）对话框中，左下方单击"我同意此协议（A）"单选按钮，如图9-2所示。

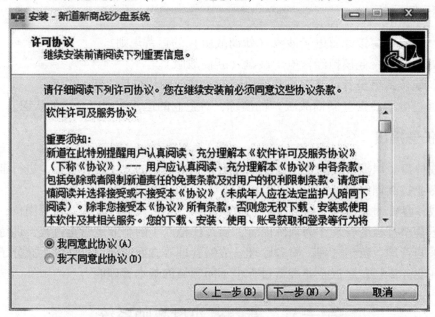

图9-2 "安装-新道新商战沙盘系统"（许可协议）对话框

单击"下一步"按钮，在出现的"安装-新道新商战沙盘系统"（选择目标位置）对话框中，选择文件安装路径，可选择默认路径或修改成其他路径。新建路径中最好不要有中文字符，以免引起不必要的错误提示，如图9-3所示。

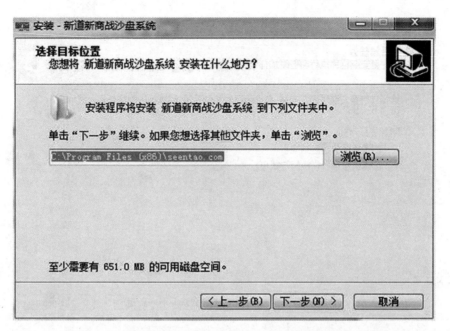

图 9-3 "安装-新道新商战沙盘系统"(选择目标位置)对话框

按照提示单击"下一步"按钮,出现"安装-新道新商战沙盘系统"(选择开始菜单文件夹)对话框,如图 9-4 所示。

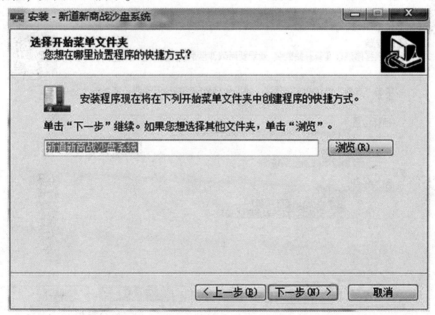

图 9-4 "安装-新道新商战沙盘系统"(选择开始菜单文件夹)对话框

单击"下一步"按钮,出现"安装-新道新商战沙盘系统"(选择附加任务)对话框,在"附加快捷方式"区域单击"创建桌面快捷方式(D)"复选按钮,也可同时选择"创建快速运行栏快捷方式(Q)",如图 9-5 所示。

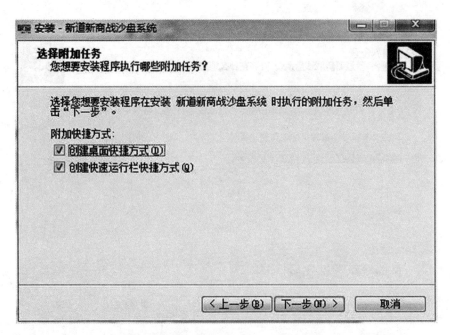

图 9-5 "安装-新道新商战沙盘系统"（选择附加任务）对话框

单击"下一步"按钮，出现"安装-新道新商战沙盘系统"（准备安装）对话框确认程序安装信息，单击"安装（I）"按钮，如图 9-6 所示。

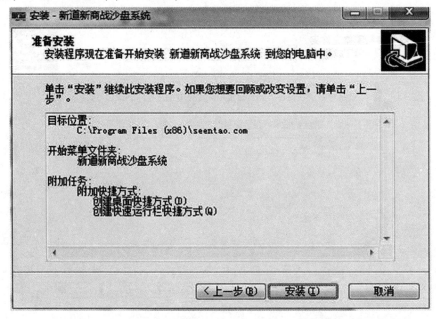

图 9-6 "安装-新道新商战沙盘系统"（准备安装）对话框

等待安装进度条结束，出现"安装-新道新商战沙盘系统"（新道新商战沙盘系统 安装向导完成）对话框，如图 9-7 所示。

第九章　ERP 沙盘模拟经营新商战版

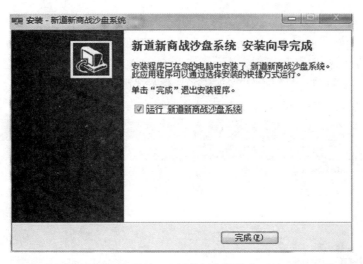

图 9-7　"安装-新道新商战沙盘系统"（新道新商战沙盘系统 安装向导完成）对话框

勾选"运行 新道新商战沙盘系统"，单击"完成（F）"按钮，完成安装。如果此时没有插入加密狗，程序无法正常运行，出现"Console"对话框，如图 9-8 所示。

图 9-8　"Console"对话框

2. 系统启动

安装完成后，桌面上会显示运行该程序的快捷方式。在插入加密狗，并保证当前网络环境可连接外网的情况下单击快捷方式，打开该系统界面，如图 9-9 所示。

图 9-9　"新道新商战沙盘系统 v5.0"界面

新道新商战沙盘系统会读取操作该程序的学校名称，也作为辨别正版产品的标示。

（1）导入规则方案、导入订单方案。导入方案功能须在启动系统服务后才能使用。系统已默认导入部分订单方案和规则方案，系统默认有 5 套规则方案以及配套的订单方案。如果需要新的方案，请单击"导入订单方案""导入规则方案"按钮，弹出选择文件的对话框；如果看不到方案文件，把文件类型选成"所有文件"，就会显示出来，如图 9-10 所示。

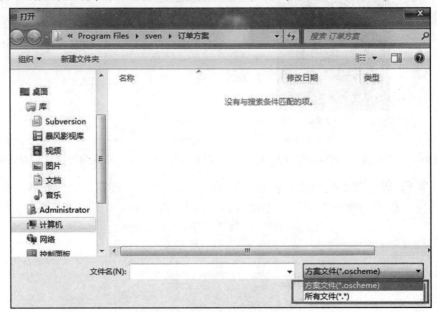

图 9-10 选择"所有文件"

（2）导出规则方案和导出订单方案。导出方案功能须在启动系统服务后才能使用。单击"导出订单方案"和"导出规则方案"按钮可以将产品系统中的已有方案导出，帮助教师在丢失方案原稿的情况下及时找回并保存。

（3）端口设置。为了和运行环境中已有系统端口不发生冲突，系统提供端口设置功能，一般默认端口即可。"端口设置"对话框如图 9-11 所示。

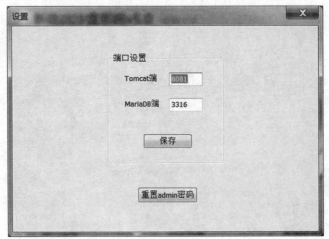

图 9-11 "端口设置"对话框

（4）启动系统。单击"启动系统"按钮，会弹出对话框自动运行服务，在显示出数据库已经启动好的信息后，就可以在浏览器中输入 IP+端口，如 127.0.0.1：8081 运行即可。浏览器版本需为 IE8 以上，360 浏览器的话需要选择极速模式，兼容模式一般为 IE7，不符合要求。

（5）系统初始化。在启动系统后才可操作系统初始化按钮。此功能可清除系统中的规则方案和订单方案，保证系统数据库干净。

（6）用户登录。在"用户登录"界面用户名处输入管理员账号"admin"，初始密码1，单击"用户登录"，即可开始操作。管理员端创建教学班时也需要保证加密狗插入的状态。如果不能登录，可能原因是当前网络环境没有连接外网，获取不到管理员登录的许可，可以联网后再试。

ERP 电子沙盘
系统管理员操作
模拟演示 1

二、系统操作

1. 系统管理员端

在"用户登录"界面输入用户名、密码，单击"用户登录"按钮。用户名为"admin"，初始密码为 1。"用户登录"界面如图 9-12 所示。

图 9-12 "用户登录"界面

登录后显示管理员端功能菜单：创建教学班、教师管理、权限管理、数据备份，如图 9-13 所示。

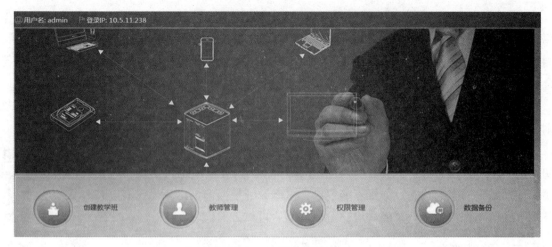

图 9-13　管理员端

（1）创建教学班。创建教学班支持多班教学，共用一台服务器，并且可以控制教学班的开课状态，如暂停、关闭或删除。关闭的教学班教师仍可以查看历史数据，为院校教学统一管理提供便利。"创建教学班"对话框如图 9-14 所示。

图 9-14　"创建教学班"对话框

创建教学班时要保证成功插入并安装了加密狗。

管理员端单击"创建教学班"图标，显示弹出框。在"请输入教学班名称"后的编辑框内输入教学班名称。单击"创建"按钮。弹出提示框，教学班创建成功。

建成后的教学班有四种状态，四种状态的意思分别如下。

①"未初始化"，表示教学班建成后还未使用，单击"关闭"按钮会变为"已关闭"状态，教学班无法再使用。

②"正在进行"，表示教学班正在使用中。单击"暂停"按钮会变为"已暂停"状态，"暂停"状态的教学班学生端不能使用；单击"关闭"按钮会变为"已关闭"状态。

③"已暂停"，表示已在使用的教学班本次课程未完成，下次课程时再次使用。单击

"恢复"按钮会变为"正在进行"状态,学生端就可以继续使用了;单击"关闭"按钮会变为"已关闭"状态。

④ "已结束",表示教学班已经完成教学计划且已处于"关闭"状态。在此单击"删除"按钮,可以将教学班的所有信息完全清除。

(2)教师管理。教师管理功能支持创建多个教师,支持多个教师管理多个教学班,即多对多的管理模式。

管理员端单击"老师管理"图标,显示"用户管理"对话框,如图9-15所示。将鼠标移动到角色"系统管理员"前面的文本框,输入新密码,然后单击"修改密码"按钮,即修改成功。将鼠标移动到最上方用户名、密码后的文本框内,输入新增的用户名、密码,单击"添加用户"按钮即添加教师成功。

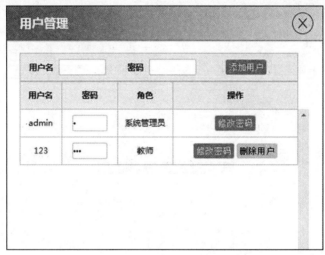

图9-15 "用户管理"对话框

(3)权限管理。管理员端单击"权限管理"图标,弹出"任命教学班教师"对话框,如图9-16所示。在"教师"及"教学班"下拉菜单中选择教师及教学班,单击"确定"按钮,下方会显示该教师担任的教学班名称列表。

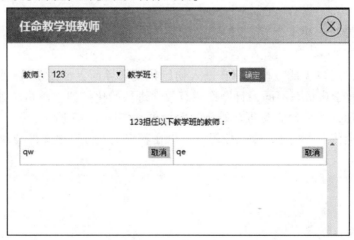

图9-16 "任命教学班教师"对话框

权限管理用于关联教师和教学班,一个教师可以关联多个教学班,也可以单击"取消"按钮撤销关联。

(4)数据备份。数据备份用于多个教学班一次性备份,以利于保存同期开课的教学班数据及存档。管理员端单击"数据备份"图标,弹出"数据备份"对话框,如图9-17所示。数据备份文件后有默认的文件名,可以单击进行编辑,单击"备份文件"按钮。新文件在手动备份还原下方显示。单击"项目反选"按钮可以选择全部文件或取消。勾选某一个文件,单击"删除文件"按钮,该文件被删除。单击"文件还原"按钮可以还原该备份文件。

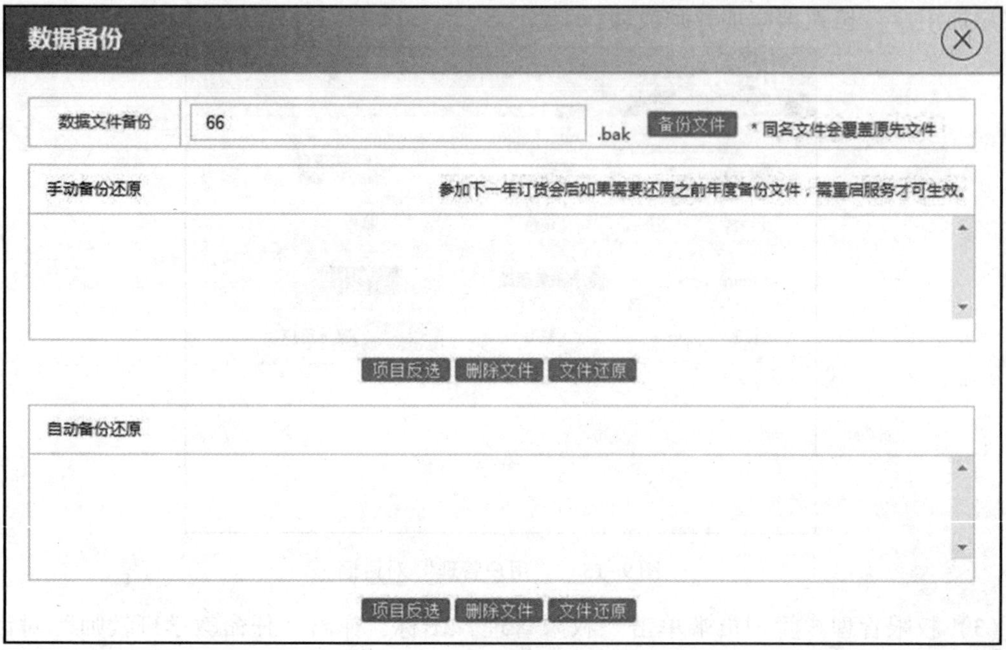

图9-17 "数据备份"对话框

2. 教师端

(1)初始化设置。初始化设置用于每个教学班的规则初始化,灵活选择实训规则和市场订单。

老师端单击"用户登录"按钮后,进入初始化设置界面,如图9-18所示。未初始化的教学班状态不同,且操作栏有教学班初始化按钮。单击"教学班初始化"按钮,显示"教学班初始化"对话框,如图9-19所示。

单击"订单上传""规则上传"按钮,可以在客户端上传订单文件与规则文件。

电子沙盘系统管理员操作功能说明

图 9-18 初始化设置界面

图 9-19 "教学班初始化"对话框

在文本框内编辑用户名前缀、队数等信息,分别在"订单方案""规则方案"下拉列表框中选择订单方案、规则方案,设置参数表中各信息,单击"确定"按钮,弹出提示框:初始化成功!

选择要管理的教学班,单击教学班名称,进入教学班。

注:单击"预览"按钮可以预览订单与规则。

显示教师端主界面,如图 9-20 所示。

图 9-20　教师端主界面

（2）查询每组经营信息。单击主界面上方学生组号，如 wufla01。主界面中间区域显示该组各项经营信息，包括公司资料、库存采购信息、研发认证信息、财务信息、厂房信息、生产信息，如图 9-21 所示。

图 9-21　教师端主界面中间区域信息

①公司资料。单击学生组号后默认显示"公司资料"选项卡，如图 9-22 所示。

图 9-22　"公司资料"选项卡

单击"公司资料"界面的"还原本年"按钮,弹出"确认还原?"对话框,如图 9-23 所示,单击"确定"按钮,会将该学生组的经营回退到当年年初重新开始经营。

图 9-23 "确认还原?"对话框

单击"公司资料"界面的"还原本季"按钮,弹出同图 9-23 一样的提示框。单击"确定"按钮,会将该学生组的经营回退到当季季初重新开始经营。

单击"公司资料"页面的"修改密码"按钮,显示"修改密码"对话框,如图 9-24 所示。在"新密码"后面的文本框内输入改后的密码,单击"确认"按钮即完成修改。

图 9-24 "修改密码"对话框

单击"公司资料"界面的"追加资本"按钮,显示"用户融资"对话框,如图 9-25 所示。在"注入金额"后的文本框内输入要增加的金额数字,选择注资类别"特别贷款"或"股东注资",单击"确认"按钮即完成用户融资。

图 9-25 "用户融资"对话框

单击"公司资料"界面的"修改状态"按钮,显示"修改状态"对话框,如图 9-26 所示,显示该用户的当前经营状态。单击"拟修改状态"后面的下拉框,选择"未运营""正在运营"或"破产",单击"确认"按钮,即完成用户经营状态修改。

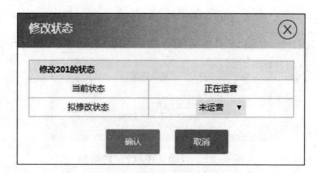

图 9-26 "修改状态"对话框

单击"公司资料"界面左下角的"综合财务信息"按钮,显示"综合财务信息"对话框,如图 9-27 所示,用于查阅该组当年经营的主要财务信息。

综合财务表			
贴息	0W	利息	0W
销售收入	0W	设备维护费	0W
转产费	0W	租金	0W
管理费	0W	广告费	44W
信息费	0W	其他	0W
直接成本	0W	ISO认证资格	0W
产品研发	0W	市场准入开拓	0W

图 9-27 "综合财务信息"对话框

单击"公司资料"界面左下方的"综合费用表"按钮,显示"综合费用表"对话框,如图 9-28 所示,用于查阅该组每年经营的综合费用。

201综合费用表					
项目\年度	第1年	第1年	第2年	第2年	第3年
类型	系统	用户	系统	用户	系统
管理费	4	0	4	0	0
广告费	0	0	66	0	44
设备维护费	10	0	10	0	0
转产费	0	0	0	0	0
租金	40	0	40	0	0
市场准入开拓	40	0	0	0	0
产品研发	20	0	0	0	0
ISO认证资格	30	0	0	0	0
信息费	0	0	0	0	0
其他	0	0	209	0	0
合计	144	0	329	0	44

图 9-28 "综合费用表"对话框

单击"公司资料"界面左下方的"利润表"按钮,显示"利润表"对话框,如图 9-29 所示,用于查阅该组每年经营的利润情况。

利润表				
201利润表				
项目\年度	第1年	第1年	第2年	第2年
类型	系统	用户	系统	用户
销售收入	0	0	0	0
直接成本	0	0	0	0
毛利	0	0	0	0
综合管理费用	144	0	329	0
折旧前利润	-144	0	-329	0
折旧	0	0	72	0
支付利息前利润	-144	0	-401	0
财务费用	0	0	0	0
税前利润	-144	0	-401	0
所得税	0	0	0	0
净利润	-144	0	-401	0

图 9-29 "利润表"对话框

单击"公司资料"界面左下方的"资产负债表"按钮,显示"资产负债表"对话框,如图 9-30 所示,用于查阅该组每年经营的资产负债情况。

资产负债表				
201资产负债表				
项目\年度	第1年	第1年	第2年	第2年
类型	系统	用户	系统	用户
现金	7546	0	6817	0
应收款	0	0	0	0
在制品	0	0	0	0
产成品	0	0	0	0
原材料	150	0	150	0
流动资产合计	7696	0	6967	0
土地和建筑	0	0	400	0
机器与设备	60	0	48	0
在建工程	100	0	100	0
固定资产合计	160	0	548	0
资产总计	7856	0	7515	0
长期负债	0	0	0	0
短期负债	0	0	0	0

图 9-30 "资产负债表"对话框

单击"公司资料"界面左下方的"现金流量表"按钮,显示"用户现金流量表"对话框,如图 9-31 所示,用于查阅该组每年经营的现金流量情况。

用户现金流量表

201现金流量表

ID	动作	资金	剩余	时间	备注
1	初始化资本金	8000W	8000W	第1年第1季	公司成立
2	厂房租用	-40W	7960W	第1年第1季	花费40W租用大厂房(1389)
3	新建生产线	-30W	7930W	第1年第1季	超级手工(1407)P1
4	新建生产线	-30W	7900W	第1年第1季	超级手工(1410)P1
5	新建生产线	-50W	7850W	第1年第1季	自动线(1414)P1
6	新建生产线	-50W	7800W	第1年第1季	自动线(1420)P2
7	产品研发	-10W	7790W	第1年第1季	P1
8	支付行政管理费	-1W	7789W	第1年第1季	
9	更新原材料	-100W	7689W	第1年第2季	5R2、5R1
10	产品研发	-10W	7679W	第1年第2季	P1
11	支付行政管理费	-1W	7678W	第1年第2季	
12	更新原材料	-50W	7628W	第1年第3季	5R3
13	支付行政管理费	-1W	7627W	第1年第3季	
14	市场开拓	-40W	7587W	第1年第4季	本地、区域、国内、亚洲

图 9-31 "用户现金流量表"对话框

单击"公司资料"界面左下方的"订单列表"按钮,显示"订单列表"对话框,如图 9-32 所示,用于查阅该组每年的市场订单、订单的完成状态及完成时间。

订单列表

201订单列表

订单编号	市场	产品	数量	总价	状态	得单年份	交货期	帐期	ISO	交货时间
S211_06	本地	P1	4	201W	已违约	第2年	4季	1季	-	-
S211_07	本地	P1	4	179W	已违约	第2年	4季	0季	-	-
S211_03	本地	P1	4	208W	已违约	第2年	4季	3季	-	-
S211_05	本地	P1	1	53W	已违约	第2年	4季	3季	-	-
S211_01	本地	P1	4	208W	已违约	第2年	4季	1季	-	-
S211_04	本地	P1	2	96W	已违约	第2年	4季	2季	-	-
S211_10	本地	P1	2	96W	已违约	第2年	4季	2季	-	-

图 9-32 "订单列表"对话框

单击"公司资料"界面的"导出 Excel"按钮,弹出"新建下载任务"对话框,如图 9-33 所示,用于将该组的各项经营信息导出成 Excel 格式并保存,默认文件名为"组号 + 时间"。

ERP 电子沙盘教师端操作模拟演示2

图 9-33 "新建下载任务"对话框

导出后,点开可查询各项经营表格,包括综合费用表、利润表等,如图 9-34 所示。

图 9-34 导出 Excel 中的各项经营信息

②库存采购信息。单击学生组号下的"库存采购信息"选项,显示该学生组的原料订购、原料库存、产品库存信息,如图 9-35 所示。

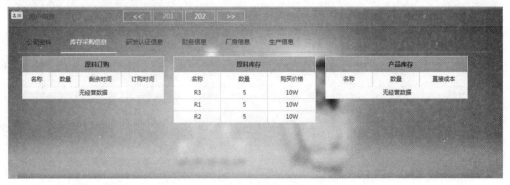

图 9-35 "库存采购信息"选项卡

③研发认证信息。单击学生组号下的"研发认证信息"选项，显示该学生组的市场开拓、产品研发、ISO 认证信息，如图 9-36 所示。

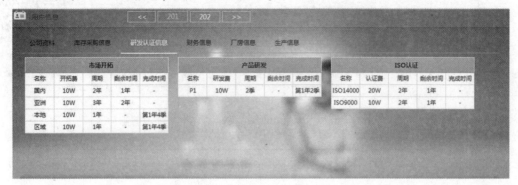

图 9-36 "研发认证信息"选项卡

④财务信息。单击学生组号下的"财务信息"选项，显示该学生组的应收款、长期贷款、短期贷款、特别贷款信息，如图 9-37 所示。

图 9-37 "财务信息"选项卡

⑤厂房信息。单击学生组号下的"厂房信息"选项，显示该学生组的厂房信息，如图 9-38 所示。

⑥生产信息。单击学生组号下的“生产信息”选项，显示该学生组的生产线信息，如图 9-39 所示。

生产信息

ID	名称	厂房	产品	状态	开建时间	累计投资	开产时间	转产时间	剩余时间	建成时间
1410	超级手工	大厂房	P1	空闲	第1年第1季	30W	-	-	-	第1年第1季
1414	自动线	大厂房	P1	在建	第1年第1季	50W	-	-	2季	-
1407	超级手工	大厂房	P1	空闲	第1年第1季	30W	-	-	-	第1年第1季
1420	自动线	大厂房	P2	在建	第1年第1季	50W	-	-	2季	-

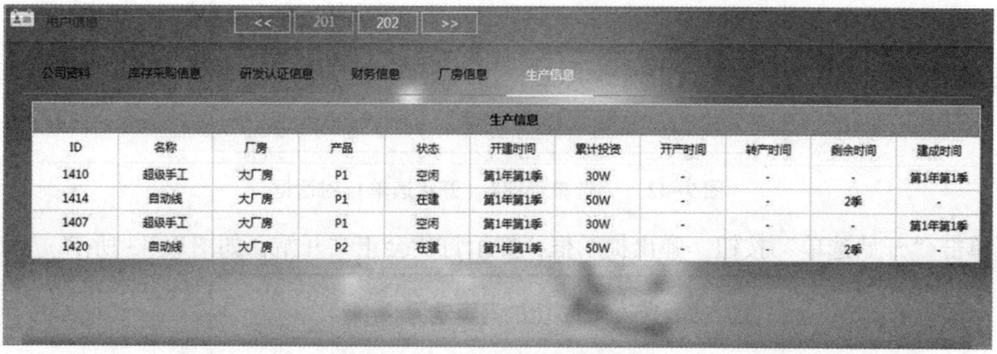

图 9-39 “生产信息”选项卡

（3）选单管理。单击教师端界面左下方的“选单管理”按钮，管理每组学生选取市场订单的过程。

当所有学生组未投放广告时，以及结束订货会时，“选单管理”对话框显示订货会已结束或未有投广告用户，如图 9-40 所示。

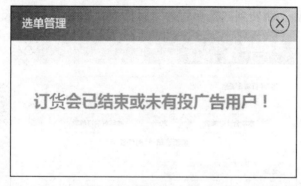

图 9-40 “选单管理”（订货会已结束或未有投放广告！）对话框

当教学班里有部分学生组完成广告投放时，对话框显示每组投放广告时间，如图 9-41 所示。

第2年广告投放情况

用户名	用户时间	投完广告时间
201	第2年第1季	2015-8-25 22时9分22秒
202	第1年第1季	-

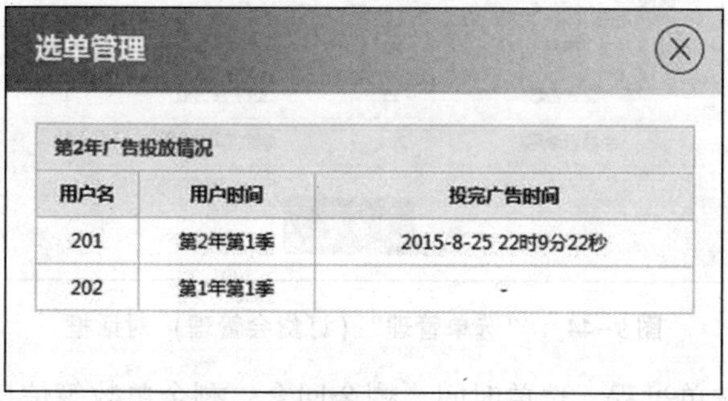

图 9-41 “选单管理”（有部分学生组投放广告）对话框

当教学班里所有学生组完成广告投放时，对话框显示准备开始选单，如图 9-42 所示。

图 9-42 "选单管理"(开始选单)对话框

单击"开始选单"按钮,弹出提示框,提示订货会正式开始,如图 9-43 所示。

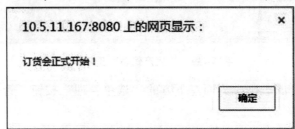

图 9-43 "订货会正式开始!"

单击"确定"按钮,跳转到"选单管理"对话框,如图 9-44 所示。

图 9-44 "选单管理"(订货会管理)对话框

该对话框中显示选单过程、选单时间、剩余回合、剩余单数等信息。

单击"重新选单"按钮,订货会会重新开始。单击"计时暂停"按钮或"计时恢复"按钮,来操作是否暂停订货会选单。

当选单全部结束后,弹出提示框,提示本年订货会已结束,如图 9-45 所示。

图 9-45 "本年订货会已结束!"对话框

(4) 竞单管理。单击主界面左下方的"竞单管理"按钮。

当该经营年没有竞单会,会弹出如图 9-46 所示的对话框。(该图中的"竟单"应为"竞单",因是系统截图,此处不作修改。)

ERP 电子沙盘教师端操作演示 1

图 9-46 "竞单管理"(竞单结束或暂未开始)对话框

当进行到设有竞单会的年份时,页面弹出准备开始竞单的对话框,如图 9-47 所示。

图 9-47 "竞单管理"(开始竞单)对话框

单击"开始竞单"按钮,弹出提示框,提示竞单会正式开始,如图 9-48 所示。

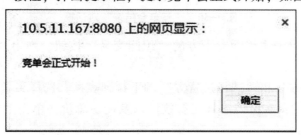

图 9-48 "竞单会正式开始"

单击"确定"按钮,弹出"竞单管理"(竞单会)对话框,如图9-49所示。

单击"重新竞单"按钮,竞单会会重新开始。单击"计时恢复"按钮或"计时暂停"按钮会恢复或暂停竞单的过程。

图9-49 "竞单管理"(竞单会)对话框

竞单结束时会弹出提示框,提示竞单会已结束,如图9-50所示。

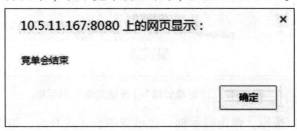

图9-50 "竞单会结束"对话框

(5)组间交易。单击主界面左下方的"组间交易"按钮,弹出"组间交易"对话框,如图9-51所示。

单击"选择出货方"和"选择进货方"的下拉列表框,选择买卖的双方组号;选择要交易的产品;在下方的文本框内输入交易数量以及交易总价,单击"确认交易"按钮,即完成了此次组间交易。

组间交易必须在两个学生组经营到某一共同系统时间点时才能操作。

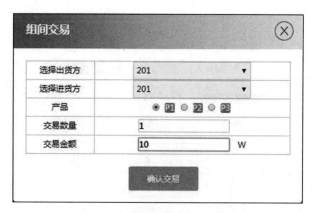

图 9-51　"组间交易"对话框

（6）排行榜单。单击主界面下方的"排行榜单"按钮，弹出"排行榜单"对话框，如图 9-52 所示。在"当前修正"下的文本框中输入加分或减分，单击"确认"按钮保存修正分。此功能来查询学生组经营的最后成绩排名。

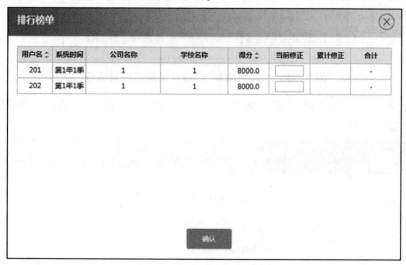

图 9-52　"排行榜单"对话框

（7）公共信息。单击主界面下方的"公共信息"按钮，弹出"公共信息"对话框，如图 9-53 所示。在年份后的下拉列表框里选择要查询的年份，单击"确认信息"按钮。

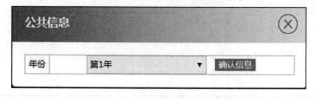

图 9-53　"公共信息"对话框

ERP 电子沙盘教师端操作演示 2

单击"确认信息"按钮后，会弹出显示每组的经营结果信息的对话框，如图 9-54 所示。

图 9-54 "公共信息"(确认信息后)对话框

①单击左下方的"综合费用表"选项,弹出"综合费用表"对话框,如图 9-55 所示。可显示各组的综合费用。

综合费用表	
项目\用户	201
管理费	4
广告费	0
设备维护费	10
转产费	0
租金	40
市场准入开拓	40
产品研发	20
ISO认证资格	30
信息费	0
其他	0
合计	144

图 9-55 "综合费用表"对话框

②单击左下方的"利润表"选项,弹出"利润表"对话框,如图 9-56 所示,显示各组的利润。

利润表

项目＼用户	201
销售收入	0
直接成本	0
毛利	0
综合管理费用	144
折旧前利润	-144
折旧	0
支付利息前利润	-144
财务费用	0
税前利润	-144
所得税	0
净利润	-144

图 9-56 "利润表"对话框

③单击左下方的"资产负债表"选项,弹出"资产负债表"对话框,如图 9-57 所示,显示各组的资产负债情况。

资产负债表

项目＼用户	201
现金	7546
应收款	0
在制品	0
产成品	0
原材料	150
流动资产合计	7696
土地和建筑	0
机器与设备	60
在建工程	100
固定资产合计	160
资产总计	7856

图 9-57 "资产负债表"对话框

④单击下方的"下一年广告投放"选项,显示下一年初各组的广告投资额。该统计数据分别以每组投放广告和每个市场各组投放广告对比的两种方式展现,可供选择,如图 9-58、图 9-59 所示。

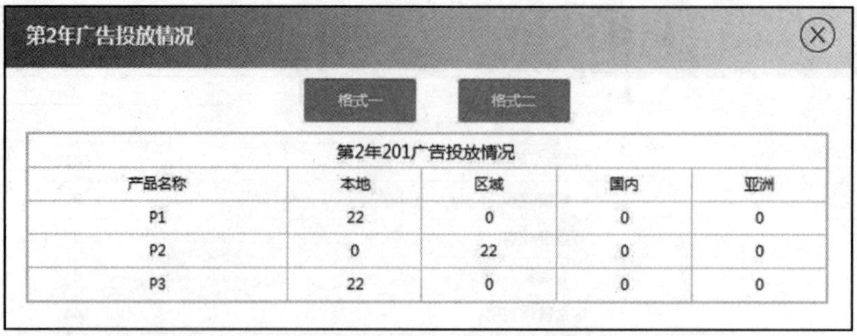

图 9-58 "下一年广告投放"（每组投放广告）对话框

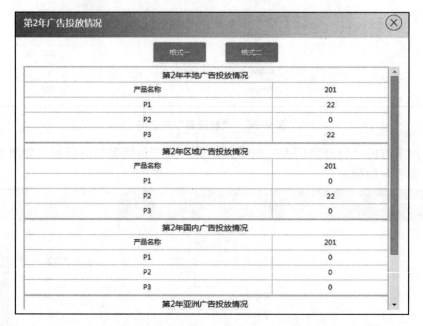

图 9-59 "下一年广告投放"（每个市场各组投放广告对比）对话框

⑤单击"导出 Excel"选项，弹出"新建下载任务"对话框，如图 9-60 所示，可将各组的对比信息以 Excel 的形式下载保存，以便查阅。

图 9-60 "新建下载任务"对话框

（8）订单详情。单击主界面下方的"订单详情"按钮，弹出"订单详情"对话框，如图 9-61 所示，显示该教学班所有年份的市场订单明细。

订单详情

订单列表

订单编号	年份	市场	产品	数量	总价	交货期	帐期	ISO	所属用户	状态
S211_01	第2年	本地	P1	4	208W	4季	1季	-	201	未到期
S211_02	第2年	本地	P1	2	112W	4季	2季	-	-	-
S211_03	第2年	本地	P1	4	208W	4季	3季	-	201	未到期
S211_04	第2年	本地	P1	2	96W	4季	2季	-	201	未到期
S211_05	第2年	本地	P1	1	53W	4季	3季	-	201	未到期
S211_06	第2年	本地	P1	4	201W	4季	1季	-	201	未到期
S211_07	第2年	本地	P1	4	179W	4季	0季	-	201	未到期
S211_08	第2年	本地	P1	3	154W	4季	1季	-	-	-
S211_09	第2年	本地	P1	4	216W	4季	2季	-	-	-
S211_10	第2年	本地	P1	2	96W	4季	2季	-	201	未到期
S211_11	第2年	本地	P1	2	117W	4季	0季	-	-	-
S211_12	第2年	本地	P1	3	161W	3季	1季	-	-	-
S211_13	第2年	本地	P1	4	197W	3季	2季	-	-	-
S212_01	第2年	本地	P2	2	144W	4季	2季	-	-	-

图 9-61 "订单详情"对话框

（9）系统参数。单击主界面下方的"系统参数"按钮，弹出"系统参数"对话框，如图 9-62 所示，显示该教学班初始化的参数设置。选择可修改的参数，在后面的下拉列表框或文本框内修改，即可对经营参数进行修改。单击"确认"按钮保存修改结果。其中，"初始现金（股东资本）"不可修改。

系统参数

参数	值	参数	值
最小得单广告额	1 W	拍卖会合同拍数量	3 个
竞拍会竞单时间	90 秒	初始现金(股东资本)	8000 W
贴现率(1,2期)	10.0 %	贴现率(3,4期)	12.5 %
紧急采购倍数(原料)	2 倍	紧急采购倍数(产品)	3 倍
所得税率	25.0 %	信息费	1 W
库存折价率(原料)	80.0 %	库存折价率(产品)	100.0 %
贷款额倍数	3 倍	长期贷款利率	10.0 %
最大长贷年限	5 年	管理费	1 W
订单首选补时	15 秒	是否存在市场老大	○无 ●有
订会市场同开数量	2 个	订货会选单时间	45 秒
违约扣款百分比	20.0 %	短期贷款利率	5.0 %
厂房数	4 ▼ 个		

图 9-62 "系统参数"对话框

（10）公告信息。单击主界面右上方的"公告信息"选项，弹出"公告留言"对话框，如图 9-63 所示。

选择发送消息对象（某组或者全体），在文本框内输入文字或表格，发送消息给学生端。当系统有默认设置的消息需要发布时，会直接弹出。

另外，为了方便教师在每年结束时发送报表等信息，也方便学生保存，该系统在教师端增加了“下发公共文件”按钮，包含下发财务报表、应收款及贷款、广告投放信息。该操作仅支持在当年结束到参加下一年订货会前操作，其他时间教师下发，学生端无法收到。

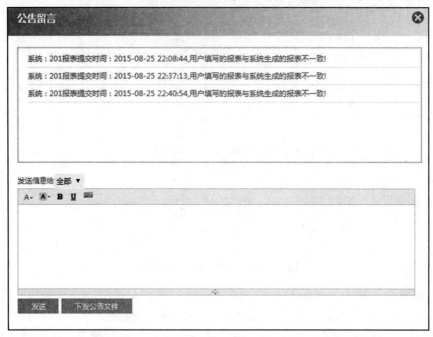

图 9-63　“公告留言”对话框

（11）规则说明。单击主界面右上方的“规则说明”选项，弹出“经营规则说明”对话框，如图 9-64 所示，可查阅本场企业模拟经营的运营规则。该规则与初始化设置的系统参数一致，可根据每次参数设置不同而变动。

经营规则说明

一、生产线

名称	投资总额	每季投资额	安装周期	生产周期	总转产费用	转产周期	维修费	残值	折旧费	折旧时间	分值
超级手工	30W	30W	0季	2季	0W	0季	5W/年	6W	6W	4年	0
自动线	150W	50W	3季	1季	20W	1季	20W/年	30W	30W	4年	8
柔性线	200W	50W	4季	1季	0W	0季	20W/年	40W	40W	4年	10

*安装周期为0,表示即买即用
*计算投资总额时,若安装周期为0,则按1算
*不论何时出售生产线,价格为残值,净值与残值之差计入损失
*只有空闲的生产线方可转产
*当年建成生产线需要交维修费
*折旧(平均年限法):建成当年不提折旧

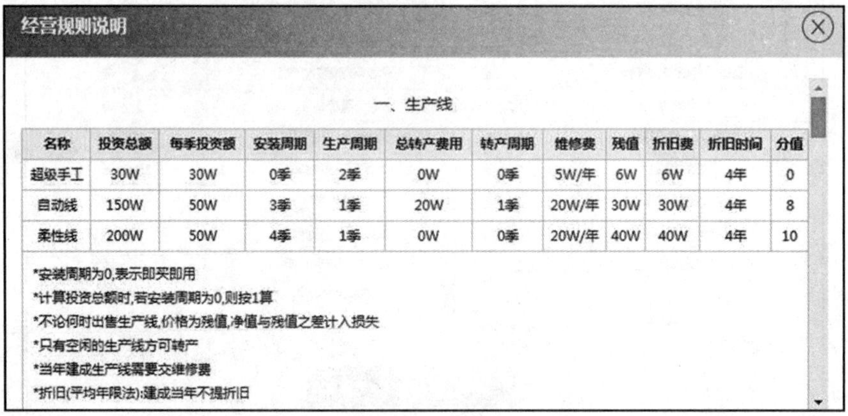

图 9-64　“经营规则说明”对话框

（12）市场预测。单击主界面右上方的“市场预测”选项，弹出“市场预测”对话框，如图 9-65 所示，可查阅此次企业模拟经营的市场预测信息，包含每个市场的需求数量和均价。

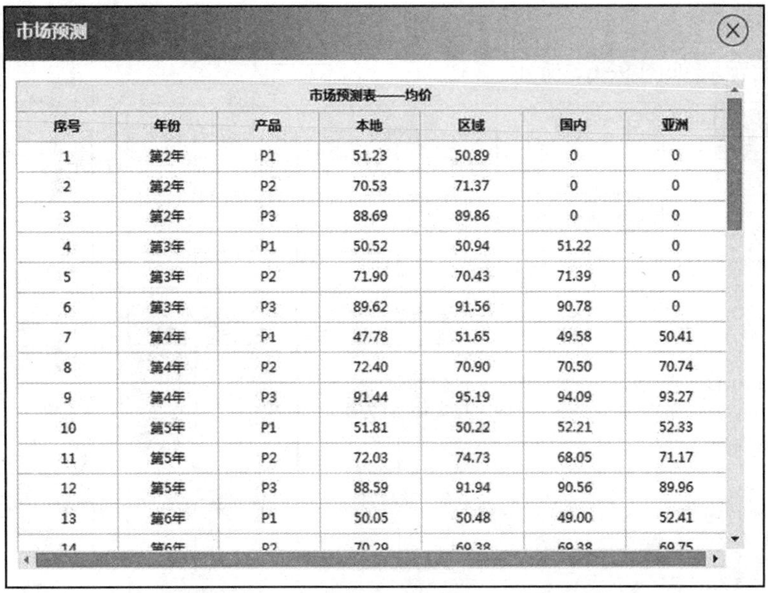

市场预测

市场预测表——均价

序号	年份	产品	本地	区域	国内	亚洲
1	第2年	P1	51.23	50.89	0	0
2	第2年	P2	70.53	71.37	0	0
3	第2年	P3	88.69	89.86	0	0
4	第3年	P1	50.52	50.94	51.22	0
5	第3年	P2	71.90	70.43	71.39	0
6	第3年	P3	89.62	91.56	90.78	0
7	第4年	P1	47.78	51.65	49.58	50.41
8	第4年	P2	72.40	70.90	70.50	70.74
9	第4年	P3	91.44	95.19	94.09	93.27
10	第5年	P1	51.81	50.22	52.21	52.33
11	第5年	P2	72.03	74.73	68.05	71.17
12	第5年	P3	88.59	91.94	90.56	89.96
13	第6年	P1	50.05	50.48	49.00	52.41
14	第6年	P2	70.29	69.38	69.38	69.75

图 9-65　“市场预测”（均价）对话框

ERP 电子沙盘教师端操作演示 3

第二节　新商战沙盘学生系统

一、全年运营流程说明

1. 年度运营总流程

新商战模拟运营企业经营六个年度，每个年度分设四个季度运行。全年总体运营流程分为年初运营、每季度运营、年末运营。

2. 年初运营流程

年初运营过程包括年度规划会议、投放广告、支付广告费、支付所得税、参加订货会、长期贷款，具体运营流程如图 9-66 所示。

图 9-66　年初运营流程

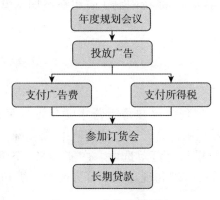

3. 每季度运营流程

每季度运营流程如图9-67所示。

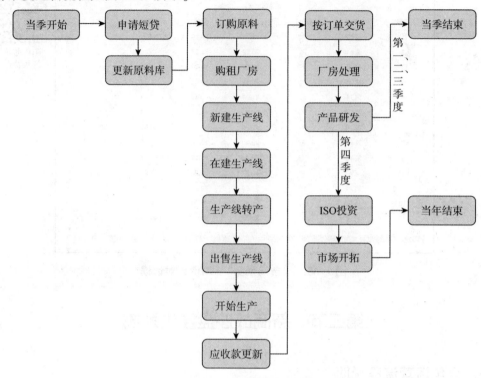

图9-67　每季度运营流程

4. 年末运营流程

年末运营流程主要包含填写报表，所填写报表包括综合费用表、利润表、资产负债表。

5. 流程外运营操作

除上述运营操作外，企业随时可进行贴现、紧急采购、出售库存、厂房贴现、订单信息、间谍等运营操作。

注意，为保证企业按规则经营，系统限制了各组在参加竞单会过程中进行紧急采购和间谍操作。

二、操作说明

1. 年初运营操作

（1）年度规划会议。年度规划会议在每运营年度开始时召开，在软件中无须操作。年度规划会议一般由团队的总经理主持召开，会同团队中的采购、生产、销售等负责人一起进行全年的市场预测分析、广告投放、订单选取、产能扩张、产能安排、材料订购、订单交货、产品研发、市场开拓、筹资管理和现金控制等方面的分析和决策规划，最终完成全年运营的财务预算。

（2）支付广告费和支付所得税。单击"当年结束"按钮，系统时间切换到下一年年初。如需投放广告，确认投放后系统会自动扣除所投放的广告费和上年应交的所得税。

（3）参加订货会。单击主界面下方操作区中的"参加订货会"按钮，弹出"订货会就绪（等待教师开通）！"对话框，如图9-68所示；或者弹出"参加订货会"对话框，如图6-69所示。当其他企业存在未完成投放广告操作时，当前组显示图9-68；当所有企业均已完成投放广告，且教师/裁判已经启动订货会时，系统会显示图9-69。

图9-68　"订货会就绪（等待教师开通）！"对话框

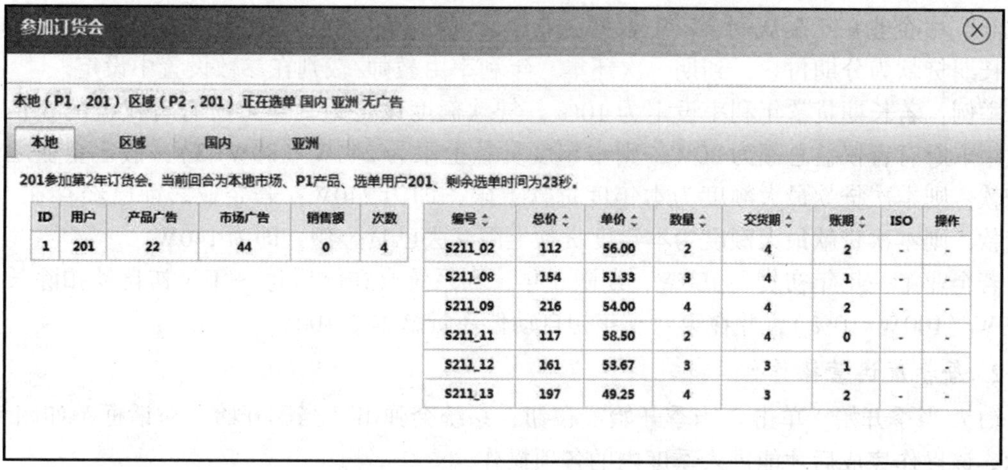

图9-69　"参加订货会"对话框

说明：系统会提示正在进行选单的市场（显示为红色）、选单用户和剩余选单时间，企业选单时特别要关注上述信息。

对话框左边显示某市场的选单顺序，右边显示该市场的订单列表。未轮到当前用户选单时，右边操作一列无法单击。当轮到当前用户选单时，操作显示"选中"按钮，单击"选中"按钮，成功选单。选单倒计时结束后，用户无法选单。

选单时要特别注意两个市场同时进行选单的情况，此时很容易漏选市场订单。

全部市场选单结束后，订货会结束。

（4）长期贷款。单击主界面下方操作区中的"申请长贷"按钮，弹出"申请长贷"对话框，如图9-70所示。该对话框中显示本企业当前时间可以贷款的最大额度，单击"需贷款年限"下拉列表框，选择贷款年限；在

ERP电子沙盘学生端操作演示4

"需贷款额"文本框内输入贷款金额,单击"确认"按钮,即申请长贷成功。

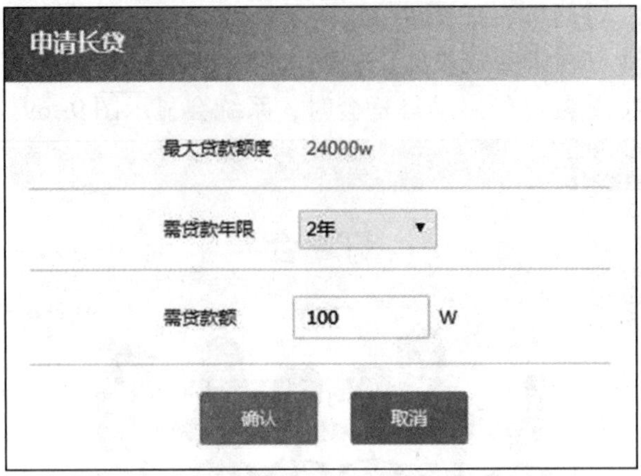

图 9-70 "申请长贷"对话框

说明:"需贷款年限"系统预设有 1 年、2 年、3 年、4 年和 5 年,最大贷款额度系统设定为上年末企业所有者权益的 N 倍,N 具体为多少,由教师/裁判在参数设置中设定;"需贷款额"由企业在年度规划会议中根据企业运营规划确定,但不得超过最大贷款额度。

长期贷款为分期付息,到期一次还本。年利率由教师/裁判在参数设置中设定。

举例:若长期贷款年利率设定为 10%,贷款额度设定为上年末所有者权益的 3 倍,企业上年末所有者权益总额为 80W,则本年度贷款上限为 240W(80W×3);假定企业之前没有贷款,则本次贷款最大额度为本年度贷款上限,即为 240W;若企业之前已经存在 100W 的贷款,则本次贷款最大额度为本年度贷款上限减去已贷金额,即为 140W。

若企业第一年年初贷入 100W,期限 5 年,则系统会在此后每一年年初自动扣除长贷利息 10W(100W×10%),并在第六年年初自动偿还贷款本金 100W。

2. 每季度运营操作

(1)当季开始。单击"当季开始"按钮,系统会弹出"当季开始"对话框,如图 9-71 所示。该操作完成后才能进入季度内的各项操作。

图 9-71 "当季开始"对话框

说明：当季开始操作时，系统会自动完成短期贷款的更新，偿还短期借款本息，检测更新生产/完工入库情况（若已完工，则完工产品会自动进入产品库，可通过查询库存信息了解入库情况），检测生产线完工/转产完工情况。

（2）申请短贷。单击主界面下方操作区中的"申请短贷"按钮，弹出"申请短贷"对话框，如图9-72所示。在"需贷款额"文本框中输入金额，单击"确认"按钮，即短贷成功。

图9-72 "申请短贷"对话框

说明：短贷期限默认为1年，到期一次还本付息，贷款年利率由教师/裁判在参数设置中设定。短贷申请时不得超过"申请短贷"对话框中的"最大贷款额度"。

举例：假定企业短期贷款年利率为5%，则企业若在第一年第一季度贷入20W，那么，企业需在第二年第一季度偿还该笔短贷的本金20W和利息1W（20×5%）。

ERP电子沙盘学生端操作演示Ⅰ

（3）更新原料库。单击主页面下方操作区中的"更新原料库"按钮，弹出"更新原料"对话框，如图9-73所示，提示当前应入库原料需支付的现金。确认金额无误后，单击"确认"按钮，系统扣除现金并增加原料库存。

图9-73 "更新原料"对话框

说明：企业经营沙盘运营中，原材料一般分为R1、R2、R3、R4四种，它们的采购价由系统设定，一般每一个原材料的价格均为1W。其中R1、R2原材料是在订购1个季度后支付，R3、R4原材料是在订购2个季度后支付。

· 183 ·

举例：假定每种原材料每个采购价均为 1W，若某企业在第一季度订购了 R1、R2、R3、R4 各 1 个，第二季度又订购了 R1、R2、R3、R4 各 2 个，则第二季度更新原料操作时，需支付的材料采购款为 2W（系第一季度订购的 R1 和 R2 材料款），第三季度更新原料操作时，需支付的材料采购款为 6W（系第一季度订购的 R3、R4 材料款和第二季度订购的 R1、R2 材料款）。具体分析过程如图 9-74 所示。

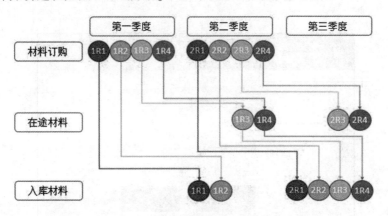

图 9-74　入库材料款支付分析过程

（4）订购原料。单击主界面下方操作区中的"订购原料"按钮，弹出"订购原料"对话框，如图 9-75 所示，显示原料、价格及运货期信息，在数量一列输入需订购的原料数量值，单击"确认"按钮即可。

图 9-75　"订购原料"对话框

说明：企业原材料一般分为 R1、R2、R3、R4 四种，其中 R1、R2 原材料需提前 1 个季度订购，R3、R4 原材料需提前 2 个季度订购。材料订购数量由后期生产需要决定，订购多了会造成现金占用，订购少了则不能满足生产需要，造成生产线停产，甚至不能按期完成产品交货，导致产品订单违约。

举例：若企业第二季度需要领用5R1、4R2，第三季度需要领用3R1、4R2、5R3、4R4，第四季度需要领用4R1、6R2、4R3、5R4，则企业第一季度需要订购的原材料为5R1、4R2、5R3、4R4，第二季度需订购的原材料为3R1、4R2、4R3、5R4。具体分析过程如图9-76所示。

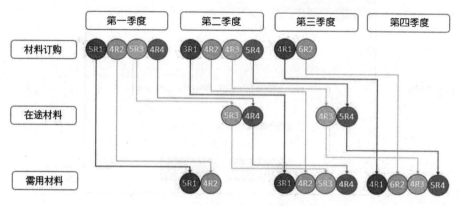

图9-76　订购原料分析过程

（5）购租厂房。单击主界面下方操作区中的"购租厂房"按钮，弹出"购租厂房"对话框，如图9-77所示。单击下拉列表框选择厂房类型，下拉列表框中提示每种厂房的购买价格、租用价格等。选择订购方式（买或租），单击"确认"按钮即可。

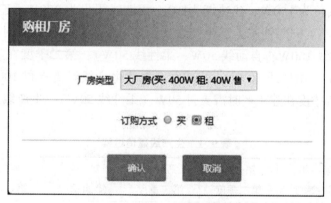

图9-77　"购租厂房"对话框

说明：厂房类型根据需要选择大厂房或小厂房，订购方式可以根据需要选择买或租。厂房每季均可购入或租入。

若选择购买，则需一次性支付购买价款，无后续费用；若选择租入，则需每年支付租金，租金支付时间为租入时以及以后每年对应季度的季末。

举例：若企业在第一年第二季度选择购入1个大厂房，则系统会在购入时一次性扣除相应的购买价款，以后不再产生相关扣款。若企业在第一年第二季度选择租入1个大厂房，则需在第一年第二季度租入时支付第一年租金，以后每年的租金由系统自动在第二季度季末支付。

（6）新建生产线。单击主界面下方操作区中的"新建生产线"按钮，弹出"新建生产线"对话框,如图9-78所示。选择放置生产线的厂房,单击"类型"下拉列表框,选择要新建的生产线类型,下拉列表框中有生产线购买的价格信息。选择新建的生产线计划生产的产品类型,单击"确认"按钮即可。新建多条生产线时,无须退出该界面,可重复操作。

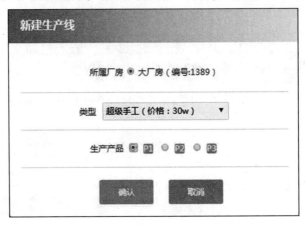

图9-78 "新建生产线"对话框

说明:生产线一般包括手工线、半自动线、自动线和柔性线等,各种生产线的购买价格、折旧、残值、生产周期、转产周期、建造周期详见规则说明。

举例:若规则规定手工线买价为30W、建造期为0Q,半自动线买价为100W、建造期为1Q,自动线买价为150W、建造期为3Q,柔性线买价为200W、建造期为4Q。企业如果在第一年第一季度同时建造上述生产线,则第一季度新建生产线时需支付230W(手工线30W、半自动线100W、自动线50W、柔性线50W),第二季度在建生产线时需支付100W(自动线50W、柔性线50W),第三季度在建生产线时需支付100W(自动线50W、柔性线50W),第四季度在建生产时需支付50W(柔性线50W)。生产线建造过程如表9-1所示。

表9-1 生产线建造过程

项目	第一年 第一季度	第一年 第二季度	第一年 第三季度	第一年 第四季度	第二年 第一季度	总投资额
手工线	30W,建成					30W
半自动线	100W,在建	建成				100W
自动线	50W,在建	50W,在建	50W,在建	建成		150W
柔性线	50W,在建	50W,在建	50W,在建	50W,在建	建成	200W
当季投资总额	230W	100W	100W	50W		480W

(7)在建生产线。单击主界面下方操作区中的"在建生产线"按钮,弹出"在建生产线"对话框,如图9-79所示。对话框中显示需要继续投资建设的生产线信息,勾选决定继续投资的生产线,单击"确认"按钮即可。

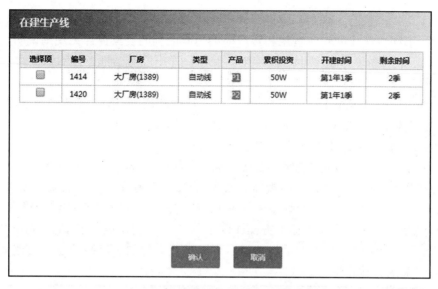

图 9-79 "在建生产线"对话框

说明：只有处在建造期的生产线才会在此对话框中显示。该对话框会提供处于建造期的生产线的累计投资额、开建时间和剩余建造期。

（8）生产线转产。单击主界面下方操作区中的"生产线转产"按钮，弹出"生产线转产"对话框，如图 9-80 所示。对话框中显示可以进行转产的生产线信息，勾选转产的生产线以及转线要生产的产品，单击"确认转产"按钮即可。

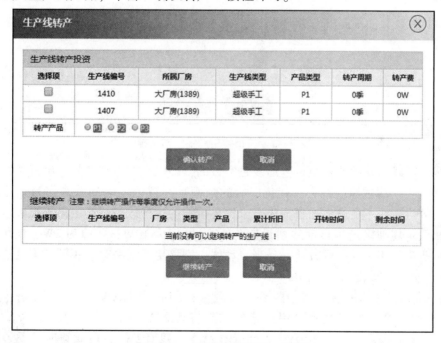

图 9-80 "生产线转产"对话框

说明：生产线在建造时已经确定了生产的产品种类，但是在企业运营过程中，为了让不同产品数量的订单按时交货，可能会对生产线生产的产品进行适当的转产操作。转产时要求该生产线处于待生产状态，否则不可进行转产操作。

转产时，不同生产线的转产费用和转产周期是有区别的，具体详见规则说明。当转产周期大于1Q时，下一季度单击"生产线转产"按钮，弹出的对话框中显示需要继续转产的生产线，勾选即继续投资转产，不选即中断转产。

举例：假定规则规定手工线转产周期为0Q、转产费用为0W。若某手工线原定生产P1产品，现在需要转产为P2产品，则转产时要求该手工线上没有在产品，且转产当季即可上线生产新的P2产品，无须支付转产费用。

假定规则规定半自动线转产周期为1Q、转产费用1W。若某半自动线原定生产P1产品，现在需要转产为P2产品，则转产时要求该半自动线上没有在产品，且需进行1个季度的"生产线转产"操作，此后方能上线生产新的P2产品；且需支付相应的转产费用1W。

（9）出售生产线。单击主界面下方操作区中的"出售生产线"按钮，弹出"出售生产线"对话框，如图9-81所示。对话框中显示可以进行出售的生产线信息。勾选要出售的生产线，单击"确认"按钮即可。

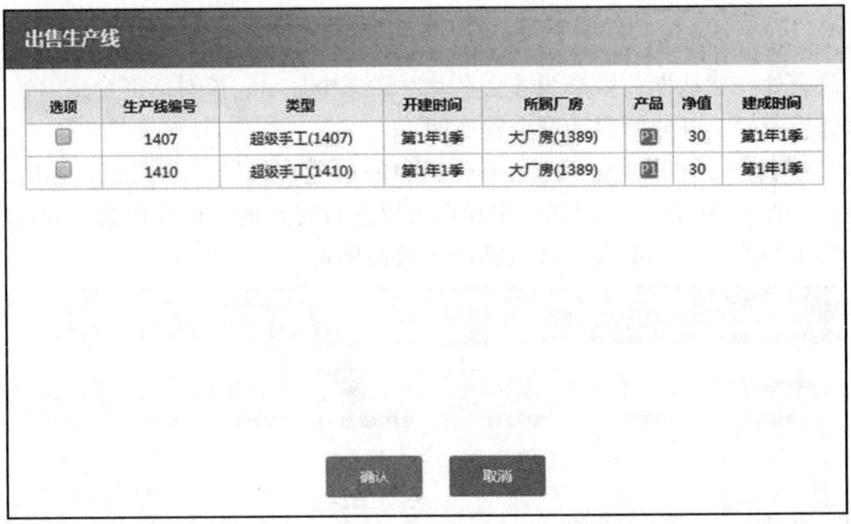

图9-81 "出售生产线"对话框

说明：生产线出售的前提是该生产线是空置的，即没有在生产产品。出售时按残值收取现金，净值（生产线的原值减去累计折旧后的余额）与残值之间的差额作为企业损失，即已提足折旧的生产线不会产生出售损失，未提足折旧的生产线必然产生出售损失。

举例：假定规则确定半自动线建设期为1Q、原值为10W、残值为2W、使用年限为4年，若某企业第一年第一季度开建一条半自动线，则该生产线系第一年第二季度建成，只要该生产线处于待生产状态即可出售。

若建成后当年将其出售，则会收到2W现金，同时产生8W［（原值10W-累计折旧0W）-残值2W］损失，若第二年将其出售，则会收到2W现金，同时产生6W损失［（原值10W-累计折旧2W）-残值2W］，以此类推。

（10）开始生产。单击主界面下方操作区中的"开始生产"按钮，弹出"开始下一批生产"对话框，如图9-82所示。对话框中显示可以进行生产的生产线信息。勾选要投产的生产线，单击"确认"按钮即可。

ERP电子沙盘学生端操作演示2

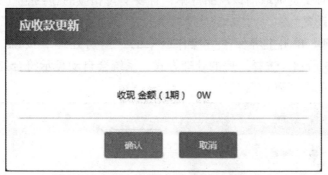

图 9-82 "开始下一批生产"对话框

说明：开始下一批生产时应保证相应的生产线空闲、产品完成研发、生产原料充足、投产用的现金足够，上述四个条件缺一不可。开始下一批生产操作时，系统会自动从原材料仓库领用相应的原材料，并从现金处扣除用于生产的人工费用。

举例：假定规则规定 P1 产品构成为 1R1+10W，当前想在某半自动线上上线生产 P1 产品，则要求该半自动线此时没有在产品（因为 1 条生产线同时只能生产 1 种产品），且原材料仓库需有 1 个 R1 原材料，以及 10W 的现金余额用于支付产品生产的人工费。上线生产后，系统会自动从 R1 原材料库中领用 1 个 R1，并从现金库中扣除 10W 的生产费用。

（11）应收款更新。单击主页面下方操作区中的"应收款更新"按钮，弹出"应收款更新"对话框，如图 9-83 所示，单击"确认"按钮即可。

图 9-83 "应收款更新"对话框

说明：应收款更新操作实质上是将企业所有的应收款项减少 1 个收账期，可分为两种情况，一是针对本季度尚未到期的应收款，系统会自动将其收账期减少 1 个季度；二是针对本季度到期的应收款，系统会自动计算并在"收现金额"框内显示，将其确认收到，系统自动增加企业的现金。

举例：若某企业上季度末应收账款有如下两笔：一笔为账期3Q、金额20W的应收款，另一笔为账期1Q、金额30W的应收款。则本季度进行应收款更新时，系统会将账期3Q、金额20W的应收款更新为账期2Q、金额20W的应收款，同时系统会自动将账期1Q、金额30W的应收款收现。

（12）按订单交货。单击主界面下方操作区中的"按订单交货"按钮，弹出"订单交货"对话框，如图9-84所示。单击每条订单后的"确认交货"按钮即可。

订单编号	市场	产品	数量	总价	得单年份	交货期	账期	ISO	操作
S211_01	本地	P1	4	208W	第2年	4季	1季	-	确认交货
S211_03	本地	P1	4	208W	第2年	4季	3季	-	确认交货
S211_04	本地	P1	2	96W	第2年	4季	2季	-	确认交货
S211_05	本地	P1	1	53W	第2年	4季	3季	-	确认交货
S211_06	本地	P1	4	201W	第2年	4季	1季	-	确认交货
S211_07	本地	P1	4	179W	第2年	4季	0季	-	确认交货
S211_10	本地	P1	2	96W	第2年	4季	2季	-	确认交货

图9-84 "订单交货"对话框

说明："订单交货"对话框中会显示年初订货会上取得的所有产品订单，会提供每个订单销售收入总价、某订单需交的产品种类和数量、交货期限、账期等信息。单击相应订单右边的"确认交货"按钮后，若相应产品库存足够提示交货成功，若库存不足则弹出库存不足的提示框。订单交货后会收取相应的现金或产生相应的应收款。

举例：若企业获取的订单情况如图9-84所示，则该订单均要求在当年第四季度结束前交货，如果不能按时交货则取消该产品订单，且要支付相应的违约金（违约金比率由教师/裁判在系统参数中设置）。

（13）厂房处理。单击主界面下方操作区中的"厂房处理"按钮，弹出"厂房处理"对话框，如图9-85所示。选择厂房的处理方式，系统会自动显示符合处理条件的厂房以供选择。勾选厂房，单击"确认"按钮。

图9-85 "厂房处理"对话框

说明：厂房处理方式包括卖出（买转租）、退租、租转买三种。

买转租操作针对原购入的厂房，实际上包括两个环节，一是卖出厂房，二是同时将此厂房租回。卖出厂房将根据规则产生一定金额、一定账期的应收款（详见规则说明），租入厂房需支付对应的租金。这一操作无须厂房空置。

退租操作针对原租入的厂房，该操作要求厂房内无生产设备。若从上年支付租金时开始算租期未满 1 年，则无须支付退租当年的租金；反之，则需支付退租当年的租金。

租转买操作针对原租入的厂房，该操作实质上包括两个环节，一是退租，二是同时将该厂房买入。退租当年租金是否需要支付参照"退租操作"说明，购买厂房时需支付相应的购买价款。该操作无须厂房空置。

举例：假定规则规定某大厂房购买价为 30W，租金为 4W/年。若企业欲将原购入的大厂房买转租，则会产生期限为 4Q、金额为 30W 的应收款，同时系统会在买转租时自动扣除当期厂房租金 4W。若企业于上年第二季度租入一个大厂房，如果在本年度第二季度结束前退租，则系统无须支付第二个年度的厂房租金；如果在本年度第二季度结束后退租，则系统须扣除第二个年度的厂房租金 4W。此操作要求该厂房内无生产设备。若企业欲租转买原租入的大厂房，则系统仍会在大厂房租入的对应季度扣除当年的租金，并且在租转买时支付大厂房的购买价款 30W。

ERP 电子沙盘学生端操作演示 3

（14）产品研发。单击主界面下方操作区中的"产品研发"按钮，弹出"产品研发"对话框，如图 9-86 所示。勾选需要研发的产品，单击"确认"按钮。

图 9-86 "产品研发"对话框

说明：产品研发按照季度来投资，每个季度均可操作，中间可以中断投资，直至产品研发完成，产品研发成功后方能生产相应的产品。产品研发的规则详见规则说明。

举例：若规则规定 P1、P2、P3 的研发规则如图 9-86 所示。则某企业在第一年第一季度开始同时研发上述 3 种产品，且中间不中断研发，则第一年第一季度需支付研发费用 30W，第一季度无产品研发完成；第一年第二季度需支付研发费用 30W，此时 P1 产品研发完成，第三季度即可生产 P1 产品；第一年第三季度需支付研发费用 20W，此时 P2 产品研发完成，第四季度即可生产 P2 产品；第一年第四季度需支付研发费用 10W，此时 P3 产品研发完成，第二年第一季度即可生产 P3 产品。各产品具体研发过程如表 9-2 所示。

表9-2 各产品具体研发过程

项目	第一年第一季度研发费用	第一年第二季度研发费用	第一年第三季度研发费用	第一年第四季度研发费用	第二年第一季度研发费用
P1	10W	10W	研发完成,开始生产		
P2	10W	10W	10W	研发完成,开始生产	
P3	10W	10W	10W	10W	研发完成,开始生产
当季投资总额	30W	30W	20W	10W	0W

(15) ISO 投资。该操作只有每年第四季度才出现。单击主界面下方操作区中的"ISO 投资"按钮,弹出"ISO 投资"对话框,如图 9-87 所示。勾选需要投资的 ISO 资质,单击"确认"按钮即可。

图 9-87 "ISO 投资"对话框

说明:ISO 投资包括产品质量认证(ISO 9000)投资和产品环保认证(ISO 14000)投资。企业若想在订货会上选取带有 ISO 认证的订单,必须取得相应的 ISO 认证资格,否则不能选取该订单。ISO 投资每年进行一次,可中断投资,直至 ISO 投资完成。

举例:若企业在订单市场中想选择带有 ISO 9000 的产品订单,则该企业必须已经完成 ISO 9000 的投资,否则不能选择该订单。假定 ISO 投资规则如图 9-87 所示,企业若在第一年同时开始投资 ISO 9000 和 ISO 14000,中间不中断投资,则第一年该企业需支付 ISO 投资额 30W(ISO 9000 投资费用 10W+ISO 14000 投资费用 20W),第二年该企业还需支付 ISO 投资额 30W。完成 ISO 投资后,该企业方可在第三年的年度订货会中选取带有 ISO 资格要求的订单。

(16) 市场开拓。该操作只有每年第四季度才出现。单击主界面下方操作区中的"市场开拓"按钮,弹出"市场开拓"对话框,如图 9-88 所示。勾选需要开拓的市场,单击"确认"按钮即可。

说明:企业经营沙盘中的市场包括本地市场、区域市场、国内市场、亚洲市场和国际市场。市场开拓是企业进入相应市场投放广告、选取产品订单的前提。市场开拓相关规则详见规则说明。市场开拓每年第四季度可操作一次,中间可中断投资。

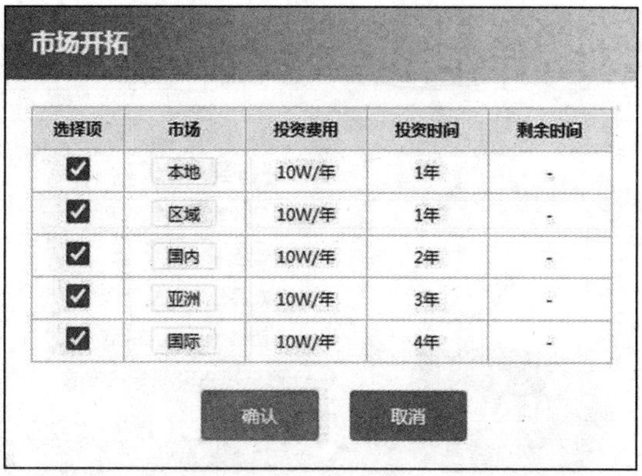

第九章　ERP 沙盘模拟经营新商战版

图 9-88　"市场开拓"对话框

举例：假定规则规定本地市场、区域市场、国内市场、亚洲市场和国际市场的开拓期分别为 1、1、2、3、4 年，开拓费用均为每年 10W。若企业从第一年末开始开拓所有市场，且中间不中断投资，则：第一年需支付 50W（各类市场各 10W）市场开拓费用，且当即完成本地市场和区域市场的开拓，即在第二年年初的订货会上可对本地市场和区域市场投放广告、选取订单；第二年年末需支付 30W（国内、亚洲、国际各 10W）市场开拓费用，且完成国内市场的开拓，即在第三年年初的订货会上可对本地市场、区域市场和国内市场投放广告、选取订单；第三年年末需支付 20W（亚洲、国际各 10W）市场开拓费用，且完成亚洲市场的开拓，即在第四年年初的订货会上可对本地、区域、国内和亚洲市场投放广告、选取订单；第四年年末需支付 10W（国际市场 10W）市场开拓费用，且完成国际市场的开拓，即在第五年年初的订货会上可对所有市场投放广告、选取订单。

（17）当季（年）结束。该操作在每年第一季度至第三季度季度末显示"当季结束"按钮，每年第四季度末显示"当年结束"按钮。单击主界面下方操作区中的"当季结束"按钮或"当年结束"按钮，弹出"当季结束"对话框（如图 9-89 所示）或"当年结束"对话框（如图 9-90 所示）。核对当季（年）结束需要支付或更新的事项。确认无误后，单击"确认"按钮即可。

图 9-89　"当季结束"对话框

· 193 ·

图 9-90 "当年结束"对话框

说明：当季结束时，系统会自动支付行政管理费、厂房续租租金，检查产品开发完成情况；当年结束时，系统会自动支付行政管理费、厂房续租租金，检测产品开发、ISO 投资、市场开拓情况，自动支付设备维修费，计提当年折旧，扣除产品违约订单的罚款。

3. 年末运营操作

（1）填写报表。单击主界面下方操作区中的"填写报表"按钮，弹出"填写报表"对话框，如图 9-91 所示。依次在综合费用表、利润表、资产负债表的文本框内输入相应计算数值，三张表在填写过程中都可单击"保存"按钮，暂时保存数据。单击"提交"按钮，即提交结果。系统计算数值是否正确并在教师端公告信息中显示判断结果。

图 9-91 "填写报表"对话框

说明：综合费用表反映企业期间费用的情况，具体包括管理费、广告费、设备维护费、转产费、厂房租金、市场开拓费、ISO 认证费、产品研发费、信息费和其他等项目。其中，信息费是指企业为查看竞争对手的财务信息而支付的费用，具体由规则确定。

利润表反映企业当期的盈利情况，具体包括销售收入、直接成本、综合费用、折旧、财务费用、所得税等项目。其中，销售收入为当期按订单交货后取得的收入总额，直接成本为当期销售产品的总成本，综合费用根据"综合费用表"中的合计数填列，折旧系当期生产线折旧总额，财务费用为当期借款所产生的利息总额，所得税根据利润总额计算。

此外，下列项目系统自动计算，公式如下：

$$销售毛利 = 销售收入 - 直接成本$$

$$折旧前利润 = 销售毛利 - 综合费用$$

$$支付利息前利润 = 折旧前利润 - 折旧$$

$$税前利润 = 支付利息前利润 - 财务费用$$

$$净利润 = 税前利润 - 所得税$$

资产负债表反映企业当期财务状况，具体包括现金、应收款、在制品、产成品、原材料等流动资产，土地建筑物、机器设备和在建工程等固定资产，长期负债、短期负债、特别贷款、应交税金等负债，以及股东资本、利润留存、年度净利等所有者权益项目。

资产负债表中相关项目填列方法如下："现金"根据企业现金结存数填列；"应收款"根据应收款余额填列；"在制品"根据在产的产品成本填列；"产成品"根据结存在库的完工产品总成本填列；"原材料"根据结存在库的原材料总成本填列；"土地建筑物"根据购入的厂房总价值填列；"机器设备"根据企业拥有的已经建造完成的生产线的总净值填列；"在建工程"根据企业拥有的在建的生产线的总价值填列；"长期负债"根据长期借款余额填列；"短期负债"根据短期借款余额填列；"特别贷款"根据后台特别贷款总额填列（一般不会遇到）；"应交税金"根据计算出的应缴纳的所得税金额填列；"股东资本"根据企业收到的股东注资总额填列；"利润留存"根据截至上年末企业的利润结存情况填列；"年度净利"根据本年度利润表中的净利润填列。

（2）投放广告。该操作在每年年初进行。单击主界面下方操作区中的"投放广告"按钮，弹出"投放广告"对话框，如图 9-92 所示，录入各产品各市场的广告费，单击"确认"按钮即可。

图 9-92 "投放广告"对话框

说明：市场开拓完成后，相应的市场显示为黑色字体，则可在该市场投放广告。若市场显示为红色字体，则表示该市场尚未完成开拓，不可在该市场投放广告。市场广告费的投放要根据市场的竞争激烈程度、企业自身的产能、发展战略、竞争对手的广告投放策略等多方面因素综合考虑。广告投放后，就可等待教师/裁判开启订货会。订货会开始的前提是所有的小组均完成广告投放。

4. 流程外运营操作

（1）贴现。此操作随时可进行。单击主界面下方操作区中的"贴现"按钮，弹出"贴现"对话框，如图9-93所示。对话框中显示可以贴现的应收款金额，选好贴现期，在贴现额一列输入要贴现的金额。单击"确认"按钮，系统根据不同贴现期扣除不同贴息，将贴现金额加入现金。

图9-93 "贴现"对话框

说明：贴现是指提前收回未到期的应收款。因为该应收款并非正常到期收回，所以贴现时需支付相应的贴现利息，公式如下：

$$贴现利息 = 贴现金额 \times 贴现率$$

贴现率由教师/裁判在系统参数中设定，相关规定详见规则说明。这一操作一般在企业短期存在现金短缺，且无法通过成本更低的正常贷款取得现金流时才考虑使用。

举例：假定某企业账期为1Q和2Q的应收款贴现率为10%，账期为3Q和4Q的应收款贴现率为12.5%，若该期限现将账期为2Q、金额为10W的应收款和账期为3Q、金额为20W的应收款同时贴现，则：

$$贴现利息 = 10W \times 10\% + 20W \times 12.5\% = 3.5W$$

规则规定，贴现利息一律向上取整，所以贴现利息实为4W。

$$实收金额 = 10W + 20W - 4W = 26W$$

贴现后收到的26W，当即增加企业现金；产生的贴现利息4W，作为财务费用入账。

（2）紧急采购。该操作随时可进行。单击主界面下方操作区中的"紧急采购"按钮，弹出"紧急采购"对话框，如图9-94所示；显示当前企业的原料、产品的现有库存数量以及紧急采购价格，在"订购量"一列输入数值，单击"确认采购"按钮即可。

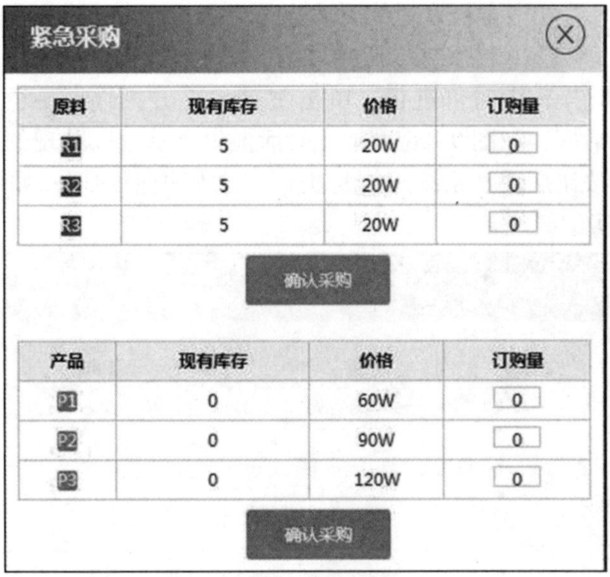

紧急采购

原料	现有库存	价格	订购量
R1	5	20W	0
R2	5	20W	0
R3	5	20W	0

确认采购

产品	现有库存	价格	订购量
P1	0	60W	0
P2	0	90W	0
P3	0	120W	0

确认采购

图 9-94　“紧急采购”对话框

说明：紧急采购是为了解决材料或产品临时短缺而出现的。企业原材料订购不足或产品未能按时生产出来，均可能造成产品订单不能按时交货，从而导致订单违约，而失去该订单收入和支付违约损失。为避免该损失，企业可通过紧急采购少量的短缺原材料或产品，从而满足生产或交货的需要，促使产品订单按时交货，由此取得相应的销售利润。紧急采购价格一般比正常的采购价要高很多，具体由教师/裁判在参数设置中设定。操作时既可以紧急采购原材料，也可以紧急采购库存产品。

（3）出售库存。该操作随时可进行。单击主界面下方操作区中的“出售库存”按钮，弹出“出售库存”对话框，如图 9-95 所示，显示当前企业的原料、产品的库存数量以及销售价格，在“出售数量”一列输入数值，单击“出售产品”按钮或“出售原料”按钮即可。

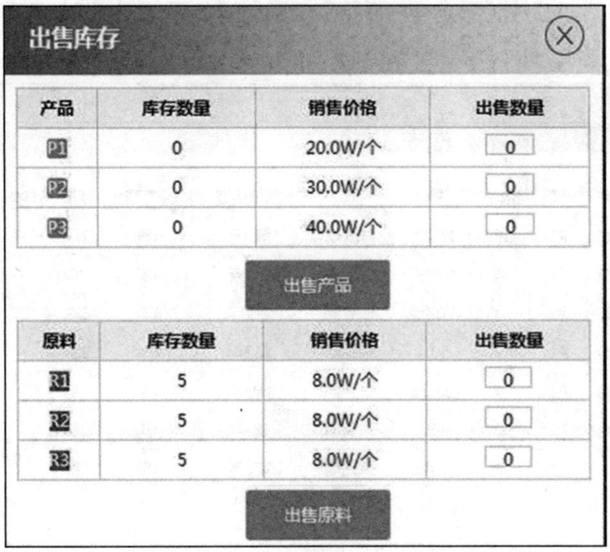

出售库存

产品	库存数量	销售价格	出售数量
P1	0	20.0W/个	0
P2	0	30.0W/个	0
P3	0	40.0W/个	0

出售产品

原料	库存数量	销售价格	出售数量
R1	5	8.0W/个	0
R2	5	8.0W/个	0
R3	5	8.0W/个	0

出售原料

图 9-95　“出售库存”对话框

说明：企业一般只有在资金极度短缺时才会考虑出售库存。库存产品或原料一般会在成本的基础上打折销售，售价由教师/裁判在参数设置中设定。

（4）厂房贴现。该操作随时可进行。单击主界面下方操作区中的“厂房贴现”按钮，弹出“厂房贴现”对话框，如图 9-96 所示。对话框中显示可以贴现的厂房信息，选择某一厂房，单击“确认”按钮贴现。系统根据每类厂房出售价格贴现，如果有生产线则扣除该厂房的租金，保证厂房继续经营。

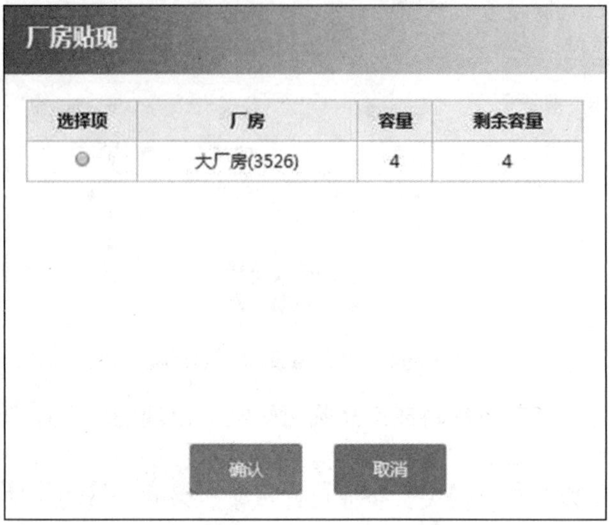

选择项	厂房	容量	剩余容量
○	大厂房(3526)	4	4

图 9-96　“厂房贴现”对话框

说明：该操作实质上是将厂房卖出（买转租）产生的应收款直接贴现取得现金。它与厂房处理中的卖出（买转租）的区别在于，卖出（买转租）操作时产生的应收款并未直接贴现，而厂房贴现则直接将卖出（买转租）产生的应收款同时贴现。

（5）订单信息。此操作随时可进行。单击主界面下方操作区中的“订单信息”按钮，弹出“订单信息”对话框，如图 9-97 所示。对话框中显示当前企业所有年份获得的订单，可以查询每条订单的完成时间、状态等信息。

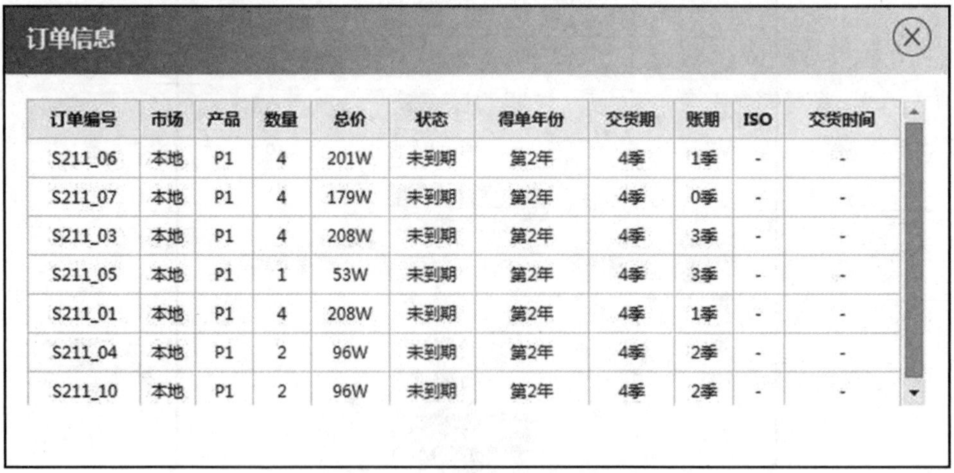

订单编号	市场	产品	数量	总价	状态	得单年份	交货期	账期	ISO	交货时间
S211_06	本地	P1	4	201W	未到期	第2年	4季	1季	-	-
S211_07	本地	P1	4	179W	未到期	第2年	4季	0季	-	-
S211_03	本地	P1	4	208W	未到期	第2年	4季	3季	-	-
S211_05	本地	P1	1	53W	未到期	第2年	4季	3季	-	-
S211_01	本地	P1	4	208W	未到期	第2年	4季	1季	-	-
S211_04	本地	P1	2	96W	未到期	第2年	4季	2季	-	-
S211_10	本地	P1	2	96W	未到期	第2年	4季	2季	-	-

图 9-97　“订单信息”对话框

说明：企业随时可单击"订单信息"按钮查阅所取得的订单情况，从而确定生产安排、交货安排等情况。

（6）间谍。单击主界面下方操作区中的"间谍"按钮，弹出"间谍"对话框，如图9-98所示。在自己需要的信息位置单击"确认下载"按钮即可。

ERP 电子沙盘学生端操作演示6

图9-98　"间谍"对话框

说明：间谍对话框可显示获得自己公司信息和其他公司信息两种，可免费获取自己公司的综合信息，以 Excel 形式查阅或保存企业经营数据。若要查看其他公司的信息，则需支付教师/裁判在参数设置中设定的间谍费，才能以 Excel 形式查询。

ERP 电子沙盘模拟操作第一年演练1

ERP 电子沙盘模拟操作第一年演练2

ERP 电子沙盘模拟操作第一年演练3

ERP 电子沙盘模拟操作第一年演练4

ERP 电子沙盘模拟操作第一年演练5

ERP 电子沙盘模拟操作第一年演练6

附　录

附录1　ERP沙盘模拟竞赛经验

一、经验：稳中求胜

"心态开放，亲力亲为，团结协作，换位思考。"我们就是在这样的职位分工原则下，在老师带领下参加了紧张而又激烈的ERP沙盘模拟对抗赛。由于经验不足，我们取得了二等奖。为了使下一年来比赛的选手能更进一步，我作为小组成员，在这里总结一下从这次比赛中得到的一些经验。

总的来说，我们应该用一种战略的眼光去看待业务的决策和运营，要根据产品的需求预测，做出正确而有效的企业运营决策，然后在资金预算允许的范围内，在合适的时间开发新产品，提高公司的市场地位，并在此基础上开发本地市场以外的其他市场，进一步拓展市场领域，从而扩大生产规模，采用现代化生产手段，努力提高生产效率。另外，团队成员要各尽其责，充分利用其他企业良好的人力资源，为企业进一步发展作铺垫，从而使企业获得更好的经济效益。

从小的方面来说，每组中必须指定一个成员负责任务清单的核查，每步都需要所有成员集中精力去听、去做，不能出一点差错。不然会直接影响本年的报表，导致报表不平或下一年的任务混乱。在具体的企业运营过程中，有几点至关重要。

1. 广告

（1）因为每年年初要投放广告，所以要在上年年末时注意留存的现金，保证拥有的现金足以支付下年的广告费；如若不够，则要立即贴现，留够下年的广告费，再编制报表。

（2）第一年投广告费时，一定要做本地市场老大；而在以后几年市场竞争激烈时，至少要保住一个市场老大。另外，要问清评委老师有没有"二次加单"的机会，如若没有，则营销总监只能根据市场预测一次性地投入广告费，这给营销总监的工作增加了一定难度，需要更好地预测及推测市场情况。

（3）在接下来几年的运营中，广告费至关重要，一定不可马虎。只有广告投放好了，才能保证拿好订单，否则，企业的生产能力再强，如果订单没拿够，那么生产出的产品只能库存积压，卖不出去；如果订单拿够，而产品不够，则应及时考虑周围的资源，和其他企业进行交易，买订单、买产品等，以确保企业的正常运行与稳步发展。

2. 登记销售订单

登记销售订单时一定要认真、细心。每种产品的直接成本一定要计算清楚，不能混淆。否则，将直接影响到毛利及净利润，从而影响编制报表。

3. 有关长期贷款、短期贷款、高利贷

（1）如果企业在第一年第一季度借入短期贷款，则要在第二年第一季度还本付息。如果所有者权益允许，则还可续借短贷，但要支付利息。在企业能力允许的情况下，短期贷款也可提前还款，同时支付利息。

（2）企业要充分利用短期贷款的灵活性，根据企业资金的需要，分期短期贷款，以减轻企业的还款压力。

（3）长期贷款与短期贷款在每次还款时，都要先看贷款额度。

4. 原材料入库及下原料订单

规则中规定：原材料采购需提前下达采购订单，而只要下了订单，都必须入库。所以采购总监和生产总监一定要根据总经理的决策，提前算出每季度每种材料下订单的个数及入库产品的种类和个数。

5. 产品研发投资

（1）一个好的企业不会局限于生产单一的产品，生产单一产品的企业是不会长久的。

（2）越是有实力的企业，推出的产品市场划分就越细；而没有远见的企业一般只会去做一种产品。所以说，在产品研发投资上，应在预算允许的前提下开发多种产品，从而提高企业的市场地位，为公司作长远打算。

6. 折旧

（1）当年新投资的机器设备当年不计提折旧。

（2）在计提折旧时，按年初设备价值的 1/3 计算（不计小数部分）；如果设备价值小于 3M，则每年折旧 1M，直到残值为止。在折旧方面，我们应特别注意，不能出错。

7. 新市场开拓投资和 ISO 资格认证的投资

这里要注意的是，ISO 资格认证的投资只针对市场不针对产品。

一个好的企业需要团队协作精神。比赛时，企业的起点都是一样的，当我们用数学的角度来观察它时，会发现企业的运行模式好似一条开口方向向上的抛物线，这就使我们必须想办法提高第二年的销售额，做到第二年尽量少赔，然后再充分发挥每条生产线的作用，以保证以后几年企业的顺利经营。但在比赛时，由于预算不准确，没有"居安思危"，以致企业在第三年时跌入低谷。这使我们每个人都明白了，企业顺利运行的大忌是"急于求成"。另外，没有充分利用其他组的资源，也是我们的教训之一。总之，这次比赛使我们真正体会到了"稳"中求"胜"的重要性，每个人都受益匪浅。

二、经验：战略思维和群体决策并重

为期两天的 ERP 沙盘模拟大赛结束了。尽管时间不长，但通过这次大赛，我不仅对专业知识有了理性认识，更对企业经营管理的感性知识层面有了深切的体会。简单总结如下。

1. 在犯错误中学习

中国有句古语叫"一将功成万骨枯"，这句话除了对战争残酷性进行了批判外，还揭示了一个深刻的管理学理论，那就是完全依靠管理实践在实战中培养管理者，其代价是极其惨重的，任何组织和个人都难以承受巨大的培养成本。

但是在沙盘模拟训练中，我认为多犯错误收获更大。不管你犯了多少低级可笑的错误，暴露了多少自身存在的缺点，有多少决策和执行的失误，都不会给企业造成任何实际的经济损失。而模拟经营中那些痛苦的教训和失败的经历能令我们在特定的竞争环境下，与实战相比有更深切、更具体的体会。

2. 构建战略思维

原以为战略思维只是企业总经理需要考虑的问题，是一个很概括、不好度量的概念，通过学习我发现，战略思维从始至终都应该是组织成员的意识和行动应有的要素，即从整体上来思考问题，这远比各管一摊有效率得多。

另外，如何建立一个企业的战略也是一个相当重要的问题。管理者被无视企业长期发展的"当期"意识制约，战略纵深思维的难以形成，会对企业持续发展和长期利益构成直接伤害。现代优秀的职业经理人必须树立基于现实的未来意识，因为只有这样才能走出势利与卑微，才能回归责任与诚信，管理者的价值才得以体现，企业才能持续发展、走向未来。

沙盘模拟培训的设计思路充分体现了企业发展必然遵循的历史与逻辑的关系，从企业的诞生到企业的发展壮大都取决于战略的确定。管理团队必须在谋求当期的现实利益基础上进行为将来发展负责的决策。通过学习，我深刻体会到了现实与未来的因果关系、管理者必须要承担的历史责任。

3. 受益于群体决策

一个组织成熟的标志是其形成并运用组织智慧的能力。沟通、协作和群体意识在未来企业竞争中的作用越来越被有远见的组织所关注。企业需要走出独断决策的传统误区，因为我们聆听过太多能人的成功史，感染了过分浓重的企业英雄主义情结。仅仅依靠特殊资源构建竞争优势的老路已经走到了尽头，企业的竞争越来越趋向于组织整体智慧的较量。

我组成员在这一点上占据了很大优势，最后优秀成绩的取得在很大程度上归功于我们的群体决策。在巨大的竞争压力和时间压力下，要想取胜就必须快速建设能力超群的高效团队，形成团队个体之间的优势互补，运用团队智慧，对环境变化做出准确的判断和正确的决策。在没有经验的一群人中，如果只是按照自己分内的职责做事，不情愿别人插手，无疑很狭隘。

在这个过程中，我只是个小小的营销助理。但我相信，在这个团队中，我发挥了很重要的作用，除了不多的意见没有被采纳外，其他意见被证明是很有建设性的。这说明运用积极的沟通技巧，发挥影响力，培养成员之间的信任，在团队协作中是很有效的。

随着市场经济的快速发展，经济全球化进程的加快，在具有网络化、数字化、信息化三大特征的知识经济时代，企业的管理思想和管理手段也在不断变革，具备先进管理理念和作用的 ERP 已被越来越多的企业所认同和接受，其成功的信息集成、市场预测、统筹分析、全面质量管理和成本管理、项目管理等作用已经初步凸显。通过 ERP 沙盘模拟实验，我深切地感受到现代企业若想做强做大，必须进行合理的企业资源的有效利用和规划，即实施企业的 ERP。

先从总体战略说，最后的评分方法虽说是各种其他资源状况的权重再乘以所有者权益，但"其他"只是一个锦上添花的作用，能不能得高分还是要看你的所有者权益够不够多。所以你选用什么样的战略，判断标准只有一个——所有者权益估计出来的值。我建议，超过 100M 的才是可考虑的战略，因为这个游戏是个博弈，也就是说，如果有人盈利就一定有人亏损，你赚到 100M 以上，别人基本上就没有机会追上你了。所有战略的出发点都基于规则，所以一定要吃透规则，最大限度地利用规则，比如说，计提折旧，如果第一年要上全自动生产线或柔性生产线，产品的开发周期是 6Q，你第一年第一季度就投的话，有 2Q 什么都干不了，还要多提一年的折旧，而且，因为第一年能赚的钱有限，拿到最大单毛利才 22M，所以第一年应该尽量减少支出，把折旧往后几年推，并借长期贷款，为头三年的现金流做保证，也防止以后几年权益越来越少，反倒借不了款。短期贷款不建议多用，因为按照规则规定的顺序，你要是期期都有短期贷款，是必须先还才能再借的，也就是要求每期的现金流都要保证在 20M 以上，这实际上是一种负担。要借也最好避开年初和年末，更不要一期借 40M，以防现金断流。说到财务方面，现金流是无论如何都不能断，但小投入只有小回报，高投入有高风险但回报也高，大家要放开胆子，实在不行还有高利贷，还可以卖厂房。我们组在很困难的情况下，卖了厂房，借了 40M 的高利贷，最后的权益还能达到 111M，而且最后开了 6 条全自动线，生产能力是最强的。而生产什么，卖什么，要看市场预测。

在市场预测中，先说最大单，数量应是市场总量的三分之一，第二大单比最大单数量一般少 2 个。然后说带 ISO 认证要求的，第四年有这个要求的订单数量一般为 1~2 个，第五年为总订单数的 1/2，第六年就要占到 80% 了，所以这两个认证很重要，能早出就早出，或许就能多拿到一张订单。总结每种产品每年每个市场最大单数量及毛利的情况后，以上的问题就一目了然了。总的来说，采取多产品单市场战略，绝对不能采取单产品多市场的战略，因为市场老大这个规则非常有影响力。第一年要多投放广告，一定要抢下本地市场老大的位置，因为本地市场无论是什么产品价格都很高；与它一样的还有亚洲市场。这两个市场对于 P2、P3 来说更是这样。这是拿第一的保证。因为 P1 价格逐渐走低，后期只有国际市场才能售出，而 P2、P3 才是赚钱的主力，后期更是要多销售 P3，多卖一个 P3，就多 5M 的毛利；而 P4 发展空间太小，起不到什么作用，费用还高，不要开发为好。注意第二年就要生产 P2、P3，各位要好好考虑怎样安排生产线，是本地老大就要保持。

再说生产安排的问题。分析各种生产线对各产品的投资回收期，P1 全自动最短，P2 半自动和全自动差不多，P3 半自动最短、全自动其次。综合按投资收益率来看，全自动的投入产出比是最好的，也就是说，全自动的效率最高。上生产线就要全自动的，柔性生产线折旧太高。

最后再说结盟，具体来说，你投本地市场和区域市场的广告，你的同盟者也这样做，但重点不同，你重点投在本地，你的伙伴投在区域。拿完订单后，交换订单，他把本地的给你，你把区域的给他，这样就优势互补，一个市场最少可以保证拿2张订单，投入也要少一些。

三、经验：研究、思路、中心、回顾

首次接触ERP沙盘模拟对抗赛是在大一的时候，那时候我还什么都不知道，感觉那就是场游戏，但是就因为那次参与，我喜欢上了这个思想和智慧的对抗游戏。于是，本学期我校首次ERP沙盘模拟对抗赛我参加了。初赛、复赛都一路顺利过关，最后以复赛第一的身份进入了决赛。但是决赛中，我们小组以1分之差与冠军失之交臂。幸运的是我被老师选中参加"用友杯"全国大学生ERP沙盘模拟对抗赛。在经历这些比赛后，我总结了几点经验：研究、思路、中心、回顾。

1. 研究

（1）研究物：规则、市场预测、生产投资回收期。我们的决策全部都要在规则下制定，同时更需要符合市场的需求，因为要生产经营六年，如何投入生产线及产品？要先弄清投资回报率和投资回收期。

（2）研究人：竞争对手、自己。弄清对手的发展状况，确定谁是我们真正的对手，同时给自己准确定位。

2. 思路

策划大师王志纲说过："思路决定出路。"我们可以把思路分成以下几个方面。

（1）产品。产品专业化（选毛利比较高的产品，可以重点生产某种产品或只生产某产品），选好自己的主打产品，做好品牌。

（2）市场。市场要注意市场专业化和市场全面化。

市场专业化（集中化）：某种产品对应某个市场，做好产品、市场、时间的三维坐标体系，看好某重要市场。做好市场老大，也是比赛中稳定的好方法。

市场全面化：可以选择所有市场，但是同样做好产品、市场、时间的三维坐标体系，看好是哪种产品要投资哪个市场。那样能获得更多利润。

（3）生产线。生产线一般投资全自动、半自动，柔性线和手工线几乎不在后期开发。

选择时间投入：为少提折旧，可以选择生产线在某年第一季度建成；最好使生产线和产品同一时间研发完成；转产最好选择手工线，其他一般不转产。

（4）融资渠道。贷款（长/短/高/）：贷款和权益有关，第一年年末长期贷款最好选择贷最高额（因为权益在逐年下降），长期贷款用于生产线投资和产品研发，短期贷款用于维护生产和生产周转。不到没有办法不贷高利贷。

贴现：做好预算，做到不贴现。

出售厂房：出售厂房也是可以带来投资新生产的好办法。但是要做好预算，做到良性运用。

3. 中心

（1）"以权益和加分项"提高为中心。比赛中最后得分是权益×(1 + 加分项/100)。所以你要做的每一步都要看是否影响权益。

（2）以决策为中心执行。决策是民主的，执行是独断的。所以要求各部门总监在决策时发挥自己的创意，在执行时根据目标执行。

4. 回顾

回首一路走过的 ERP 沙盘模拟对抗赛，比赛规则是变化的，没有什么模式可以照搬。小小沙盘蕴涵了每位参赛选手的智慧，同时也融汇了财务管理、企业战略管理、生产运作管理、市场营销、市场调查与预测等各门课程知识，真正地让我们的知识运用到实践中。

在沙盘中，我们总结以下几种战略方案。

（1）占山为王。在每次比赛中，本地市场的各种产品销售和毛利都较高。首年高投入广告费，占据市场老大，同时高额贷款扩大生产，运用产能占据第一，让别人望尘莫及。

（2）厚积薄发。前期减少广告费投入，积聚力量扩大生产和产品研发，然后运用广告投入在后几年占据有效市场，最终超越别人。

（3）遍地开花。本方案建立在完全认清市场的情况下，市场全都开发，通过合理的广告把产品销售到毛利最高的市场上去，从而获得较高的销售额。

我们组在本次"用友杯"全国大学生 ERP 沙盘模拟对抗赛中，结合厚积薄发、遍地开花方案的优势，做到前几年权益减少得小，同时生产线跟上，保证产能，最后取得了优异的成绩。

ERP 沙盘模拟竞赛方案

一、方案 1

第一年第一季度下四个 R2，研发 P1；第二季度研发 P1、P2、P3，第三季度贷款 290W，买一个大厂房，租一个小厂房，上四条手工线、两条自动线生产 P2，一条自动线生产 P3，然后四条手工线生产 P1，继续研发 P2、P3；第四季度贷款 410W，继续建线，然后研发 P2、P3（也可以跟一季 P5，我感觉第二年现金流不好过就没研发），市场开拓和 ISO 都开，然后手工线的维修费。

第二年投 230W 左右广告费，因为有一期交货的 P1，跟 4 个三期交货的万能产品，需要的四期交货也不是很多。然后长贷 220W，短贷全贷出，此时会有贴现，因为第一季度可以交 4 个 P1。然后根据市场 P4、P5 的情况进行产品研发，因为第一季度在产产品了，第二季度贷款很少，无法上线。第二年就要平稳发展，研发个别产品，等第三年继续投资。

二、方案 2

在 2019 年 6 月举行的沙盘模拟大赛中，我们小组取得了省级特等奖的成绩，这主要取决于小组成员在赛前的付出及比赛中的通力协作，在此我代表我们小组来分享一下有关

ERP 沙盘的经验。

2019 年的沙盘比赛采用的是新道商战的系统，在此系统中要求每个小组由五名成员组成，分别担任 CEO、财务总监、采购总监、生产总监、市场总监五个职位。在实际比赛中，为了更好地了解把握市场，执行生产采购等任务，通常将市场总监与 CEO 合为一个职位，将采购总监与生产总监合为一个职位。但职位的融合并不意味着原职位职能的消失。五人中两人负责开拓市场，且两人中仍然会有一个人主要负责 CEO 的工作，进行最后的决策；另外三人可以由一人担任财务总监，两人进行采购生产，也可以一人进行采购生产，两人进行财务总监的工作，以确保报表的正确性。

分工结束后最关键的就是比赛方案的确定，我们在赛前进行了为期一个月的赛前集训，每天与各个地区的高校切磋，对他们的方案进行分析，去其糟粕，取其精华，最终确定了三至四套备选方案。在 2019 年省赛前，我们组在进行了充分的讨论后，从备选方案中确定了一套不同寻常却值得一试的方案。

万事开头难，一个好的开始对比赛之后的进展起着至关重要的作用。2019 年我们一改往年的思路，采用自动线加手工线的方式开局，主要原因在于 2019 年的规则将自动线的安装周期改为两季度，结合产品的研发周期，以及模拟赛中积累的产品销售经验，我们决定在第一年第一季度进行三条 P1 自动线的建设，在第三季度进行两条 P1 自动线的建设。在充分预算现金流后，让第一季度的三条自动线于第三季度建成后开始生产，这样我们能够在第二年拿到对手无法接取的产品订单。第二年的广告我们结合市场预测，在数量较多的市场投入相对多的资金，在数量较少的市场投入较少的资金，以保证能够拿到足够的订单。

根据计划，我们在第二年第一季度又租了一个大厂房，然后根据接取的订单数量确定手工线的数量。最终，我们在第二年第一季度上了四条手工线，在第三季度加上一条 P2 自动线以填补厂房的空缺。在研发方面，为了分散产能，谋求更高的销售额及利润，第二年完成了 P2 及 P4 的研发，同时为避免缴税，进行了一季度的 P5 研发。

根据对市场的细致分析，我们发现，比赛的市场第二年和第三年只有 P4 在数量上有较大的增加，在第四年及第五年所有产品在数量上有较大的增长，但第六年需求量却严重下滑，特别是小产品（P1、P2、P3）方面，综合产品的价格在第四年开始下滑，我们决定在第三年第一季度租赁一个大厂房，上五条租赁线。使用租赁线相对冒险，因为当产品出现堆积无法完全销售时，出现亏损的可能性是相对较大的，但我们在广告方面有选择性地投入，在订单的选择方面成功避免了产品的堆积，将产能全部占满，在第三年能够平稳发展。同时完成所有产品的研发，以保证在数量上升的第四年及第五年能够通过分散产能获得较大的利润。

第四年，由于产品数量开始上升，为了迎合扩大的市场，在继续使用第三年五条租赁线的基础上，我们又租赁一个大厂房，上五条租赁线继续扩大产能。同时加大广告投入，保证在订单的选择上能够游刃有余。在第三季度时，我们将产能较小的手工线变卖，上四条手工线，分别生产 P2、P3，确保在产品数量最多的第五年能够"爆产"，以最大的产能迎接最饱和的市场。

第五年，在广告方面延续第四年的策略，谋求利润最大化。在厂房方面，综合对现金及利润的影响，我们买下三个厂房，因为租用的厂房不会算作资产，在最后的得分统计中是不算分数的。在确保第五年产能最大之后，第四季度时，为谋求分数最大化，同时减少在第六年缩小的市场中的花费，保持产能，我们将生产完毕的租赁线全部退租，开始建设十条柔性线。在这一年的选单中出现了一个小插曲，选单结束后，我们发现有一个订单的收款期限过于靠后，会影响整个节奏，我们采取了违约订单方式以优化账期的操作，来保证整个比赛的节奏不会被拖慢。

第六年也是整场比赛中最难的一年，不仅因为市场缩小、过度拥挤，而且产品的价格也大幅下滑，出现了一个相当矛盾的局面。为确保拿到订单，各个小组必然会加大广告投入，但广告的过度投入会使本就相对较少的利润降低甚至为负。我们在第六年进行换线，缩小了部分产能，根据减少后的产能适当投入广告，确保最后一年的产能能够使利润不为负数。很幸运，我们也确实将投入的广告充分利用，使广告作用最大化，填满了第六年的产能，保证了利润。同时在最后一年将厂房全部购买。最终取得了省级特等奖的成绩。

我再分享一下我们在贷款及贴现方面的策略。贷款方面采用滚短贷的方法，在一年的四个季度中将短期贷款分散借出，充分利用；同时与长期贷款配合，保证现金流不断。贴现主要在现金流断流的情况下使用，贴现的数目应与在预算中出现的资金缺口相匹配。

总体而言，能够在比赛中取得较好的成绩主要在于队员之间的充分信任和默契配合。这与赛前的集训及准备工作是密不可分的。

三、方案3

第一年：

年初投放广告80W左右，根据预想方案第一年销售产品P4、P5（可调整），广告尽量在一个市场内，以获得较高名次方便拿单，市场与ISO全部开发。年初按照计划租两个厂房，上6条柔性线，从第一月份开始研发P4、P5，按照所拿订单进行产品资质研发。第一季度进行生产线的投资，建成后根据订单时间进行技改，采购与生产协商好开产时间，进行原材料的订购，没有收入的情况下，前6个月将贷款合理分配，不要积累在前3个月。在第四季度须考虑补线以及战略广告的投放，应根据本年销售情况，进行合理的规划。

第二年：

年初根据自己产能以及广告的排名进行订单的选择，尽力把所有产能都销售出去；市场与ISO全部开发。选择完订单后，根据订单进行产品资质的开发，将本年的流程走完。第二年结束后生产线基本建满，有多余的钱能买房就买下来，以增加权益。

第三年：

生产线以及产品资质均已开发完，这时需要考虑的是争夺市场还是囤货。一般来说，如自己所选择市场的竞争不是非常激烈，一定要去争夺市场第一；或者在多个市场投放广告进行订单选取，按时进行生产采购。

第四年：

按照所选订单进行销售，顺利走完四年。

四、方案 4

在 2020 年 9 月的"约创"山东省省赛中,我们取得了很好的成绩。在比赛前,大家都在尝试、比较各种不同的方案,不断地对方案进行推导改进,也认真分析了不同备选方案的优劣性,以及出现意外情况的处理方法,最后确定了我们参加省赛的方案。

在比赛前,我们提前估算了第一年年初可投广告的最大值,并且很顺利地在最大值内拿到了想要的广告排名,最终获取了相对较好的订单。按照原本的计划,在第一年年初我们租赁了两个厂房,建设了六条柔性线,按照原本的计划以及所拿到的订单进行产能的排序,以确保我们能够按时提交订单,然后由财务总监对接下来一年的现金流量做预算,并在恰当的时间进行贷款。我们采用了长期贷款和短期贷款相结合的方式,在保证现金流不断流的情况下,尽可能地减少利息。同时,生产总监和采购总监也开始对各自接下来的任务进行明确的规划。

在第一季度开始时,大家已经清楚各自的任务,彼此之间信息共享、互相提醒,来确保运营的过程中不失误。第一年的订单都顺利提交。第一年年末,我们对对手的经营情况进行了推算,以及对可能和我们之间存在很大竞争的对手进行了特别标注,然后由财务总监报告给 CEO;确定在维持下一年运营的基础上,我们所能投的最多的战略广告。最终,经过市场分析和对手的盈利状况分析,在第一年年末,我们投入了 250W 的战略广告。但是在第二年年初,我们的战略广告并没有取得很好的广告排名,于是在第二年,我们舍弃了原本想要获得的价格比较高的订单,退而求其次选择了定价较低的订单,在第二年年初又上了两条生产线,买了一个厂房,并对另一个厂房进行续租。在产能远大于订单数的前提下,我们对下一年的订单进行分析,有选择地进行囤货,并且由销售总监进行临时订单的关注。在运营过程中,如果有比较理想的临时订单,我们会对原本的排产进行更改,最大化地获取利益。在第二年年末,我们对已建成的八条生产线的生产时间进行推算,又重新租赁了一个厂房,建设了四条柔性线,使之与原先的八条线生产时间相吻合。由于第一年战略广告投放失误,在衡量了自己与对手的发展情况后,我们决定在第二年减少战略广告的投放,稳步发展。

由于提前分析了第三年的订单,我们对一些日期比较靠前、价格比较高的订单有了准备,基本上没有投放多少战略广告,我们也拿到了一些很好的订单。由财务总监进行现金流的预测后,我们在第三年年初进行了最后一个厂房的租赁,以及四条柔性线的补齐。继续第二年的战略,在提交订单的前提下关注临时订单,并且对第四年的订单进行分析,并提前囤货。在第三年年末,在确保第四年发展的前提下,我们将手中所有的现金(5 200W)全部投入战略广告,在第四年年初取得了一个很好的广告排名,拿到了很多订单。第四年大家的产能都比较大,导致第四季度的产能有空缺,没有合适的订单,我们就进行四种产品的均衡生产,来确保不错过临时订单。总体来说,四年的发展经营都没有很大的问题,稳妥地发展下来,取得了一个不错的名次。

附录2 物理（手工）沙盘企业模拟运营表

起始年填写如附表1—附表6所示的表格；第一年填写如附表7—附表13所示的表格；第二年填写如附表14—附表20所示的表格；第三年填写如附表21—附表27所示的表格；第四年填写如附表28—附表34所示的表格；第五年填写如附表35—附表41所示的表格；第六年填写如附表42—附表48所示的表格。开工计划也应填写，如附表49所示。

附表1 起始年任务清单

企业经营流程 请按顺序执行下列各项操作	每执行完一项操作，CEO请在相应的方格内打"√"。 财务总监（助理）在方格中填写现金收支情况。			
新年度规划会议				
参加订货会/登记销售订单				
制订新年度计划				
支付应付税				
季初现金盘点（请填余额）				
更新短期贷款/还本付息/申请短期贷款（高利贷）				
更新应付款/归还应付款				
原材料入库/更新原料订单				
下原料订单				
更新生产/完工入库				
投资新生产线/变卖生产线/生产线转产				
向其他企业购买原材料/出售原材料				
开始下一批生产				
更新应收款/应收款收现				
出售厂房				
向其他企业购买成品/出售成品				
按订单交货				
产品研发投资				
支付行政管理费				
其他现金收支情况登记				
支付利息/更新长期贷款/申请长期贷款				
支付设备维护费				
支付租金/购买厂房				
计提折旧				（ ）

续表

新市场开拓/ISO 资格认证投资				
结账				
现金收入合计				
现金支出合计				
期末现金对账（请填余额）				

附表 2 订单登记表

订单号										合计
市场										
产品										
数量										
账期										
销售额										
成本										
毛利										
未售										

附表 3 产品核算统计表

	P1	P2	P3	P4	合计
数量					
销售额					
成本					
毛利					

附表 4 综合管理费用明细表　　　　　　　　　单位：百万（M）

项目	金额	备注
管理费		
广告费		
保养费		
租金		
转产费		
市场准入开拓		□区域　□国内　□亚洲　□国际
ISO 资格认证		□ISO 9000　□ISO 14000
产品研发		P2（　）　P3（　）　P4（　）
其他		
合计		

附表5 利润表　　　　　　　　　　　　　　　　　　　　　　单位：百万（M）

项目	上年数	本年数
销售收入	35	
直接成本	12	
毛利	23	
综合费用	11	
折旧前利润	12	
折旧	4	
支付利息前利润	8	
财务收入/支出	4	
其他收入/支出		
税前利润	4	
所得税	1	
净利润	3	

附表6 资产负债表　　　　　　　　　　　　　　　　　　　　单位：百万（M）

资产	期初数	期末数	负债和所有者权益	期初数	期末数
流动资产：			负债：		
现金	20		长期负债	40	
应收款	15		短期负债		
在制品	8		应付账款		
成品	6		应交税金	1	
原料	3		一年内到期的长期负债		
流动资产合计	52		负债合计	41	
固定资产：			所有者权益：		
土地和建筑	40		股东资本	50	
机器与设备	13		利润留存	11	
在建工程			年度净利	3	
固定资产合计	53		所有者权益合计	64	
资产总计	105		负债和所有者权益总计	105	

附表7　第一年任务清单

企业经营流程 请按顺序执行下列各项操作	每执行完一项操作，CEO 请在相应的方格内打"√"。 财务总监（助理）在方格中填写现金收支情况。			
新年度规划会议				
参加订货会/登记销售订单				
制订新年度计划				
支付应付税				
季初现金盘点（请填余额）				
更新短期贷款/还本付息/申请短期贷款（高利贷）				
更新应付款/归还应付款				
原材料入库/更新原料订单				
下原料订单				
更新生产/完工入库				
投资新生产线/变卖生产线/生产线转产				
向其他企业购买原材料/出售原材料				
开始下一批生产				
更新应收款/应收款收现				
出售厂房				
向其他企业购买成品/出售成品				
按订单交货				
产品研发投资				
支付行政管理费				
其他现金收支情况登记				
支付利息/更新长期贷款/申请长期贷款				
支付设备维护费				
支付租金/购买厂房				
计提折旧				（　）
新市场开拓/ISO 资格认证投资				
结账				
现金收入合计				
现金支出合计				
期末现金对账（请填余额）				

附表8 现金预算表　　　　　　　　　　　　单位：百万（M）

项目	1	2	3	4
期初库存现金				
支付上年应交税				
市场广告投入				
贴现费用				
支付短期贷款利息				
支付到期短期贷款本金				
支付到期的应付款				
支付原材料采购现金				
支付生产线投资				
支付转产费用				
支付产品加工费（工人工资）				
收到现金前的所有支出				
应收款到期收到现金				
支付产品研发投资				
支付管理费用				
支付长期贷款利息				
偿还到期的长期贷款				
支付设备维护费用				
支付租金				
支付购买厂房费用				
支付市场开拓费用				
支付ISO认证费用				
其他				
现金收入合计				
现金支出合计				
现金多余或不足				
向银行贷款				
贴现收到现金				
期末现金余额				

要点记录

第一季度：_____

第二季度：_____

第三季度：_____
第四季度：_____
年底小结：_____

附表9 订单登记表

订单号									合计
市场									
产品									
数量									
账期									
销售额									
成本									
毛利									
未售									

附表10 产品核算统计表

	P1	P2	P3	P4	合计
数量					
销售额					
成本					
毛利					

附表11 综合管理费用明细表   单位：百万（M）

项目	金额	备注
管理费		
广告费		
保养费		
租金		
转产费		
市场准入开拓		□区域　□国内　□亚洲　□国际
ISO 资格认证		□ISO 9000　□ISO 14000
产品研发		P2（　）　P3（　）　P4（　）
其他		
合计		

附表 12 利润表 单位：百万（M）

项目	上年数	本年数
销售收入		
直接成本		
毛利		
综合费用		
折旧前利润		
折旧		
支付利息前利润		
财务收入/支出		
其他收入/支出		
税前利润		
所得税		
净利润		

附表 13 资产负债表

资产	期初数	期末数	负债和所有者权益	期初数	期末数
流动资产：			负债：		
现金			长期负债		
应收款			短期负债		
在制品			应付账款		
成品			应交税金		
原料			一年内到期的长期负债		
流动资产合计			负债合计		
固定资产：			所有者权益：		
土地和建筑			股东资本		
机器与设备			利润留存		
在建工程			年度净利		
固定资产合计			所有者权益合计		
资产总计			负债和所有者权益总计		

附表 14　第二年任务清单

企业经营流程 请按顺序执行下列各项操作	每执行完一项操作，CEO 请在相应的方格内打"√"。 财务总监（助理）在方格中填写现金收支情况。				
新年度规划会议					
参加订货会/登记销售订单					
制订新年度计划					
支付应付税					
季初现金盘点（请填余额）					
更新短期贷款/还本付息/申请短期贷款（高利贷）					
更新应付款/归还应付款					
原材料入库/更新原料订单					
下原料订单					
更新生产/完工入库					
投资新生产线/变卖生产线/生产线转产					
向其他企业购买原材料/出售原材料					
开始下一批生产					
更新应收款/应收款收现					
出售厂房					
向其他企业购买成品/出售成品					
按订单交货					
产品研发投资					
支付行政管理费					
其他现金收支情况登记					
支付利息/更新长期贷款/申请长期贷款					
支付设备维护费					
支付租金/购买厂房					
计提折旧					（　）
新市场开拓/ISO 资格认证投资					
结账					
现金收入合计					
现金支出合计					
期末现金对账（请填余额）					

附表15　现金预算表　　　　　　　　　　　单位：百万（M）

项目	1	2	3	4
期初库存现金				
支付上年应交税				
市场广告投入				
贴现费用				
支付短期贷款利息				
支付到期短期贷款本金				
支付到期的应付款				
支付原材料采购现金				
支付生产线投资				
支付转产费用				
支付产品加工费（工人工资）				
收到现金前的所有支出				
应收款到期收到现金				
支付产品研发投资				
支付管理费用				
支付长期贷款利息				
偿还到期的长期贷款				
支付设备维护费用				
支付租金				
支付购买厂房费用				
支付市场开拓费用				
支付ISO认证费用				
其他				
现金收入合计				
现金支出合计				
现金多余或不足				
向银行贷款				
贴现收到现金				
期末现金余额				

要点记录

第一季度：_____

第二季度：_____

第三季度：_____
第四季度：_____
年底小结：_____

附表 16　订单登记表

订单号							合计
市场							
产品							
数量							
账期							
销售额							
成本							
毛利							
未售							

附表 17　产品核算统计表

	P1	P2	P3	P4	合计
数量					
销售额					
成本					
毛利					

附表 18　综合管理费用明细表　　　　　　单位：百万（M）

项目	金额	备注
管理费		
广告费		
保养费		
租金		
转产费		
市场准入开拓		□区域　□国内　□亚洲　□国际
ISO 资格认证		□ISO 9000　□ISO 14000
产品研发		P2（　　）P3（　　）P4（　　）
其他		
合计		

附表19　利润表　　　　　　　　　　　　　　　　　　单位：百万（M）

项目	上年数	本年数
销售收入		
直接成本		
毛利		
综合费用		
折旧前利润		
折旧		
支付利息前利润		
财务收入/支出		
其他收入/支出		
税前利润		
所得税		
净利润		

附表20　资产负债表　　　　　　　　　　　　　　　　单位：百万（M）

资产	期初数	期末数	负债和所有者权益	期初数	期末数
流动资产：			负债：		
现金			长期负债		
应收款			短期负债		
在制品			应付账款		
成品			应交税金		
原料			一年内到期的长期负债		
流动资产合计			负债合计		
固定资产：			所有者权益：		
土地和建筑			股东资本		
机器与设备			利润留存		
在建工程			年度净利		
固定资产合计			所有者权益合计		
资产总计			负债和所有者权益总计		

附表21　第三年任务清单

企业经营流程 请按顺序执行下列各项操作	每执行完一项操作，CEO 请在相应的方格内打"√"。 财务总监（助理）在方格中填写现金收支情况。			
新年度规划会议				
参加订货会/登记销售订单				
制订新年度计划				
支付应付税				
季初现金盘点（请填余额）				
更新短期贷款/还本付息/申请短期贷款（高利贷）				
更新应付款/归还应付款				
原材料入库/更新原料订单				
下原料订单				
更新生产/完工入库				
投资新生产线/变卖生产线/生产线转产				
向其他企业购买原材料/出售原材料				
开始下一批生产				
更新应收款/应收款收现				
出售厂房				
向其他企业购买成品/出售成品				
按订单交货				
产品研发投资				
支付行政管理费				
其他现金收支情况登记				
支付利息/更新长期贷款/申请长期贷款				
支付设备维护费				
支付租金/购买厂房				
计提折旧				（　）
新市场开拓/ISO 资格认证投资				
结账				
现金收入合计				
现金支出合计				
期末现金对账（请填余额）				

附表 22　现金预算表　　　　　　　　　单位：百万（M）

项目	1	2	3	4
期初库存现金				
支付上年应交税				
市场广告投入				
贴现费用				
支付短期贷款利息				
支付到期短期贷款本金				
支付到期的应付款				
支付原材料采购现金				
支付生产线投资				
支付转产费用				
支付产品加工费（工人工资）				
收到现金前的所有支出				
应收款到期收到现金				
支付产品研发投资				
支付管理费用				
支付长期贷款利息				
偿还到期的长期贷款				
支付设备维护费用				
支付租金				
支付购买厂房费用				
支付市场开拓费用				
支付 ISO 认证费用				
其他				
现金收入合计				
现金支出合计				
现金多余或不足				
向银行贷款				
贴现收到现金				
期末现金余额				

要点记录

第一季度：＿＿＿＿＿＿＿＿＿＿＿＿＿＿＿＿＿＿＿＿＿＿＿＿＿＿＿＿＿＿＿＿＿＿

第二季度：＿＿＿＿＿＿＿＿＿＿＿＿＿＿＿＿＿＿＿＿＿＿＿＿＿＿＿＿＿＿＿＿＿＿

第三季度：_____
第四季度：_____
年底小结：_____

附表 23　订单登记表

订单号									合计
市场									
产品									
数量									
账期									
销售额									
成本									
毛利									
未售									

附表 24　产品核算统计表

	P1	P2	P3	P4	合计
数量					
销售额					
成本					
毛利					

附表 25　综合管理费用明细表　　　　　　　　　　单位：百万（M）

项目	金额	备注
管理费		
广告费		
保养费		
租金		
转产费		
市场准入开拓		□区域　　□国内　　□亚洲　　□国际
ISO 资格认证		□ISO 9000　　□ISO 14000
产品研发		P2（　　）　P3（　　）　P4（　　）
其他		
合计		

附表 26　利润表　　　　　　　　　　　　　　　　　单位：百万（M）

项目	上年数	本年数
销售收入		
直接成本		
毛利		
综合费用		
折旧前利润		
折旧		
支付利息前利润		
财务收入/支出		
其他收入/支出		
税前利润		
所得税		
净利润		

附表 27　资产负债表　　　　　　　　　　　　　　　单位：百万（M）

资产	期初数	期末数	负债和所有者权益	期初数	期末数
流动资产：			负债：		
现金			长期负债		
应收款			短期负债		
在制品			应付账款		
成品			应交税金		
原料			一年内到期的长期负债		
流动资产合计			负债合计		
固定资产：			所有者权益：		
土地和建筑			股东资本		
机器与设备			利润留存		
在建工程			年度净利		
固定资产合计			所有者权益合计		
资产总计			负债和所有者权益总计		

附表28　第四年任务清单

企业经营流程 请按顺序执行下列各项操作	每执行完一项操作，CEO 请在相应的方格内打"√"。 财务总监（助理）在方格中填写现金收支情况。			
新年度规划会议				
参加订货会/登记销售订单				
制订新年度计划				
支付应付税				
季初现金盘点（请填余额）				
更新短期贷款/还本付息/申请短期贷款（高利贷）				
更新应付款/归还应付款				
原材料入库/更新原料订单				
下原料订单				
更新生产/完工入库				
投资新生产线/变卖生产线/生产线转产				
向其他企业购买原材料/出售原材料				
开始下一批生产				
更新应收款/应收款收现				
出售厂房				
向其他企业购买成品/出售成品				
按订单交货				
产品研发投资				
支付行政管理费				
其他现金收支情况登记				
支付利息/更新长期贷款/申请长期贷款				
支付设备维护费				
支付租金/购买厂房				
计提折旧				（　）
新市场开拓/ISO 资格认证投资				
结账				
现金收入合计				
现金支出合计				
期末现金对账（请填余额）				

附表29 现金预算表　　　　　　　　　　　单位：百万（M）

项目	1	2	3	4
期初库存现金				
支付上年应交税				
市场广告投入				
贴现费用				
支付短期贷款利息				
支付到期短期贷款本金				
支付到期的应付款				
支付原材料采购现金				
支付生产线投资				
支付转产费用				
支付产品加工费（工人工资）				
收到现金前的所有支出				
应收款到期收到现金				
支付产品研发投资				
支付管理费用				
支付长期贷款利息				
偿还到期的长期贷款				
支付设备维护费用				
支付租金				
支付购买厂房费用				
支付市场开拓费用				
支付ISO认证费用				
其他				
现金收入合计				
现金支出合计				
现金多余或不足				
向银行贷款				
贴现收到现金				
期末现金余额				

要点记录

第一季度：_____

第二季度：_____

第三季度：＿＿＿＿＿＿＿＿＿＿＿＿＿＿＿＿＿＿＿＿＿＿＿＿＿＿＿＿＿＿＿＿＿＿＿
第四季度：＿＿＿＿＿＿＿＿＿＿＿＿＿＿＿＿＿＿＿＿＿＿＿＿＿＿＿＿＿＿＿＿＿＿＿
年底小结：＿＿＿＿＿＿＿＿＿＿＿＿＿＿＿＿＿＿＿＿＿＿＿＿＿＿＿＿＿＿＿＿＿＿＿

附表 30　订单登记表

订单号									合计
市场									
产品									
数量									
账期									
销售额									
成本									
毛利									
未售									

附表 31　产品核算统计表

	P1	P2	P3	P4	合计
数量					
销售额					
成本					
毛利					

附表 32　综合管理费用明细表　　　　　　　　　　　　单位：百万（M）

项目	金额	备注
管理费		
广告费		
保养费		
租金		
转产费		
市场准入开拓		□区域　　□国内　　□亚洲　　□国际
ISO 资格认证		□ISO 9000　　　□ISO 14000
产品研发		P2（　　）　　P3（　　）　　P4（　　）
其他		
合计		

附表33 利润表　　　　　　　　　　　　　　　　单位：百万（M）

项目	上年数	本年数
销售收入		
直接成本		
毛利		
综合费用		
折旧前利润		
折旧		
支付利息前利润		
财务收入/支出		
其他收入/支出		
税前利润		
所得税		
净利润		

附表34 资产负债表　　　　　　　　　　　　　　单位：百万（M）

资产	期初数	期末数	负债和所有者权益	期初数	期末数
流动资产：			负债：		
现金			长期负债		
应收款			短期负债		
在制品			应付账款		
成品			应交税金		
原料			一年内到期的长期负债		
流动资产合计			负债合计		
固定资产：			所有者权益：		
土地和建筑			股东资本		
机器与设备			利润留存		
在建工程			年度净利		
固定资产合计			所有者权益合计		
资产总计			负债和所有者权益总计		

附表35　第五年任务清单

企业经营流程 请按顺序执行下列各项操作	每执行完一项操作，CEO 请在相应的方格内打"√"。 财务总监（助理）在方格中填写现金收支情况。			
新年度规划会议				
参加订货会/登记销售订单				
制订新年度计划				
支付应付税				
季初现金盘点（请填余额）				
更新短期贷款/还本付息/申请短期贷款（高利贷）				
更新应付款/归还应付款				
原材料入库/更新原料订单				
下原料订单				
更新生产/完工入库				
投资新生产线/变卖生产线/生产线转产				
向其他企业购买原材料/出售原材料				
开始下一批生产				
更新应收款/应收款收现				
出售厂房				
向其他企业购买成品/出售成品				
按订单交货				
产品研发投资				
支付行政管理费				
其他现金收支情况登记				
支付利息/更新长期贷款/申请长期贷款				
支付设备维护费				
支付租金/购买厂房				
计提折旧				（　）
新市场开拓/ISO 资格认证投资				
结账				
现金收入合计				
现金支出合计				
期末现金对账（请填余额）				

附表36 现金预算表　　　　　　　　　　单位：百万（M）

项目	1	2	3	4
期初库存现金				
支付上年应交税				
市场广告投入				
贴现费用				
支付短期贷款利息				
支付到期短期贷款本金				
支付到期的应付款				
支付原材料采购现金				
支付生产线投资				
支付转产费用				
支付产品加工费（工人工资）				
收到现金前的所有支出				
应收款到期收到现金				
支付产品研发投资				
支付管理费用				
支付长期贷款利息				
偿还到期的长期贷款				
支付设备维护费用				
支付租金				
支付购买厂房费用				
支付市场开拓费用				
支付ISO认证费用				
其他				
现金收入合计				
现金支出合计				
现金多余或不足				
向银行贷款				
贴现收到现金				
期末现金余额				

要点记录

第一季度：＿＿＿＿＿＿＿＿＿＿＿＿＿＿＿＿＿＿＿＿＿＿＿＿＿＿＿＿＿＿

第二季度：＿＿＿＿＿＿＿＿＿＿＿＿＿＿＿＿＿＿＿＿＿＿＿＿＿＿＿＿＿＿

第三季度：_____

第四季度：_____

年底小结：_____

附表37 订单登记表

订单号									合计
市场									
产品									
数量									
账期									
销售额									
成本									
毛利									
未售									

附表38 产品核算统计表

	P1	P2	P3	P4	合计
数量					
销售额					
成本					
毛利					

附表39 综合管理费用明细表　　　　　　　　　　　　　　　单位：百万（M）

项目	金额	备注
管理费		
广告费		
保养费		
租金		
转产费		
市场准入开拓		□区域　□国内　□亚洲　□国际
ISO 资格认证		□ISO 9000　　□ISO 14000
产品研发		P2（　　）　P3（　　）　P4（　　）
其他		
合计		

附表 40　利润表　　　　　　　　　　　　　　　　单位：百万（M）

项目	上年数	本年数
销售收入		
直接成本		
毛利		
综合费用		
折旧前利润		
折旧		
支付利息前利润		
财务收入/支出		
其他收入/支出		
税前利润		
所得税		
净利润		

附表 41　资产负债表　　　　　　　　　　　　　　单位：百万（M）

资产	期初数	期末数	负债和所有者权益	期初数	期末数
流动资产：			负债：		
现金			长期负债		
应收款			短期负债		
在制品			应付账款		
成品			应交税金		
原料			一年内到期的长期负债		
流动资产合计			负债合计		
固定资产：			所有者权益：		
土地和建筑			股东资本		
机器与设备			利润留存		
在建工程			年度净利		
固定资产合计			所有者权益合计		
资产总计			负债和所有者权益总计		

附表42 第六年任务清单

企业经营流程 请按顺序执行下列各项操作	每执行完一项操作，CEO 请在相应的方格内打"√"。财务总监（助理）在方格中填写现金收支情况。			
新年度规划会议				
参加订货会/登记销售订单				
制订新年度计划				
支付应付税				
季初现金盘点（请填余额）				
更新短期贷款/还本付息/申请短期贷款（高利贷）				
更新应付款/归还应付款				
原材料入库/更新原料订单				
下原料订单				
更新生产/完工入库				
投资新生产线/变卖生产线/生产线转产				
向其他企业购买原材料/出售原材料				
开始下一批生产				
更新应收款/应收款收现				
出售厂房				
向其他企业购买成品/出售成品				
按订单交货				
产品研发投资				
支付行政管理费				
其他现金收支情况登记				
支付利息/更新长期贷款/申请长期贷款				
支付设备维护费				
支付租金/购买厂房				
计提折旧				( )
新市场开拓/ISO 资格认证投资				
结账				
现金收入合计				
现金支出合计				
期末现金对账（请填余额）				

附表 43　现金预算表　　　　　　　　　　　单位：百万（M）

项目	1	2	3	4
期初库存现金				
支付上年应交税				
市场广告投入				
贴现费用				
支付短期贷款利息				
支付到期短期贷款本金				
支付到期的应付款				
支付原材料采购现金				
支付生产线投资				
支付转产费用				
支付产品加工费（工人工资）				
收到现金前的所有支出				
应收款到期收到现金				
支付产品研发投资				
支付管理费用				
支付长期贷款利息				
偿还到期的长期贷款				
支付设备维护费用				
支付租金				
支付购买厂房费用				
支付市场开拓费用				
支付 ISO 认证费用				
其他				
现金收入合计				
现金支出合计				
现金多余或不足				
向银行贷款				
贴现收到现金				
期末现金余额				

要点记录

第一季度：_____

第二季度：_____

第三季度：_____
第四季度：_____
年底小结：_____

附表 44　订单登记表

订单号									合计
市场									
产品									
数量									
账期									
销售额									
成本									
毛利									
未售									

附表 45　产品核算统计表

	P1	P2	P3	P4	合计
数量					
销售额					
成本					
毛利					

附表 46　综合管理费用明细表　　　　　　　　单位：百万（M）

项目	金额	备注
管理费		
广告费		
保养费		
租金		
转产费		
市场准入开拓		□区域　　□国内　　□亚洲　　□国际
ISO 资格认证		□ISO 9000　　□ISO 14000
产品研发		P2（　　）　P3（　　）　P4（　　）
其他		
合计		

附表47　利润表　　　　　　　　　　　　　　　　　　单位：百万（M）

项目	上年数	本年数
销售收入		
直接成本		
毛利		
综合费用		
折旧前利润		
折旧		
支付利息前利润		
财务收入/支出		
其他收入/支出		
税前利润		
所得税		
净利润		

附表48　资产负债表　　　　　　　　　　　　　　　　单位：百万（M）

资产	期初数	期末数	负债和所有者权益	期初数	期末数
流动资产：			负债：		
现金			长期负债		
应收款			短期负债		
在制品			应付账款		
成品			应交税金		
原料			一年内到期的长期负债		
流动资产合计			负债合计		
固定资产：			所有者权益：		
土地和建筑			股东资本		
机器与设备			利润留存		
在建工程			年度净利		
固定资产合计			所有者权益合计		
资产总计			负债和所有者权益总计		

附表49 开工计划

产品	第一年				第二年				第三年			
	一季度	二季度	三季度	四季度	一季度	二季度	三季度	四季度	一季度	二季度	三季度	四季度
P1												
P2												
P3												
P4												
人工付款												

产品	第四年				第五年				第六年			
	一季度	二季度	三季度	四季度	一季度	二季度	三季度	四季度	一季度	二季度	三季度	四季度
P1												
P2												
P3												
P4												
人工付款												

产品	第七年				第八年				第九年			
	一季度	二季度	三季度	四季度	一季度	二季度	三季度	四季度	一季度	二季度	三季度	四季度
P1												
P2												
P3												
P4												
人工付款												

产品	第一年				第二年				第三年			
	一季度	二季度	三季度	四季度	一季度	二季度	三季度	四季度	一季度	二季度	三季度	四季度
R1												
R2												
R3												
R4												
材料付款												

续表

产品	第四年				第五年				第六年			
	一季度	二季度	三季度	四季度	一季度	二季度	三季度	四季度	一季度	二季度	三季度	四季度
R1												
R2												
R3												
R4												
材料付款												

产品	第七年				第八年				第九年			
	一季度	二季度	三季度	四季度	一季度	二季度	三季度	四季度	一季度	二季度	三季度	四季度
R1												
R2												
R3												
R4												
材料付款												

附录3　物理（手工）沙盘市场预测（8年）

本地市场将会持续发展，对低端产品的需求可能要下滑，伴随着需求的减少，低端产品的价格很有可能走低。后几年，随着高端产品的成熟，市场对 P3、P4 产品的需求将会逐渐增大。由于客户的质量意识不断提高，后几年可能对产品的 ISO 9000 和 ISO 14000 认证有更多的需求。具体如附图 1 所示。

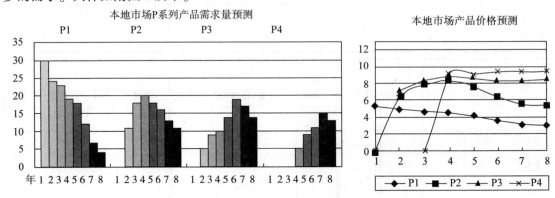

附图 1　本地市场 P 系列产品需求量预测及价格预测

区域市场的客户相对稳定，对 P 系列产品需求的变化很可能比较平稳。因紧邻本地市场，所以产品需求量的走势可能与本地市场相似，价格趋势也大致一样。该市场容量有限，对高端产品的需求也可能相对较小，但客户会对产品的 ISO 9000 和 ISO 14000 认证有较高的要求。具体如附图 2 所示。

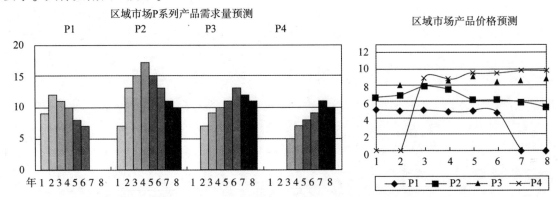

附图 2　区域市场 P 系列产品需求量预测及价格预测

因 P1 产品带有较浓的地域色彩，估计国内市场对 P1 产品不会有持久的需求。但 P2 产品因更适合于国内市场，估计需求一直比较平稳。随着对 P 系列产品的逐渐认同，估计对 P3 产品的需求会发展较快。但对 P4 产品的的需求就不一定像 P3 产品那样旺盛了。当然，对高价值的产品来说，客户一定会更注重产品的质量认证。具体如附图 3 所示。

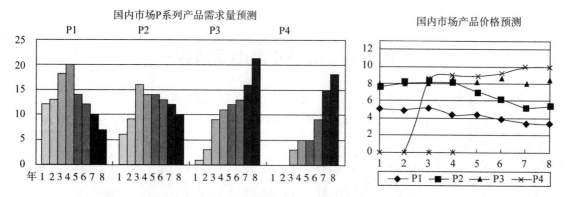

附图3 国内市场 P 系列产品需求量预测及价格预测

亚洲市场一向波动较大,所以对 P1 产品的需求可能起伏较大,估计对 P2 产品的需求走势与 P1 相似。但该市场对新产品很敏感,因此估计对 P3、P4 产品的需求量会发展较快,价格也可能不菲。另外,亚洲市场的消费者很注重产品的质量,所以没有 ISO 9000 和 ISO 14000 认证的产品可能很难销售。具体如附图4 所示。

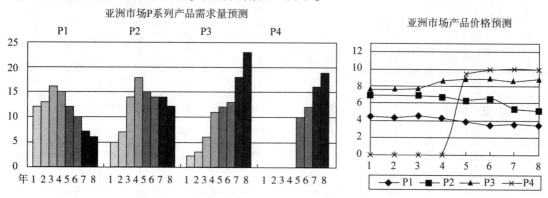

附图4 亚洲市场 P 系列产品需求量预测及价格预测

P 系列产品进入国际市场可能需要一个较长的时期。有迹象表明,对 P1 产品已经有所认同,但还需要一段时间才能被市场接受。同样,对 P2、P3 和 P4 产品也会很谨慎地接受,需求发展较慢。当然,国际市场的客户也会更关注具有 ISO 认证的产品。具体如附图5 所示。

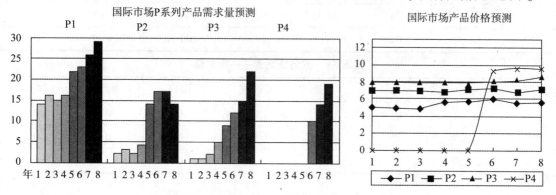

附图5 国际市场 P 系列产品需求量预测及价格预测

附录4 电子沙盘市场预测

本科订单规则一参考设定（6~8组，如附表50至附表52所示）

附表50 市场预测表——均价　　　　　　（单位：W/个，万元/个）

序号	年份	产品	本地	区域	国内	亚洲	国际
1	第二年	P1	50.82	51.44	0	0	0
2	第二年	P2	71.52	68.05	0	0	0
3	第二年	P3	90	92.4	0	0	0
4	第二年	P4	101.11	112.38	0	0	0
5	第三年	P1	50.69	53.53	50.94	0	0
6	第三年	P2	71.65	72	71.7	0	0
7	第三年	P3	90.67	91.41	93.37	0	0
8	第三年	P4	115.5	106.22	103.3	0	0
9	第四年	P1	53.44	51.64	50.69	49.79	0
10	第四年	P2	73.4	71.11	72.45	71.81	0
11	第四年	P3	92.55	89.69	91.86	92.27	0
12	第四年	P4	106.1	105.75	104.11	107.27	0
13	第五年	P1	48.39	52.22	51.69	49.5	51.06
14	第五年	P2	73	74.25	71.65	70	68.19
15	第五年	P3	89.27	89.47	91.23	90.31	90.16
16	第五年	P4	121.11	119.78	124.17	124.41	130.73
17	第六年	P1	48.92	50.69	50.24	49.38	17.42
18	第六年	P2	72.35	70.67	72.46	70.83	74.47
19	第六年	P3	89.15	90.21	89.79	94.13	94.5
20	第六年	P4	107.57	105.5	109.64	105.62	0

附表51 市场预测表——需求量　　　　　　　　　　（单位：个）

序号	年份	产品	本地	区域	国内	亚洲	国际
1	第二年	P1	17	18	0	0	0
2	第二年	P2	25	22	0	0	0
3	第二年	P3	14	15	0	0	0
4	第二年	P4	18	13	0	0	0
5	第三年	P1	16	15	18	0	0

续表

序号	年份	产品	本地	区域	国内	亚洲	国际
6	第三年	P2	17	15	23	0	0
7	第三年	P3	18	17	19	0	0
8	第三年	P4	14	9	23	0	0
9	第四年	P1	18	14	16	14	0
10	第四年	P2	10	27	20	21	0
11	第四年	P3	20	16	14	15	0
12	第四年	P4	21	16	18	15	0
13	第五年	P1	18	18	13	22	18
14	第五年	P2	15	16	17	13	16
15	第五年	P3	15	15	13	13	19
16	第五年	P4	18	9	12	17	15
17	第六年	P1	12	13	17	16	50
18	第六年	P2	23	18	26	18	15
19	第六年	P3	13	19	14	15	4
20	第六年	P4	23	14	11	21	0

附表52 市场预测表——订单数量　　　　　　　　　　（单位：个）

序号	年份	产品	本地	区域	国内	亚洲	国际
1	第二年	P1	8	7	0	0	0
2	第二年	P2	7	7	0	0	0
3	第二年	P3	6	7	0	0	0
4	第二年	P4	7	4	0	0	0
5	第三年	P1	8	6	7	0	0
6	第三年	P2	7	7	9	0	0
7	第三年	P3	8	6	8	0	0
8	第三年	P4	7	4	7	0	0
9	第四年	P1	7	6	7	6	0
10	第四年	P2	6	9	7	9	0
11	第四年	P3	8	7	8	7	0
12	第四年	P4	8	7	6	8	0
13	第五年	P1	7	5	5	7	7
14	第五年	P2	6	7	8	6	5

续表

序号	年份	产品	本地	区域	国内	亚洲	国际
15	第五年	P3	6	5	6	7	7
16	第五年	P4	7	5	5	6	5
17	第六年	P1	5	6	6	6	15
18	第六年	P2	8	6	8	6	6
19	第六年	P3	5	8	8	7	3
20	第六年	P4	8	6	6	6	0

本科订单规则二参考设定（6~8组，如附表53至附表55所示）

附表53 市场预测表——均价　　　　（单位：W/个，万元/个）

序号	年份	产品	本地	区域	国内	亚洲	国际
1	第二年	P1	52.35	51.97	0	0	0
2	第二年	P2	70.94	70.48	0	0	0
3	第二年	P3	86.95	87.21	0	0	0
4	第二年	P4	129.53	129.43	0	0	0
5	第三年	P1	51.96	51.65	49.48	0	0
6	第三年	P2	70.39	70.47	68.96	0	0
7	第三年	P3	82.59	80.68	0	0	0
8	第三年	P4	129.56	131.21	131.41	0	0
9	第四年	P1	50.62	50.75	49.37	0	0
10	第四年	P2	70.86	71.31	70.84	72.59	0
11	第四年	P3	90.14	90.31	0	90.57	0
12	第四年	P4	135.44	134	134.48	0	0
13	第五年	P1	52.72	52.69	52.32	0	0
14	第五年	P2	68.61	68.7	69.08	71.38	0
15	第五年	P3	81.54	80.52	0	82	89.47
16	第五年	P4	130	129.29	127.58	0	135.63
17	第六年	P1	52.18	51.53	51.53	0	0
18	第六年	P2	70.88	0	68.68	70.79	0
19	第六年	P3	87.59	86.22	0	86.21	91.76
20	第六年	P4	128.78	127.79	128.15	0	133.71

附表54 市场预测表——需求量 （单位：个）

序号	年份	产品	本地	区域	国内	亚洲	国际
1	第二年	P1	49	35	0	0	0
2	第二年	P2	32	31	0	0	0
3	第二年	P3	22	19	0	0	0
4	第二年	P4	17	14	0	0	0
5	第三年	P1	45	40	48	0	0
6	第三年	P2	33	32	27	0	0
7	第三年	P3	22	19	0	0	0
8	第三年	P4	16	19	22	0	0
9	第四年	P1	42	40	43	0	0
10	第四年	P2	29	29	32	22	0
11	第四年	P3	22	16	0	35	0
12	第四年	P4	16	17	23	0	0
13	第五年	P1	40	42	37	0	0
14	第五年	P2	23	27	24	21	0
15	第五年	P3	24	21	0	21	17
16	第五年	P4	18	17	19	0	19
17	第六年	P1	39	34	34	0	0
18	第六年	P2	26	0	28	19	0
19	第六年	P3	17	23	0	29	17
20	第六年	P4	23	19	20	0	14

附表55 市场预测表——订单数量 （单位：个）

序号	年份	产品	本地	区域	国内	亚洲	国际
1	第二年	P1	11	9	0	0	0
2	第二年	P2	10	9	0	0	0
3	第二年	P3	7	7	0	0	0
4	第二年	P4	7	6	0	0	0
5	第三年	P1	11	10	12	0	0
6	第三年	P2	10	9	9	0	0
7	第三年	P3	7	6	0	0	0
8	第三年	P4	7	6	8	0	0
9	第四年	P1	10	9	9	0	0

续表

序号	年份	产品	本地	区域	国内	亚洲	国际
10	第四年	P2	10	9	9	7	0
11	第四年	P3	8	6	0	9	0
12	第四年	P4	6	6	7	0	0
13	第五年	P1	10	9	8	0	0
14	第五年	P2	9	8	7	6	0
15	第五年	P3	8	7	0	8	6
16	第五年	P4	7	6	7	0	6
17	第六年	P1	9	8	7	0	0
18	第六年	P2	8	0	9	7	0
19	第六年	P3	7	8	0	9	7
20	第六年	P4	7	6	7	0	4

附录5 教学规则

本科教学规则一参考设定如下。

1. 生产线

生产线	购置费	安装周期	生产周期	维修费	残值	转产周期	转产费	分值
手工线	35W	无	2Q	5W/年	5W	无	无	0分
自动线	150W	3Q	1Q	20W/年	30W	1Q	20W	8分
柔性线	200W	4Q	1Q	20W/年	40W	无	无	10分

（1）不论何时出售生产线，从生产线净值中取出相当于残值的部分计入现金，净值与残值之差计入损失。

（2）只有空闲的生产线方可转产。

（3）已建成的生产线都要交维修费。

2. 折旧（平均年限法）

生产线	购置费	残值	建成第一年	建成第二年	建成第三年	建成第四年	建成第五年
手工线	35W	5W	0W	10W	10W	10W	0W
自动线	150W	30W	0W	30W	30W	30W	30W
柔性线	200W	40W	0W	40W	40W	40W	40W

当生产线净值等于残值时，生产线不再计提折旧，但可以继续使用。生产线建成第一年（当年）不计提折旧

3. 厂房

厂房	购买价格	租金	出售价格	容量	购买上限	分值
大厂房	400W	40W/年	400W	4条	3个	10分
中厂房	300W	30W/年	300W	3条	3个	8分
小厂房	180W	18W/年	180W	2条	3个	7分

（1）租用或购买厂房可以在任何季度进行。如果决定租用厂房或者厂房买转租，租金在开始租用时交付。

（2）厂房租入后，租期结束后才可作租转买、退租等处理，如果没有重新选择，系统自动进行续租处理，租金在"当季结束"时和"行政管理费"一并扣除。

（3）如需新建生产线，则厂房须有空闲空间。

（4）厂房中没有生产线时，才可以选择退租。

（5）厂房合计购/租上限为3。

（6）已购厂房随时可以按原值出售（如有租金须付清后才可出售，否则无法出售），获得账期为4Q的应收款。

4. 融资

贷款类型	贷款时间	贷款额度	年息	还款方式
长期贷款	每年度初	所有贷款不超过上一年所有者权益的3倍，不低于10W	10%	年初付息，到期还本
短期贷款	每季度初	所有贷款不超过上一年所有者权益的3倍，不低于10W	5%	到期一次还本付息
资金贴现	任何时间	不超过应收款额	10%（1季，2季）12.5%（3季，4季）	贴现各账期分开核算，分开计息
库存拍卖	原材料8折（向下取整），成品按成本价			

（1）长期贷款期限为1~5年，短期贷款期限为1年。

（2）长期贷款借入当年不付息，第二年年初开始，每年按年利率支付利息，到期还本时，支付最后一年利息。

（3）短期贷款到期时，一次性还本付息。

（4）长期贷款和短期贷款均不可提前还款。

（5）如与参数有冲突，以参数为准。

5. 市场准入

市场	开发费用	时间	分值
本地	10W/年×1年=10W	1年	7分
区域	10W/年×1年=10W	1年	7分
国内	10W/年×2年=20W	2年	8分
亚洲	10W/年×3年=30W	3年	9分
国际	10W/年×4年=40W	4年	10分

市场开拓只能在每年第四季度操作。

6. ISO 认证

市场	开发费用	时间	分值
ISO 9000	10W/年×2年=20W	2年	8分
ISO 14000	20W/年×2年=40W	2年	10分

ISO 认证只能在每年第四季度操作。

7. 产品研发

名称	开发费用	开发周期	加工费	直接成本	产品组成	分值
P1	10W/季×2季=20W	2季	10W/个	20W/个	R1	7分
P2	10W/季×3季=30W	3季	10W/个	30W/个	R2+R3	8分

续表

名称	开发费用	开发周期	加工费	直接成本	产品组成	分值
P3	10W/季×4季=40W	4季	10W/个	40W/个	R1+R3+R4	9分
P4	10W/季×5季=50W	5季	10W/个	50W/个	R1+R3+2R4	10分

8. 原材料

名称	购买价格	提前期
R1	10W/个	1季
R2	10W/个	1季
R3	10W/个	2季
R4	10W/个	2季

9. 紧急采购

（1）付款即到货，可马上投入生产或销售，原材料价格为直接成本的2倍，成品价格为直接成本的3倍。即，紧急采购R1或R2，每个原材料单价为20W/个，紧急采购P1单价为60W/个，紧急采购P2单价为90W/个。

（2）紧急采购原材料和产品时，直接扣除现金。上报报表时，成本仍然按照标准成本记录，紧急采购多付出的成本计入费用表"损失"。

（3）如与参数冲突，以参数为准。

10. 选单规则

以当年本市场本产品广告额投放大小顺序依次选单；如果两组本市场本产品广告额相同，则看当年本市场广告投放总额；如果当年本市场广告总额也相同，则看上年该市场销售排名；如仍相同，先投广告者先选单。如参数中选择有市场老大，老大有该市场所有产品优先选单权。

（1）必须在倒计时大于5秒时选单，出现确认框要在3秒内按下确认按钮，否则可能造成选单无效。

（2）每组每轮选单只能先选择1张订单，待所有投放广告组完成第一轮选单后还有订单，该市场该产品广告额大于等于3W的组将获得第二轮选单机会，选单顺序和第一轮相同；第二轮选单完成后，该市场该产品广告额大于等于5W的组将获得第三轮选单机会，选单顺序和第一轮相同；以此类推。

（3）在某细分市场（如本地市场、P1市场）有多次选单机会，只要放弃一次，则视同放弃该细分市场所有选单机会。

（4）选单中有意外，请立即告知教师，教师会暂停倒计时。

（5）市场老大指上一年某市场内所有产品销售总额最多，且该市场没有违约的那家企业。如果出现多组销售总额相等，则市场无老大。

11. 取整规则

（1）违约金扣除——四舍五入。

（2）库存出售所得现金——向下取整。

(3) 贴现费用——向上取整。
(4) 贷款利息——四舍五入。

12. 重要参数

违约金比例	20.00%	贷款额倍数	3倍
产品折价率	100.00%	原材料折价率	80.00%
长贷利率	10.00%	短贷利率	5.00%
1, 2 期贴现率	10.00%	3, 4 期贴现率	12.50%
初始现金	700 W	管理费	10W
信息费	1 W	所得税率	25.00%
最大长贷年限	5 年	最小得单广告额	10W
原材料紧急采购倍数	2 倍	产品紧急采购倍数	3 倍
选单时间	45 秒	首位选单补时	15 秒
市场同开数量	3	市场老大	无
竞单时间	90 秒	竞单同竞数	3
最大厂房数量	3 个		

每市场每产品选单时第一个组选单时间为 60 秒；自第二个组起，选单时间设为 45 秒。

13. 破产处理

当某组权益为负（指当年结束系统生成资产负债表时为负）或现金断流时（即现金为负数，但权益和现金可以为零），企业破产。破产后，教师可通过注资等方式使其继续参与模拟经营实训。

14. 教学排名

教学结果以参加教学各组的第六年结束后的最终所有者权益进行评判，分数高者为优胜。

如果出现最终权益相等的情况，则参照各组第六年结束后的最终盘面计算盘面加分值，加分值高的组排名在前。（排行榜只限于排名之用，不计入最终权益值。）如果加分值仍相等，则比较第六年净利润，高者排名靠前，如果还相等，则先完成第六年经营的组排名在前。

$$总成绩 = 所有者权益 \times (1 + 企业综合发展潜力 /100)$$

企业综合发展潜力 = 市场资格分值 + ISO 资格分值 + 生产资格分值 + 厂房分值 + 各条生产线分值

生产线建成（包括转产）即加分，无须生产出产品，也无须有在制品；厂房必须为买。

15. 关于摆盘和巡盘

教学过程中使用实物沙盘摆盘，只需要摆出当年结束状态，不要求中间过程。本次摆盘要求摆出生产线（含在制品）、生产线净值、在建工程、现金、应收款（包括金额与账期）、原材料库存、产成品库存、各种资格、厂房、原材料订单、各类费用；年末由老师统一发令，可观看其他组的盘面，不得向其他组询问摆盘信息之外的其他信息。巡盘期间至少留一人在本组。

参 考 文 献

[1] 徐国良，王进. 企业管理案例精选精析［M］. 4版. 北京：经济管理出版社，2009.
[2] ［美］斯蒂芬·罗宾斯. 管理学［M］. 13版. 刘刚，程熙铭，梁晗，等译. 北京：中国人民大学出版社，2007.
[3] ［美］理查德·达夫特. 管理学［M］. 9版. 范海滨，译. 北京：机械工业出版社，2012.
[4] 吴照云. 管理学原理［M］. 4版. 北京：经济管理出版社，2009.
[5] 周健临. 管理学教程［M］. 3版. 上海：上海财经大学出版社，2011.
[6] 周三多. 管理学［M］. 3版. 北京：高等教育出版社，2010.
[7] 席酉民，王亚刚. 管理研究［M］. 2版. 北京：机械工业出版社，2013.
[8] 章健. 管理学［M］. 北京：经济科学出版社，2015.
[9] 周三多，陈传明，刘子馨，等. 管理学：原理与方法［M］. 7版. 上海：复旦大学出版社，2018.
[10] 陈荣秋，马士华. 生产与运作管理［M］. 3版. 北京：高等教育出版社，2011.
[11] 刘丽文. 生产与运作管理［M］. 4版. 北京：清华大学出版社，2011.
[12] 苗雨君. 管理学：原理·方法·实践·案例［M］. 3版. 北京：清华大学出版社，2017.
[13] 聂正安. 管理学［M］. 北京：高等教育出版社，2010.
[14] 黄翀胤. 管理学原理［M］. 北京：清华大学出版社，2013.
[15] 徐亚文. 企业经营沙盘推演［M］. 北京：人民邮电出版社，2019.
[16] 陈智崧. ERP沙盘推演指导教程［M］. 北京：清华大学出版社，2019.
[17] 崔雷，陈开华，孟令春. 用友ERP沙盘［M］. 北京：中国轻工业出版社，2019.
[18] 何虹，庄洪. ERP企业经营管理沙盘模拟实训教程［M］. 北京：北京交通大学出版社，2011.
[19] 王新玲. ERP沙盘模拟实训教程——手工+信息化+新商战［M］. 北京：清华大学出版社，2017.
[20] 徐建华，罗阿玲. 企业模拟经营——ERP沙盘实训教程［M］. 成都：西南交通大学出版社，2018.
[21] 刘平. 企业经营管理综合实训：基于企业经营沙盘模拟对抗［M］. 2版. 北京：清华大学出版社，2015.
[22] 刘平. 企业经营沙盘模拟实训手册［M］. 3版. 北京：清华大学出版社，2018.
[23] 刘勇. ERP沙盘模拟实训教程［M］. 3版. 北京：经济管理出版社，2018.

［24］王新玲. ERP 沙盘模拟高级指导教程［M］. 4 版. 北京：清华大学出版社，2019.
［25］徐寿芳，马秀丽. ERP 沙盘实训教程［M］. 北京：中国人民大学出版社，2014.
［26］刘洁，闫沛辰. ERP 沙盘模拟运营实训教程［M］. 南京：南京大学出版社，2019.
［27］陈博，李翠. ERP 沙盘模拟实战教程［M］. 大连：大连理工大学出版社，2015.